Henry Edward Berthon

Specimens of Modern French Verse

With Biographical and Critical Notes, and an Introduction on the....

Henry Edward Berthon

Specimens of Modern French Verse
With Biographical and Critical Notes, and an Introduction on the....

ISBN/EAN: 9783337073770

Printed in Europe, USA, Canada, Australia, Japan

Cover: Foto ©Thomas Meinert / pixelio.de

More available books at **www.hansebooks.com**

SPECIMENS

OF

MODERN FRENCH VERSE

EDITED, WITH BIOGRAPHICAL AND CRITICAL
NOTES, AND AN INTRODUCTION ON THE
STRUCTURE OF FRENCH VERSE

BY

H. E. BERTHON

TAYLORIAN TEACHER OF FRENCH IN THE UNIVERSITY OF OXFORD

𝕷𝖔𝖓𝖉𝖔𝖓

MACMILLAN AND CO., Limited

NEW YORK: THE MACMILLAN COMPANY

1899

All rights reserved

PREFACE

A CONCERTED effort has, for some time past, been made in various quarters to rescue modern languages from the trivial, perfunctory way in which they are too often taught, to raise them to their proper place, and to put them on an equal footing with other subjects, as educational instruments possessing the highest value.

May this little book, so far as its compass will allow, bring its share of help to the attainment of such an end.

Very little has been done, so far as we can gather from the few text-books already published, to foster and cultivate among advanced students a taste for French poetry, or even to give them a definite and clear conception of its rhythm. Before commencing to translate a page of verse, a class is usually told that the alexandrine consists of twelve syllables, and that rhyme is essential. Sometimes the teacher will go so far as to give a summary account of the laws of elision, but, having thus explained the mere mechanical structure of verse, will leave his students to realise its sweet harmonies as best they can. If a student be eager, and endowed with any amount—however small—of poetic feeling (and this, on classical sides at least, is by no means so rare as is usually imagined), he will, having once gone over the drudgery of mere translation, try to find out and enjoy the hidden beauties of the poem, to discover what there *is* in Hugo to make Frenchmen rave about him as they do. How is the music of words to be felt? how do Frenchmen feel it? The student is vaguely conscious that there *must* be something, that some help, which would have enabled him to solve the problem, has been kept from him; but, for the want of that help, his conscientious and well-meant effort is bound to end in failure. He 'sees the poet piping, so to say, but does not hear the notes that flow from him.' Eventually he will, as so many of his countrymen have done before him, make up his mind that French poetry is merely syllabic, that is to say, mechanical and uninteresting, and the inevitable result will follow. When the most intelligent and best working boys in a form have lost all interest in a particular subject, it must, and always does, go to the wall.

In the present volume some attempt has been made to give students an idea of accent and rhythm—that is to say, of the very essence of poetry.[1] Whether these hopes are too ambitious, the future alone can show.

The book is, obviously, intended for advanced students

[1] See, in the Introduction, the chapter on 'Accent.'

—say, for the fifth and sixth forms of public schools, and second- or third-year students in university colleges. It will be seen that we have refrained from giving extracts. In all really artistic work one main idea rules and sways, and towards it all the parts tend and converge. If we isolate any part, if we disconnect it from the whole, it may still be lyrically beautiful, but it loses most of its meaning. For this reason each of the selected poems is complete in itself, and in most cases sufficiently dramatic to ensure sustained interest throughout; the selections are numerous enough to permit of almost unlimited choice on the part of the teacher. Our own experience goes to show that the longer and more dramatic poems are best suited for class-reading. For instance, Hugo's 'La Conscience' and 'Les pauvres Gens,' Manuel's 'La Robe,' Coppée's 'La Bénédiction' and 'La Grève des Forgerons,' and Déroulède's 'Le Sergent'; perhaps also Richepin's 'Les trois Matelots de Groix,' if it does not prove too difficult. Purely descriptive or sentimental pieces had better be left alone in the case of school-boys, at any rate; for the appreciation of them depends solely on the artistic merits of the poetry 'as poetry,' or on a morbid disposition which it is generally thought undesirable to foster. But advanced college students will derive great profit, as well as keen intellectual enjoyment, from the glorious word-pictures of V. Hugo and L. de Lisle, the intensity and warmth of their colouring, their overflowing *lyrisme* and wealth of imagery; or from the country scenes, full of the fragrance of the summer fields, of Theuriet, Rollinat, and Fabié; or from the subtle philosophy and deep tender touches of Sully-Prudhomme.

It will be found that most of the poems are really difficult, and all reasonable help ought to be readily and unsparingly given. It is hardly necessary to say that they must be studied in a true literary spirit, rendered as attractive and stimulating as possible, and on no account considered as mere vehicles for the teaching of syntactical niceties or the solution of grammatical puzzles.

I desire to express my grateful acknowledgments, for most invaluable assistance in preparing this edition, to Mr. Philippe Galea, Taylorian Scholar in French, of Magdalen College, Oxford; and for kind suggestions and criticisms to the Rev. A. Jamson-Smith, Headmaster of King Edward's High School, Camp Hill, Birmingham, and to Dr. J. Gow, Headmaster of the Nottingham High School.

I have used for reference the following works, to which I must also acknowledge great obligations: Th. de Banville's *Petit Traité de Poésie française* (A. Lemerre, Paris), A. Gosset's *Manual of French Prosody* (G. Bell), and the *Traité de Versification française*, by Le Goffic and Thieulin (Masson & Cie, Paris).

H. E. B.

Oxford, *Easter* 1899.

CONTENTS

	PAGE
INTRODUCTION: THE STRUCTURE OF FRENCH VERSE—	
1. The Origin of French Verse	xiii
2. How to count Syllables	xvii
3. System of Versification	xix
4. Accent	xxiii
5. Rhyme	xxx
6. Enjambement	xxxvii
7. Hiatus	xxxix
8. Diphthongs	xli
9. Different Kinds of Verse	xlvii
10. The Lyric Stanza	l
11. The Sonnet and Ballade	liv

PART I

THE REVIVAL OF LYRIC POETRY—THE ROMANTIC MOVEMENT

I. A. DE CHÉNIER—
    L'Aveugle 3

II. P. DE BÉRANGER—
    Le Roi d'Yvetot 12
    Les Souvenirs du Peuple . . . 14
    Jacques 16

III. A. DE LAMARTINE—

	PAGE
Bonaparte	19
Le Lac	22
Le Chêne	25
Le Rossignol	29

IV. A. DE VIGNY—

Le Cor	32
La Mort du Loup	35
Moïse	38

V. VICTOR HUGO—

Les Deux Archers	42
Lazzara	45
La Charité	47
L'Expiation	49
La Conscience	54
Booz Endormi	56
Les Pauvres Gens	59

VI. A. BARBIER—

L'Idole	69
La Curée	71
Michel-Ange	74

VII. A. DE MUSSET—

La Nuit de Mai	75
L'Espoir en Dieu	82

VIII. TH. GAUTIER—

A Zurbaran	90
La Libellule	93
Pensée de Minuit	95
Terza Rima	100

IX. V. DE LAPRADE—

A la Jeunesse	102
Le bon Cheval Gris	106

PART II

CONTEMPORARY POETS—'LES PARNASSIENS'

I. L. DE LISLE— PAGE
   Midi 111
   Le Cœur de Hialmar . . . 112
   Les Éléphants 114
   Sacra Fames 115

II. C. BAUDELAIRE—
   L'Albatros 117
   Harmonie du Soir . . . 118
   La Cloche Fêlée 118
   L'Homme et la Mer . . . 119
   Les Chats 119
   Les Hiboux 120

III. TH. DE BANVILLE—
   A ma Sœur Zélie . . . 121
   A Méry 123
   Les Forgerons . . . 125
   Ballade des Regrets . . 127

IV. EU. MANUEL—
   La Robe . . . 129

V. A. THEURIET—
   Les Foins . . 134

VI. A. SILVESTRE—
   Les Nuages . . . 137
   Patria 139

VII. SULLY-PRUDHOMME—
   Le Vase Brisé 144
   L'Agonie 145
   Première Solitude . . . 146
   Les Vieilles Maisons . . . 148
   Le Joug 151

VIII. F. Coppée—
    Petits Bourgeois 156
    La Bénédiction 158
    La Grève des Forgerons 161

IX. J.-M. de Hérédia—
    Antoine et Cléopâtre 170
    Némée 172
    Le Récif de Corail 172
    Le Lit 173

X. P. Verlaine—
    Bournemouth 174
    Mon Rêve Familier 175
    Parabole 176
    Art Poétique 176

XI. M. Rollinat—
    La Mare aux Grenouilles 178
    Les Pouliches 181

XII. F. Fabié—
    Les Genêts 183

XIII. P. Déroulède—
    Le Sergent 187

XIV. J. Aicard—
    La Légende du Chevrier 197
    L'Âme du Blé 199

XV. J. Richepin—
    Le Chemin Creux 202
    Les Papillons . . . 203
    Il était une fois 205
    Les trois Matelots de Groix . . . 206

Notes 217

INTRODUCTION

THE STRUCTURE OF FRENCH VERSE

1. The Origin of French Verse

FRENCH is derived from popular Latin; in fact, it is nothing but *shortened* and *softened* Latin. It is therefore natural that we should look to Latin for the origin of French verse.

There existed in Rome two distinct, and very different, types of versification: the popular and the classical.

1. **Popular** versification was based on *accent*—i.e. on the combination, in a certain order, of tonic and atonic syllables; this is the same principle which to-day governs English and German poetry.

What these combinations exactly were it has, unfortunately, not been possible to clearly ascertain up to the present, as the number of primitive popular texts in existence is very small. But one thing seems tolerably certain: there were two kinds of accentual versification.

(*a*) In the first, each line contained **a fixed number of accents**, but an indeterminate number of syllables.

(*b*) In the second, each line consisted of **a fixed number of syllables**, some of which were accented.

The *first* of these two types has been adopted in one of the earliest mediaeval French poems, the *Cantilène de*

Sainte Eulalie (end of the ninth century), which begins as follows:—

> Buóna | pulcélla | fút | Eulália,
> Bel ávret | córps, | bellezoúr | ánima.

It will be seen that each of these lines contains four accentual feet, but that the number of syllables is not the same in each foot. But the *Cantilène* is the only instance of this kind of verse in old French poetry.[2] All the other poems which we possess are probably founded on the *second* popular Latin type—i.e. that with a fixed number of syllables, some of which are accented:—

> Carles li Reis, | nostre empercre maísnes
> Set anz tuz pleins | ad estet en Espaigne :
> Tresqu'en la mér | cunquist la tere altaigne
> N'i ad castél | ki devant lui remaísnet.[3]
> (*Chanson de Roland*, end of the eleventh century.)

2. **Classical** versification was based on *quantity*—i.e. on the combination, in a certain order, of syllables containing long or short vowels. For obvious reasons, French verse cannot possibly have been *directly* founded on such a system of prosody.

But we know that, during the Imperial period, the sense of quantity was gradually lost among the Roman people, and the difference of quantity was replaced by one of accent, and even of *sound*.[4] It is therefore not improbable that from the most common classical metres the popular language may have evolved a system of

---

[1] Eulalie fut bonne vierge,
Elle avait beau le corps, plus belle l'âme.

[2] On the other hand, it is found in all the German mediaeval poems without exception.

[3] Charles le Roi, notre grand empereur,
Sept ans entiers est resté en Espagne :
Jusqu'à la mer il a conquis la haute terre,
Il n'y a pas de château qui tienne devant lui.

[4] Thus ĭ becomes *é* in popular Latin, while ī remains *i*; ŭ becomes *ó*, while ū remains *u*, etc.

versification in which the long and short vowels were replaced by tonic and atonic vowels respectively. We possess a certain number of mediaeval hymns, written in Latin, which are evidently adaptations or imitations of classical rhythms.

Such are the two theories put forward by modern scholars. French verse was derived either—

(1) *Directly*, from the second type of popular Latin verse, or

(2) *Indirectly*, from a corruption of some classical metres, in which quantity had been replaced by accent.[1]

It is difficult to say which is the more probable hypothesis;[2] but one point is established beyond doubt: from the earliest times French verse was both **syllabic** and **accentual**.

Now, if we bear in mind that the last sounded vowel of each line was invariably tonic, we shall easily understand how this constant final stress gradually led to the repetition of similar sounds at the end of several successive lines. This similarity of vowel-sound, called *assonance*, existed in mediaeval Latin poetry, and is found in all French poems anterior to the twelfth century. Thus the four lines from the *Chanson de Roland*, quoted on p. xiv, are assonant in **ai** (*mai*gnes, *E*s*p*ai*gne*, *al*taigne, *rem*ai*gnet*).

But, as poetry became more refined, and the metres

---

[1] Thus, according to M. Léon Gautier, the eight-syllable line was derived from a corruption of the Latin iambic dimeter—
Forti sequemur pectore.
The ten-syllable line from the dactylic trimeter—
Tristitiam | vitaeque labores.
The twelve-syllable line from the asclepiad—
Crescentem sequitur | cura pecuniam.

[2] We refer students to the following works, in which they will find a full discussion of this interesting point: G. PARIS, *Du rôle de l'accent dans la langue française;* L. GAUTIER, *Chanson de Roland*, édition classique, pp. 442 et seq.; and *Épopées françaises*, 2nd edition, i. pp. 281 et seq.

more varied, the final syllables were made *consonant* as well as *assonant*—i.e. the assonant vowels were followed by the same consonantal sounds :—

> Dunc dit Ysolt : 'Lasse, ch*é*tive !
> Deus ne volt pas que jo tant v*ive*,
> Que jo Tristan mon ami v*eic*
> Ne ja en mer volt que jo s*eie*.'
>
> (*Chrestien de Troyes*, twelfth century.)

Such is the origin of **rhyme**, the third element of French versification. The distinction between *masculine* and *feminine* assonances, and subsequently between *masculine* and *feminine* rhymes, has always existed, and is found in the earliest poems.[1]

The three original metres of old French poetry were, in their chronological order—

(1) The eight-syllable line (*Vie de Saint-Léger*, tenth century).

(2) The ten-syllable line, with a caesura after the fourth syllable (*Vie de Saint-Alexis, Chanson de Roland*, etc., eleventh century).

(3) The twelve-syllable line, with a caesura after the sixth syllable, found for the first time in the *Voyage de Charlemagne à Jérusalem* (end of the eleventh century), and in the celebrated *Roman d'Alexandre*, by Alexandre de Bernay (twelfth century). Hence the name of **Alexandrine**.

These are the only primitive or primary metres used in the great epic romances. The others were invented at a later period by lyric poets—Charles d'Orléans, Villon, Ronsard, etc.—and have nothing in common with Latin rhythms, popular or classical.

---

[1] These terms have, of course, nothing to do with gender. A rhyme is called feminine when the tonic vowel is followed by a mute syllable, masculine when it is not. Thus *chétive* and *vive* are feminine rhymes, *pouvoir* and *savoir* masculine.

INTRODUCTION xvii

The Alexandrine soon became the standard **metre of the French**. It has filled in French poetry the place of the hexameter in Latin, or of heroic verse in English. It is, therefore, of paramount importance, and will be in the following pages treated more fully than other lines.

From what precedes, it will be seen that French verse consists of three elements—**syllabism, accent, rhyme**.
We shall now study each of these elements in turn.

2. How to count Syllables

The manner of counting syllables is totally different in prose and in poetry. If we carefully examine the following lines—

> J'aime le son du cor, le soir, au fond des bois,
> Soit qu'il chante les pleurs de la biche aux abois,
> Ou l'adieu du chasseur que l'écho faible accueille
> Et que le vent du nord porte de feuille en feuille.
> A. DE VIGNY (p. 32),

it will be seen that, *grammatically*, the first line contains twelve syllables, the second thirteen, the third and fourth fourteen, and yet, *metrically*, each line contains only twelve syllables.

Before proceeding further, we must ask the student to read very carefully the following rules, which will, we hope, remove the first difficulties, and enable him to see his way.

(*a*) The mute ending of a feminine rhyme (see chap. i. p. xvi.) is never counted in scansion.

In the body of the verse—

(*b*) A final *e* mute not followed by *s* or *nt* is **elided** before an initial vowel or *h* mute; i.e. it is neither pronounced nor counted in scansion :—

> Dit-on quell(e) aventur(e) a terminé ses jours?
> RACINE, *Phèdre*.

(c) But a final *e* mute followed by *s* or *nt*, or by a word beginning with a consonant or *h* aspirate, is both counted and *slightly* pronounced :—

> Vous êtes bien payé de toutes vos caress(es).
> MOLIÈRE, *Tartufe.*

> Quelle honte pour moi, quel triomphe pour lui.
> RACINE, *Andromaque.*

(d) A word ending with the combination of a vowel and an *e* mute (*vie, absolue*) can only occur in verse at the end of a line, or in a position where the *e* mute suffers elision.

Thus the line—

> La puissanc(e) absolu(e) et de vi(e) et de mort

could *not* be written

> La puissance absol*ue* soit de v*ie* soit de mort.

Similarly, such combinations followed by *s* or *nt* (*croient, plaies*, etc.) can only appear at the end of the line.[1] Thus we can say

> Avec des cris de joi(e) ils ont compté tes plai(es),

the ending of the feminine rhyme being neglected, and the *e* of *joie* elided.

But we could *not* say

> Ils ont compté tes plaies avec des cris de joie.

(See the chapter on **hiatus**, p. xxxix.)

---

[1] However, the verbal ending *aient* (of the imperfect and conditional) and the pres. subjunctives *aient* and *soient* are, by exception, allowed in the body of the verse, and count as one syllable :—

> Qui précédaient la mort des paladins antiques.
> (p. 32, l. 8.)
> La pourpre et l'or semblaient revêtir la campagne.
> (p. 38, l. 5.)

(*e*) Groups of vowels in the body of a word are counted sometimes as one, sometimes as two syllables. (This is a very difficult matter, which will be dealt with separately ; see the chapter on **diphthongs**, p. xli.)

Bearing in mind the above rules, we shall now be able to scan. In the following example, the elided mutes and those at the end of feminine rhymes are bracketed.

J'ai-me-le-son-du-cor-le-soir-au-fond-des-bois
Soit-qu'il-chan-te-les-pleurs-de-la-bich(*e*)-aux-a-bois
Ou-l'a-dieu-du-chas-seur-que-l'é-cho-faibl(*e*)-ac-cueill(*e*)
Et-que-le-vent-du-nord-por-te-de-feuill(*e*)-en-feuill(*e*).

Que-de-fois-seul-dans-l'ombr(*e*)-à-mi-nuit-de-meu-ré
J'ai-sou-ri-de-l'en-ten-dr(*e*)-et-plus-sou-vent-pleu-ré
Car-je-croy-ais-ou-ïr-de-ces-bruits-pro-phé-ti-qu(*es*)
Qui-pré-cé-daient [1]-la-mort-des-pa-la-dins-an-ti-qu(*es*).

3. System of Versification

We have been careful to show in the first chapter that French verse had been from the first both syllabic **and accentual.** It is well to insist on this point, because some writers on prosody have unfortunately spread the erroneous idea that it is merely syllabic and mechanical. It may be asserted that this mistaken conception of the nature of French poetry is the primary cause of the general discredit in which it is held by foreigners—while most of them are fervent admirers of French prose ; and the wonder is how people who adhere to this theory can make any difference between prose and verse, unless they are ready to **count every syllable on their fingers.**

Verse must be to them little better than a mysterious kind of rhymed prose, insipid and colourless. Can one imagine anything more mechanical and tedious than this

---

[1] See footnote to rule (*d*).

everlasting jog-trot of eleven homotonic **syllables followed by the inevitable rhyme?** The purely syllabic theory is **powerless to give the sentiment of rhythm**; it is therefore unsatisfactory, however correct it may be from another point of view.

In the eighteenth century, when even the best critics spoke of poetry as blind men do of colours, **Marmontel** and **d'Olivet** boldly asserted that French poetry was **quantitative**, and proceeded to scan the alexandrines into dactyls and spondees like Latin hexameters. But the attempt was bound to end in failure; the differences of quantity between French syllables are far too slight to admit of metres being founded on them.

The difference of length, even between syllables containing the *same* vowel-sound, is so small that it does not affect their rhyming together. For instance, the spelling *aisse* is supposed to indicate a longer sound than *èce*, which in its turn is longer than *esse*; yet *laisse* is a good rhyme to *faiblesse* and *Grèce* to *vieillesse* :—

    A voir ce que l'on fut sur terre et ce qu'on laisse,
    Seul le silence est grand ; tout le reste est faiblesse.
                    A. DE VIGNY (p. 38, l. 77).

    . . . quelque dieu protecteur de la Grèce,
    Tant une grâce auguste ennoblit ta vieillesse !
                    A. DE CHÉNIER (p. 4, l. 21).

Again, a difference of length is said to be marked by a circumflex accent, yet we find such rhymes as *orage* and *âge*, *câble* and *sable*, *abîmes* and *sublimes* :—

    Et que ton nom, jouet d'un éternel orage,
    Sera pour l'avenir ballotté d'âge en âge . . .
                    LAMARTINE (p. 21, l. 76).

    Laissant filer son vaste câble,
    Son ancre va chercher le sable . . .
                    LAMARTINE (p. 26, l. 40).

    Éternité, néant, passé, sombres abîmes,
    Parlez : nous rendrez-vous ces extases sublimes . . .
                    LAMARTINE (p. 24, l. 45).

A much stronger distinction exists between the first syllables of *âme* and *femme*, yet the practice of poets of every school sanctions such rhymes :—

> Elle appelle en vain ; il rend l'âme.
> Bonnes gens, priez pour sa femme.
> BÉRANGER (p. 18, l. 55).
>
> . . . Ô pauvres femmes
> De pêcheurs ! c'est affreux de se dire : mes âmes . . .
> V. HUGO (p. 62, l. 73).

For all practical purposes it may be taken for granted that the notion of quantity does not exist in French ; and so the quantitative theory, being contrary to the genius of the language, died with its inventors.

Lastly, at the beginning of the present century an Italian priest and scholar named **Scoppa**, struck by the close resemblance between Italian and French verse, first brought to light the important part played by accent in French poetry, and showed that each line consists of a certain number of rhythmical elements. This **accentual** theory was taken up by French and German critics (Count de Gramont, Lübarsch, etc.), and more recently by an eminent English scholar, Mr. H. W. Eve, who applied to the alexandrine a system of scanning akin to the English and German.

Let us return to the four lines quoted in the first chapter, and accent them in the manner suggested :—

> J'aime | le són | du cór, | le soír, | au fónd | des boís,
> Soit qu'il chán|te les pleúrs | de la bíche | aux aboís,
> Ou l'adieu | du chasseúr | que l'echo faíble | accueílle
> Et que le vént | du nórd | pórte de feúille | en feúille.

The first line is purely iambic ; cf.—

> Laíd in | my quí|et béd | in stú|dy ás | I wére.
> SURREY.

Or again—

> Dárkness | more dréad | than níght | was poúred | upón | the groúnd.
> SHELLEY.

The second contains four anapaests; cf.—

At thĕ clóse | of the dáy | when the hám|let is stíll.
                                              BEATTIE.

The third contains two anapaests, a paeon, and an iambus. The fourth, a paeon, an iambus, a choriamb, and an iambus.

But this system carries with it its own condemnation. Our example shows that the feet are different in every line; can we imagine an English poem in which trochaic, iambic, dactylic, and anapaestic lines are all mixed up together at haphazard?

In all languages where the versification is based solely on accent, verse is described in the first instance as being iambic, dactylic, anapaestic, etc., the number of feet being considered last.

It is just the reverse in French, where the number of syllables must be considered *first*.

This is not all. It so happens that the four lines in our example can be divided into feet according to English canons. But it might just as well have been otherwise. In many verses the accents are distributed in a way which would make such a division impossible:—

Viént, | vá, | toúrne, | et, flairánt | au loín | la solitúde . . .
                                        L. DE LISLE (p. 116, l. 15).

Faíre | ce qu'on a faít, | étre | ce que nous sómmes. . . .
                                        A. DE MUSSET (p. 82, l. 7).

Ne me comparez pás | a la troúpe | immortélle.
                                        A. DE CHÉNIER (p. 4, l. 33).

Shall we, to suit our purpose, invent new kinds of feet, unknown to any other language?

Let the reader, therefore, cast away all thought of *feet*; the quantitative feet of Greek and Latin, and the accentual feet of English and German, have alike been proved inadequate and misleading when applied to French verse.

What, then, is the solution of the problem?

The truth is that, as has already been pointed out, French poetry consists of closely allied elements which cannot possibly be disconnected—the mechanical structure and the rhythm, the letter and the spirit.

The mechanism is decidedly syllabic, but it is by means of the accents **alone** that this syllabic division can be *felt*—instinctively and instantaneously—in the reader's mind. We will try to illustrate our meaning.

Let the student select a passage from Hugo or L. de Lisle, and alter one of the lines so that it contains eleven or thirteen syllables instead of twelve; let him then read the passage clearly to any cultured Frenchman. The last syllable of the *wrong* line will hardly have been uttered before the latter's hand is raised in protest. But how does he know it is wrong? How can he, in a fraction of a second, in very much less time than it takes to count twelve, realise that the line is faulty? Simply because, by means of the accentuation, the six syllables of each hemistich have been instantaneously divided into groups of $3+3$ or $2+4$, and because his ear has grown so accustomed to this division, to these **beats** which alone allow him to catch the rhythm, to feel the subtle charm and music of the verse, that their absence or alteration is quite intolerable.

Let us now see what this accentuation is going to be.

4. Accent [1]

We shall, for the purpose of the present chapter,

---

[1] It stands to reason that, before attempting to read poetry, the student must be acquainted with the accentuation of prose. In all French words, the *tonic* accent (which has nothing to do with the grammatical accents ´ ` ^) falls on the last sounded vowel. Consequently, in all words with a neutral ending (*e, es, ent*) the accent is thrown back on the penult. This strengthening of the penult is very frequently marked in spelling by a grammatical

divide the alexandrine into **two classes**: (*a*) 'alexandrin classique,' (*b*) 'alexandrin trimètre.'[1]

These names, though arbitrary, are quite appropriate, and will serve admirably.

(*a*) **Alexandrin classique.** In all classical alexandrines there is always a 'caesura' or pause, which, falling after the **sixth syllable**, divides the line into two rhythmical groups of six syllables each called 'hemistichs' (ἥμισυς, half; στίχος, verse).

This rule was thus formulated by Boileau in his *Art poétique*—

> Que toujours, dans vos vers, le sens, coupant les mots,
> Suspende l'hémistiche, en marque le repos.

In each hemistich there are—

(1) always a fixed accent on the sixth syllable;

(2) generally one or two **secondary** accents whose position may vary, but which must fall on the most important or the most sonorous words of the hemistich, that is to say, on the words which would in prose bear the sentence-accent [2] (sometimes called *thought*-accent).

---

accent or a reduplication of the consonant. Compare, for instance, j'ach**è**te and nous achetóns, chreti**é**nne and chretién, etc. (Note also the influence of the English neutral *e* on the preceding vowel; cf. fat and fate, spit and spite, etc.) It may be said that this habit of a final stress expresses French *decision* and *definition*, while the neutral *e* is the only relief, the only elastic ending, the only rebound in the French language; and this fact explains its necessity in verse, and the law that made it compulsory for every alternate couplet.

[1] The name of *trimètre* was used for the first time by the critic Jules Lemaître in his essay on F. Coppée (*Les Contemporains*, vol. i. p. 87).

[2] Further, it must be remembered that a large number of words are only weakly accented, and can consequently count as unaccented. They are the words that cannot stand independently in a sentence, such as the articles, conjunctive pronouns, pronominal adjectives, the relative, prepositions, conjunctions, short and weak adverbs, enclitics and proclitics, etc. Never place a metric accent on such words.

The whole line has consequently a *minimum* of two accents—

> Si je la haissaís | je ne la fuirais pás.
> RACINE.

It may have as many as six, and even (though rarely) eight—

> Viént, vá, toúrne, et, flairánt | au loín la solitúde.[1] . . .
> L. DE LISLE (p. 116, l. 15).

Practice will show that by far **the greater number of classical alexandrines have four accents**, two fixed and two secondary—

> Cette obscúre clarté | qui tómbe des etoíles
> Enfín avec le joúr | nous fit voir trente voíles ;
> L'ónde s'énfle dessoús | et, d'un commun effórt
> Les Maúres et la mér | móntent jusques au pórt.
> CORNEILLE, *Le Cid*.

However, the division into hemistichs is no longer considered binding at the present day. Victor Hugo and the romanticists claimed absolute freedom respecting the place of the caesura, so that the modern poet is at liberty to introduce in his poetical phrase any pause or pauses that are consistent with the sense and the effect he endeavours to produce.

But, whatever be the place of the caesura, **the sixth and twelfth syllables must always be accented**, however slightly.

We can say

> Une ardénte lueúr | de paíx et de bonté,

or

> Quels interéts quels soíns | vous agítent, vous préssent.

But we could not say

> La lueúr ardenté | de paíx et de bonté,

---

[1] In this, as in all the examples quoted in the present chapter, the accents are *metric* accents. The grammatical accents have been purposely omitted, to avoid confusion.

nor

Quels soins vous agitĕnt | quels interéts vous préssent,

the *e* mute being, by nature, unfit to bear the stress.

Here is an example of Hugo's verse, with the accents and caesuras marked :—

> Il est nuít. | La cabáne est paúvre, mais bien clóse.
> Le logís est plein d'ómbre, | et l'on sént quelque chóse
> Qui rayónne | a travérs ce crepuscúle obscúr.
> Des filéts de pecheúr | sont accrochés au múr.
> Au fónd, dans l'encoignúre | ou quelque húmble vaissélle
> Aux plánches d'un bahút | vaguemént etincélle,
> On distíngue un grand lít | aux lóngs rideaúx tombánts.
> *Les pauvres Gens* (p. 59).

(*b*) **Alexandrin trimètre** (called also *romantique* or *ternaire*).—The flexibility of the alexandrine has been further increased by the introduction of what J. Lemaître has rightly called the 'vers trimètre.'

The salient features of this verse are quite contrary to those which characterise the classical alexandrine.

In the latter the sixth syllable is always accented; but **in the trimètre** the **sixth syllable is invariably too weak** to bear a metric accent, while the words which precede and follow have either a very full vowel-sound or a very strong thought-accent, so that these words appropriate the metric accents. A totally different verse is the result. The mechanism is the following: the 'trimètre' has **two caesuras**, dividing the line in *three rhythmical groups*, with one accent in each group. Examples :—

> A ramassér | un *vieux* cadá|vre de ma sórte.
> (p. 195, l. 211.)
> Une nuit claíre, | un *vent* glacé. | La neige est roúge.
> (p. 112, l. 1.)
> L'epee au poíng, | les *yeux* hagárds. | l'as un ne boúge.
> (p. 112, l. 3.)
> Les assommaíent | a *coups* d'enór|mes crucifíx.
> (p. 159, l. 39.)

A glance at the above lines will show that the emphatic words, those which bear the thought-accents, are undoubtedly 'cadavre,' 'glacé,' 'hagards,' 'énormes,' while those on which the sixth syllable falls, and which we print in italics, are 'proclitic,' that is to say, *comparatively weak and unimportant*.

Similarly, in

> Nos officiérs | *etaient* pensífs. | Les veteráns,
> Inquiets . . .   (p. 159, l. 27)

the principal words are 'officiers' and 'pensifs'; therefore 'étaient' will sink to a subordinate position.

The 'vers trimètre' was first introduced by V. Hugo, but rather timidly, with a kind of scruple, a remnant of respect for the classical caesura. He was always careful to mark the sixth syllable, however slightly, and would not tolerate in that position an article or a possessive :—

> Il vit un œíl | tout *grand* ouvért | dans les tenébres. . . .
> (p. 54, l. 10.)

Banville, Coppée, and the 'Parnassiens' have accepted this new rhythm much more boldly, and have frequently allowed the sixth syllable to fall on the weakest of words. We give below examples of the most striking lines.

The sixth syllable falls on—

(*a*) an article :—

> Pour elle seúle, | et *les* moiteúrs | de mon front blénie.
> (p. 175, l. 7.)
> Eternuánt | dans *des* auteúrs | petits et grós.
> (p. 184, l. 43.)
> La Faim sacrée | est *un* long meúr|tre legitime.
> (p. 116, l. 33.)
> Le cœur charmé | fait *un* retoúr | melancolíque.
> (p. 136, l. 48.)

However, it must be noticed that when *un* is an indefinite pronoun, i.e. no longer proclitic, it is considered strong, and the line may scan as a regular verse :—

> Un impíe ; et plus d'ún | encóre se rappélle.
> (p. 160, l. 65.)
> Le deháuchent, comme ún | qui chúte d'une echásse.
> (p. 210, l. 111.)

(*b*) a possessive :—

 Cette musíque | et *ses* paróǀles, entendúes.
(p. 207, l. 31.)
 Mais pour ma fémme | et *mes* petíts, | c'est autre chóse.
(p. 166, l. 142.)
 Qui s'enfonçaíent | sous *vos* rameaúx | comme des caílles.
(p. 184, l. 23.)

(*c*) a weakly-accented preposition or adverb :—

 Je vais m'asseoír | *parmi* les Dieúx, | dans le soleíl.
(p. 113, l. 36.)
 Mon dernier soúffle, | *avec* l'odeúr | des foins nouveaúx.
(p. 136, l. 63.)
 S'enfonce au lárǀge *sur* sa bárǀque solitaire.
(p. 207, l. 20.)
 C'est vrai, qu'il soúfǀfle *tout* de méme, | et pas pour ríre.
(p. 209, l. 87.)
 Ah! maintenánt, | c'est *comme* un vól | d'oiseaux meurtris.
(p. 212, l. 158.)

(*d*) an auxiliary verb :—

 Sur mes yeux loúrds | *seront* tombés | comme des voíles.
(p. 136, l. 62.)
 Mon presidént, | je n'*ai* pas fait | de barricádes.
(p. 162, l. 18.)

But if, instead of being a mere auxiliary, the verb has an individual force of its own, it may be accented, in which case the line would scan as a regular verse :—

 La térre est bélle, elle á | la divíne pudeúr
 De se cachér | sous les feuilláges.
V. Hugo, La Légende des Siècles (vol. i.).

In all the examples given above the rhythmical groups of the 'trimètre' contain four syllables each, the division being 4—4—4.

But two other divisions are also possible, though less harmonious, not so well balanced :—

1. That in 3—5—4 :

 Pour la fémme | et pour *les* enfánts, | mes bons amís.
(p. 169, l. 215.)

La bataílle | a bien *ses* dangérs | comme autre chóse.
(p. 190, l. 91.)
Bón ! qu'il gím|ble tant qu'*il* voudrá | dans les agrés.
(p. 209, l. 89.)
La Musí|que n'est *pas* plus bél|le.   Cela viént.
(p. 175, l. 17.)
Flamboyaíent | comme *deux* sarménts | au fond d'un foúr.
(p. 187, l. 16.)
Les gaités | de ce *dur* metiér | et ses effroís.
(p. 206, l. 9.)
Un malín, | un coureur de báls, | qui sur les témpes.
(p. 167, l. 162.)

2. That in 4—5—3 :

Font petillér | de *leurs* monotó|nes echós.
(p. 202, l. 8.)
Et quand il dórt, | le *noir* vagabónd, | le maroúfle.
(p. 203, l. 25.)
Et tout de suíte ! | *Avant* leur douze áns, | embarqués !
(p. 213, l. 186.)
Comme des mér|les *dans* l'epaisseúr | des buissóns.
(p. 113, l. 12.)

It goes without saying that the 'vers trimètres' are never used exclusively to compose even very short poems; but, by skilfully mixing them with the regular alexandrines, modern poets have infused a new life into the old French prosody, and obtained a rich, smooth, and flexible verse, often delightfully musical.

To sum up: French poetry, in common with the poetry of all countries and of all ages, presents two essential features, Variety and Unity.

There must be **Unity**—i.e. a certain fixed type, a certain uniformity of structure—without which verse would have no character, no individual life, and would soon sink back into prose.

There must be **Variety**—i.e. a certain freedom in the treatment of details—or the verse will become tedious, mechanical, and uninteresting.   For instance :—

The structure of **Latin** elegiac verse is governed by certain fixed rules—hence unity; but in both the hexameter and the pentameter, spondees may be substituted for dactyls, and the last syllable may be short or long—hence it offers scope for variety of treatment.

In **English** we speak of iambic or anapaestic verse, but a poem composed exclusively of iambuses or anapaests would be simply unreadable. Campbell's poem, 'Lochiel's Warning,' is written in anapaestic verse. Yet if we examine these two lines—

> But hárk | through the fást | fláshing líght|ning of wár,
> Whát steéd | to the dé|sert flíes frán|tic and fár?

what do we find? The first line begins with an iambus and the second with a spondee. The third foot is a cretic in the first line and a bacchius in the second. These irregularities prevent the verse from becoming monotonous, and improve the harmony.

So, in **French**, unity is ensured by the necessary recurrence of the two fixed accents; while the movability of the secondary accents makes the verse very plastic and flexible, and the introduction of the 'trimètre,' coming to break the regular flow of the metre, is often an agreeable surprise, and delights the ear by its novelty.

Far from being in any way inferior to the best metres of other countries, the alexandrine of the present day, gradually brought to perfection by Hugo, Gautier, Leconte de Lisle, and the 'Parnassiens,' is an instrument of admirable flexibility, capable of being modulated into every variety of tone.

5. Rhyme.

Rhyme, that similarity of sound in the final syllables of two or more successive lines, is not at all indispensable to English verse. Milton, Thomson, Young, Cowper,

Shelley, Wordsworth, and many others have written long poems without rhyme. Collins and Southey have composed verses without rhyme in lyrical poetry; and in dramatic verse rhyme is very rarely used.

In French, on the other hand, **Rhyme** is quite **essential**, so that blank verse is an impossibility.

Besides, though the general principles of rhyme in English and in French may offer some points of resemblance, the actual rules are much more complicated in detail in the latter language, owing mainly to its mute final consonants.

RULE I.—There can be **no rhyme between a masculine and a feminine verse** (concerning these terms see chap. i. p. xvi.), 'though their terminations may be so similar as to be hardly distinguishable from each other in ordinary conversation, as in the masculine and feminine participles *aimé* and *enflammée*, or to constitute puns, as in the words *mère* and *mer*.'[1]

RULE II.—French rhymes must be **assonant**, that is to say, the vowels or diphthongs in the corresponding lines must have *exactly the same sound*. In English—though the practice is not to be commended—words are frequently made to rhyme together when the vowels are totally different: *love* and *grove*, *wood* and *flood*, etc. In French such rhymes would be quite out of the question. 'There is no point in which French verse is more superior to our own rhymed verse than in the purity of its assonances.'[2]

RULE III.—French rhymes must be **consonant**, that is to say—

(*a*) **if sounded**, the consonants which follow the assonant vowels must be identical in the corresponding lines[3] :—

---

[1] A. Gosset, *Manual of French Prosody* (G. Bell).   [2] *Ibid.*

[3] Thus in English, though beak and meet are assonant, they do not rhyme. But beak and meek do.

'fer' and 'Jupiter' (p. 5, ll. 55, 56).
'Eurythus' and 'Pirithoüs' (p. 9, ll. 219, 220).
'clair' and 'mer' (p. 175, ll. 22, 25).
'orge' and 'forge' (p. 56, ll. 5, 8).
'obliques' and 'publiques' (p. 57, ll. 13, 16).

(*b*) **if mute**, they need not be identical, but they must belong to the same group.

The following are the groups of consonants:—

s, x, z. Thus

'parfois' is a correct rhyme to 'voix'
(p. 124, ll. 13, 14).
'fis' to 'crucifix' (p. 159, ll. 39, 40).
'échos' to 'inégaux' (p. 202, ll. 6, 8).
'blessés' to 'assez' (p. 191, ll. 122, 124).
'frayés' to 'voyez' (p. 45, ll. 4, 5).
'permettiez' to 'chantiers' (p. 166 ll. 143, 144).

But 'chantiers' could not rhyme with 'entier,' etc.

b and *d, d* and *t.* Thus

'plomb' and 'blond' (p. 55, ll. 31, 32).
'profond' and 'satisfont' (p. 181, ll. 22, 23).
'd'abord' and 'mort' (p. 194, ll. 203, 205).
'nid' and 'unit' (p. 173, ll. 2, 3).

c and *g,* as 'sang' and 'blanc.' However, an exception is made in favour of *rang* and *sang,* which may also rhyme with words ending in *ant* or *ent* :—

'sang' and 'puissant' (p. 142, ll. 68, 70).
'sang' and 'éblouissant' (p. 81, ll. 190, 191).

cs, ds, gs, ps, ts. Any of these may also rhyme with *s, x,* or *z* (of course provided always that the assonant vowels are identical). For instance :—

'flancs' and 'sanglants' (p. 112, ll. 6, 8).
'joncs' and 'monts' (p. 115, ll. 37, 40).
'morts,' 'remords' and 'corps' (p. 90, ll. 2, 4, 6).
'miroitants' and 'printemps' (p. 204, ll. 28, 29).
'vétérans' and 'rangs' (p. 159, ll. 27, 28).
'troupiers' and 'pieds' (p. 161, ll. 103, 104).
'tu l'es' and 'reflets' (p. 192, ll. 150, 152).

'nouveaux' and 'pavots' (p. 136, ll. 61, 63).
'clous' and 'loups' (p. 113, ll. 14, 16).

N.B.—A vowel or diphthong *not* followed by a consonant may rhyme with an assonant vowel or diphthong followed by any *mute* consonant **except s, x, z.** Thus

'loin' and 'rejoint' (p. 193, ll. 178, 180).
'toi' and 'doigt' (p. 196, ll. 242, 244).
'fi' and 'suffit' (p. 195, ll. 226, 228).
'or' with 'endort' (p. 202, ll. 2, 4).
'cou' with 'soûl' (p. 73, ll. 74, 76).
'aquilon' with 'long' (p. 81, ll. 193, 195).
'béni' with 'nid' (p. 87, ll. 178, 180).

(But 'cou' can **not** rhyme with 'fous,' nor 'foi' with 'cro**ix**.')

RULE IV.—There can be **no rhyme** between a word ending in a **sounded** consonant and one ending in a **mute** consonant.

For instance, Victor Hugo ought not to have written

Nous avions cinq enfants, cela va faire sept.
Déjà, dans la saison mauvaise, on se passai*t*
De souper . . .   (p. 67, ll. 235-237.)

The following are other instances of faulty rhymes:—

. . . je n'ai point, comme fit Thamyris,
Des chansons à Phœbus voulu ravir le pri*x*.
                                (p. 4, ll. 39, 40.)
Alors qu'ayant des yeux je traversai les flot*s* ;
Car jadis, abordant à la sainte Délo*s*.
                                (p. 5, ll. 63, 64.)
        . . . ô monts, ô durs caillou*x*,
Quels doux frémissements vous agitèrent tou*s*.
                                (p. 9, ll. 195, 196.)
            . . . les pièges inconnu*s*,
Et dans ce fer mobile emprisonnait Vénu*s* !
                                (p. 9, ll. 199, 200.)

Such rhymes are quite unpardonable, since they compel us to pronounce *passaitt, le priss, les floss, caillouss, inconnuss*, just as if we were 'Marseillais' and dwellers in the 'canebière.'

For the same reason, Baudelaire ought never to have written

> Il est amer et doux, pendant les nuits d'hiver,
> D'écouter, près du feu qui palpite et qui fume,
> Les souvenirs lointains lentement s'éle*ver* . . .
>
> (p. 118 *La Cloche fêlée*).

for the *r* in *hiver* is sounded, and that in *élever* is not.

A similar exhibition of bad rhymes is found, alas! in Keats, who does not shrink from coupling together such words as *thorns* and *fawns*, *thoughts* and *sorts*, *Thalia* and *higher*, thus countenancing the vulgar cockney pronunciation, *thawn*, *sawt*, *highah*.

RULE V.—French rhymes must, as far as possible, be **supported**.

In English the consonants which invariably *precede* the assonant vowels need not be identical in the corresponding lines. Thus 'ball' and 'call' constitute a rhyme. In French such a rhyme would be very poor. For a rhyme to be good—or, as the French say, *riche*—the assonant vowels must be supported by the same consonant,[1] called **consonne d'appui**.

Thus, 'aimer' and 'rocher' can hardly be said to rhyme at all; but 'aimer' and 'ramer,' or 'rocher' and 'chercher' are good rhymes. 'Sombre' and 'pénombre' are sufficient rhymes, but 'nombre' and 'pénombre' are better.

The theory respecting the *consonne d'appui* is comparatively modern, and is due, like every other improvement in the technique of versification, to V. Hugo. The classical poets paid very little attention to it, thinking—no doubt rightly—that the beauty of verse consists in the perfection of the whole line, of the choice of words, of the harmony, of the rhythm, of the idea, as much as,

---

[1] Or consonantal vowel (*royelle consonnifiable*) such as i or u.

or even more than, in the fulness and sonority of the rhymes. Even modern poets offer very frequent instances of rhyme from which the *consonne d'appui* is altogether absent. Some endings are found only in such a limited number of words that, were this law insisted upon, it would be almost impossible to rhyme. But no rhyme can be called *riche* without the *consonne d'appui*. (For examples of rich rhymes read Hugo, L. de Lisle, and de Banville.)

In conclusion, the following advice given by Théodore de Banville to young poets may prove interesting :—

Your rhyme must be rich and original, relentlessly rich and original. That is to say, you will choose, whenever it is possible, words having the closest resemblance in sound, but marked diversity in meaning. Try to avoid combining as rhymes similar parts of speech, and above all never make a rhyme between two adverbs, unless by way of joke or irony, as in the two lines from *Les Femmes savantes*—

> J'aime *superbement* et *magnifiquement*.
> Ces deux adverbes joints font *admirablement*.[1]

A word cannot rhyme with its own compound any more than it can rhyme with itself. Similarly, words expressing analogous ideas, such as *malheur* and *douleur*, and even those which convey a directly opposite meaning to each other, as *bonheur* and *malheur*, *chrétien* and *païen*, make bad rhymes; for the first essential of good rhyme is to awaken surprise, and nothing is so closely associated in the mind with the idea of a quality as the conception of its opposite. For instance, when we think of something white, a suggestion of scarlet would excite

---

[1] Compare with the above the comic effect in Byron's lines—
> He liked the gentle Spaniard for his *gravity*,
> He almost honoured him for his *docility*,
> Because, though young, he acquiesced with *suavity*,
> Or contradicted but with proud *humility*

our interest, while that of black would fail to do so. For the same reason, rigorously avoid using rhymes which have become hackneyed and vulgar, such as *gloire* and *victoire, lauriers* and *guerriers, amour* and *jour*, etc.

As for words which, though entirely opposite in *meaning*, yet exactly correspond in *sound*, they couple most effectively in rhyme; this is true even in the case of serious style, but more especially in comedy, when they can be used to admirable advantage. Here are some examples:—

CHICANEAU.
Vous plaidez?
LA COMTESSE.
Plût à Dieu!
CHICANEAU.
J'y brûlerai mes *livres*!
LA COMTESSE.
Je . . .
CHICANEAU.
Deux bottes de foin cinq à six mille *livres*!
RACINE, *Les Plaideurs.*

L'INTIMÉ.
Il n'est donc pas ici, mademoiselle?
ISABELLE.
Non.
L'INTIMÉ.
L'exploit, mademoiselle, est mis sous votre *nom*.
Ibid.

Quand avons-nous manqué d'aboyer au larron?
Témoin trois procureurs, dont icelui Citron
A déchiré la robe. On en verra les *pièces*.
Pour nous justifier, voulez-vous d'autres *pièces*?
Ibid.

We have now to examine the **order** in which the rhymes are placed.

In long poems the verses are mostly written in couplets, that is, they rhyme two by two; this kind of rhyme is called **rimes plates**; see Chénier's *L'Aveugle* (p. 1), Vigny's *La Mort du Loup* and *Moïse* (pp. 35 and 38), Hugo's *L'Expiation* (p. 49), *La Conscience* (p. 54), *Les pauvres Gens* (p. 59), Coppée's *La Grève des Forgerons* (p. 161), etc. etc.

Sometimes the lines with even and uneven numbers respectively rhyme together, 1 with 3, 2 with 4, 5 with 7, 6 with 8, etc., as in Musset's *L'Espoir en Dieu* (p. 82), Sully-Prudhomme's *Le Joug* (p. 151), Déroulède's *Le Sergent* (p. 187). These are called **rimes croisées**.

Verses of any length may also be arranged in separate groups, called stanzas, containing a greater or less number of verses, made to rhyme either two by two, or in any order whatever. The reader is referred to the chapter on 'The Lyric Stanza,' p. l.

6. ENJAMBEMENT

We have already quoted (p. xxiv.) Boileau's dictatorial precept—

> Que toujours, dans vos vers, le sens, coupant les mots,
> Suspende l'hémistiche, en marque le repos.

Its aim was not only to insist on the caesura being scrupulously observed, but also to forbid the use of what the French call **enjambement** (*stepping over*), that is to say, the cutting up of a clause, and its completion in the next line, as in the following examples:—

> . . . Puis donc qu'on nous permet de prendre
> Haleine . . .
> > RACINE, *Les Plaideurs*.

> . . . Et vous, venez au fait. Un mot
> Du fait . . .
> > *Ibid.*

> . . . Qu'on me vienne aujourd'hui
> Demander : aimez-vous ? . . .
> > LA FONTAINE.

> C'est ainsi qu'achevait l'aveugle en soupirant,
> Et près des bois marchait, faible, et sur une pierre
> S'asseyait . . .
>   ANDRÉ DE CHÉNIER, *L'Aveugle* (p. 3, l. 4).

In all these examples the clause begun in the first line is only completed in the second. According to Boileau, this overflowing of the sentence from one verse to another was radically wrong. However, the rule was altogether invented by him, and does not rest upon historic precedent. Though the great classics—Corneille, Racine, Molière, La Fontaine—did not always consider it binding, as is shown by the above examples, yet the majority of inferior poets submitted to it until the end of the eighteenth century. André de Chénier first attempted to 'deliver French verse from its ignoble bonds of serfdom.' After him the work of emancipation was continued, until Victor Hugo and the Romanticists, impatient of literary restrictions of every kind, finally shattered the old classical rules.

The very first lines of Victor Hugo's *Hernani* were a defiant breach of Boileau's edict—

> Serait-ce déjà lui ? C'est bien à l'escalier
> Dérobé.—Vite, ouvrons . . .

Since then modern poets have used the 'enjambement' whenever it suited their purpose, and claimed that this—like the place of the caesura—should be left to the judgment and artistic sense of each writer, rather than be settled uniformly by stringent rules which hinder talent and stifle inspiration.

In reading or reciting poetry great care must be taken not to stop at the end of each line, unless the sense requires it. The final accent must of course be marked, but *the 'enjambement' must always be followed up*. A disregard of this rule would tend to produce a sleepy, monotonous, and mechanical delivery, which must be religiously guarded against.

7. Hiatus

Hiatus is the technical name given to the clashing of two sounded vowels. It is extremely common in prose. In poetry, however, two kinds of 'hiatus' are strictly prohibited, according to classical canons—

(*a*) when a final sounded vowel clashes with an initial one, as in *Il est allé à Paris*, or *Je suis venu avant-hier*;

(*b*) when a word ends in the combination of an accented vowel and either an *e* mute, which cannot be elided, or one of the mute endings *es, ent*; as, for instance, *La pluie nous a surpris, Ils voient au loin*, etc. (see p. xviii. *d*).

This rule is comparatively modern, and was unknown to the earlier French poets. It was invented by Ronsard, and found a consecration in the following clumsy lines of Boileau—

    Gardez qu'une voyelle, à courir trop hâtée,
    Ne soit d'une voyelle en son chemin heurtée.

Up to the time of Ronsard the hiatus is frequently met with. Examples:—

    Et m'a amour, dont le mercie
    Donné de ses biens largement.
                      CHARLES D'ORLÉANS.

    A donc le rat, sans serpe ni couteau
    Il arriva joyeux et[1] ébaudy.
                      CLÉMENT MAROT.

    La pluie nous a debués et lavés,
    Et le soleil desséchés et noircis;
    Pies, corbeaux nous ont les yeux cavés
    Et arrachés la barbe et les sourcils.
                      FR. VILLON.

    Rivière, fontaine et ruisseau
    l'ortent en livrée jolie
    Gouttes d'argent, d'orfévrerie.
                      CHARLES D'ORLÉANS.

---

[1] The *t* of *et* not being heard, the word sounds exactly as a close *é*, and thus produces hiatus.

Boileau's strict precept has given rise to much adverse criticism, and has been frequently disregarded by the best classic and modern poets alike:—

>... Qu'on me vienne aujourd'hui
> Demander: aimez-vous ? Je répondrai que‿oui.
>
> La Fontaine.

> La partie brutale alors veut prendre empire
> Dessus la sensitive.
>
> Molière.

> Ah ! folle que tu‿es !
> Comme je t'aimerais . . .
>
> A. de Musset.

> Et lorsque peu‿à peu les funèbres pavots . . .
>
> A. Theuriet (p. 136, l. 61).

As a matter of fact, the rule is most arbitrary, and satisfies the eye rather than the ear. In actual pronunciation the hiatus occurs constantly. For instance:—

When *e* mute is elided between two vowels—

> On poursuit ma parti(e), on force une maison.
>
> Racine

have we not in *parti'‿on* two vowel-sounds in succession?

Again, when a vowel is followed by an unsounded consonant—

> Un rat, hôte d'un champ.
>
> La Fontaine.

pronounce ra'‿'ôte.

'It does appear most incomprehensible that in a language delighting in hypsilonised and iotised vowels,[1] phrases like *tu es, il y a, si elle* should be rigorously excluded from verses—though their perfect euphony is proved by their indiscriminate use by poets till Malherbe, by their constant recurrence in prose, and by the free admission into modern verse of the *very same sounds* under the forms *tuais, il lia, partiel.*'[2]

---

[1] i.e. vowels preceded by *u* or *i*.
[2] A. Gosset.

INTRODUCTION xli

Generally speaking, it will be found that modern poets use their own discretion in the matter, always avoiding harsh or unpleasant sounds, but not shrinking from the use of the hiatus when they wish to obtain special effects.

8. Diphthongs

This chapter must be read through carefully. It will, we hope, be found helpful, and used for reference in difficult cases.

Two or more successive vowels are often used in French spelling to express a single sound, and are, of course, reckoned as a single syllable, e.g.—*eau* (pron. *ô*), *aient* (pron. *è*), *Caen* (pron. *Kā*), etc.[1]

In other cases the successive vowels employed in spelling are both pronounced, either

(*a*) in rapid succession, as a diphthong, the first vowel really playing the part of a consonant (*voyelle consonnifiable*), or

(*b*) separately, as two distinct vowels.

In the first case the vowels count as one syllable, in the second as two.

The whole difficulty consists in ascertaining whether the initial of the group is a true vowel or a semi-consonant. Certain principles of etymology have been laid down [2]:—

I. The two vowels form a diphthong, and count as one syllable, if they are derived from—

(*a*) one single Latin vowel, as *f*oi (*f*idem), *b*ien (*b*ene);

---

[1] Note carefully the following: *paon, faon, taon, Laon*; pronounce *pā, fā, tā, Lā*.

[2] See Dr. Braunholtz's masterly edition of *Les Plaideurs*, Pitt Press Series.

(β) a tonic vowel influenced by a following hiatus or guttural, as *métier* (*ministerium*), *cuir* (*corium*), *nuit* (*noctem*), *fruit* (*fructum*).

II. On the other hand, the two vowels are distinct, and count as two syllables, if they are derived from—

(α) vowels which immediately followed each other in Latin: *provisi*-on (*provisionem*), *audi*-ence (*audientiam*);

(β) vowels originally separated by a consonant which was dropped in French: *signifi*-er (*significare*), *pri*-er (*precari*).

These rules are, no doubt, generally true in the case of organic or *popular* words, but they do not apply to modern words; and even some of the organic words have now undergone a change of pronunciation. For instance—*viande* (*vivenda*) and *confiance* (*confidentia*) both come under Rule II. (β). Yet the group **ian** counts as one syllable in the first and as two in the second.

The truth is that the **ear** is the only guide; this makes the subject especially difficult to foreigners. It will be interesting and helpful to see how the great poets have treated the principal combinations of vowels.

IA forms generally two syllables: *di-a-mant*—

Dans le cuivre et le plomb *di-a-mant* enchassé.
LAMARTINE.

The most notable exceptions are *diable* and *effroyable*, in which *ia* is a diphthong—

. . . ah! *diable!*
Je dis que nous vivons dans un siècle *ef-fro-yable*.
V. HUGO.

IAI is generally two syllables: *ni-ais*, *li-ais*, *pli-ais*, etc.—

. . . j'*oub-li-ais*
Là bas, six grosses tours en pierre de *li-ais*.
V. HUGO.

IAU is dissyllabic: *fa-bli-au*, *pro-vin-ci-aux*, etc.—

Au travers de la nuit *mi-au-le* tristement.
L. DE LISLE.

INTRODUCTION

IANT and IENT are two syllables, *cri-ant, con-tra-ri-ant, con-ci-li-ant, O-ri-ent, pa-ti-ent*—

>Du ponant jusques à l'*O-ri-ent*,
>L'Europe, qui vous hait, vous regarde en *ri-ant*.
> V. HUGO.

IEN, pronounced like IAN, is two syllables: *sci-en-ce, au-di-en-ce*—

>Mais où dormirez-vous, mon père !—à l'*au-di-en-ce*.
> RACINE.

IEN, pronounced sharp, has sometimes one and sometimes two syllables: one in *bien, mien, tien, sien, com-bien, chien, je viens, je tiens;* two in *li-en, co-mé-di-en, mu-si-ci-en.*

The word *ancien* may be reckoned at will as two or three syllables.

IÈ, IÉ, and IER are monosyllabic in nouns and adjectives, but dissyllabic in verbs—

>La *piè-ce*, à parler franc, est digne de *Mo-liè-re*.
> A. DE MUSSET.

>. . . on devrait *châ-ti-er* sans *pi-tié*,
>Ce commerce honteux de semblants d'*a-mi-tié*.
> MOLIÈRE.

>N'apprenez point ce qu'il faut *ou-bli-er*.
> PARNY.

IER in nouns is, however, sometimes dissyllabic after an L or an R: *bou-cli-er, meur-tri-er*—

>. . . et sous les pieds *guer-riers*
>Une nuit de *pous-siè-re*, et les chars *meur-tri-ers*.
> ANDRÉ DE CHÉNIER.

>Oui, mon vers croit pouvoir, sans se *mé-sal-li-er*
>Prendre à la prose un peu de son air *fa-mi-lier*.
> V. HUGO.

>Des ours d'or accroupis portent de lourds *pi-liers*
>Où pendent les grands arcs, les pieux, les *bou-cli-ers*.
> L. DE LISLE.

Hier may be reckoned as one or two syllables—

>*Hier* j'avais cent tambours tonnant à mon passage.
> V. HUGO.

Hi-er le vent du soir, dont le souffle caresse
Nous apportait l'odeur des fleurs qui s'ouvrent tard.
V. HUGO.

IÈRE is dissyllabic: *pre-miè-re, pau-piè-re, al-tiè-re, car-riè-re, bar-riè-re,* also *pier-re, lier-re*. But *prière* is reckoned as *three* syllables—

Mon Otbert, je veux vivre, écoute ma *pri-è-re*
Ne me laisse pas choir sous cette froide *pier-re*.
V. HUGO.

IEF is monosyllabic, except in *gri-ef*—

D'outrer le ridicule on lui fait un *gri-ef*
C'est grâce à ce défaut qu'il le met en *re-lief*.
A. PAGÈS.

IEL is reckoned as one syllable in *ciel, fiel, miel,* but as two in longer words: *es-sen-ti-el, of-fi-ci-el, pro-vi-den-ti-el*—

Voilà ceux que le pape, en style *of-fi-ci-el*
Dans Rome a proclamés les défenseurs du *ciel*.
BARTHÉLEMY.

IET is dissyllabic: *in-qui-et, so-ci-é-té, pro-pri-é-té,* etc.

IEUX is dissyllabic in adjectives, but monosyllabic in nouns: *sou-ci-eux, dé-li-ci-eux, pi-eux* (pious); but *pieu* (a peg), *cieux, a-dieu, lieu, Dieu*. The adverb *mieux* is of one syllable only—

Nous avons Ulm, Augsbourg, closes de mauvais *pieux*.
L'œuvre de Charlemagne et d'Othon le *pi-eux*,
N'est plus . . .
V. HUGO.

YEUX is always one syllable: *yeux, io-yeux, gi-bo-yeux,* etc.

ION or IONS is dissyllabic in nouns: *li-on, é-mo-ti-on, pas-si-ons*.

In the first person plural of verbs it is generally monosyllabic: nous *pas-sions,* nous *al-lions;* except when preceded by L or R *and another consonant,* as in *ou-bli-ons, pri-ons, cri-ons, en-tri-ons—*

Qui seul au fond du cœur, où nous les *en-tas-sions,*
Brûle les vains débris des autres *pas-si-ons*.—V. HUGO.

Rions, from the verb *rire*, is dissyllabic—

> L'empire se met aux croisées :
> *Ri-ons*, jouons, soupons, dînons !
> Des pétards aux Champs-Élysées !
> V. HUGO.

IUS, as an ending of Latin proper nouns, is dissyllabic after a consonant: *Fla-vi-us, Va-le-ri-us, Ju-li-us;* but monosyllabic after a vowel: *Cne-ius, La-ius*—

> *Mar-ci-us* écumant apparut devant eux.
> L. BOUILHET.
> Du meurtre de *La-ius* Œdipe me soupçonne.
> VOLTAIRE.

OÉ, OÈ, and OË form two syllables, as in *No-é, po-é-sie, po-ë-me, po-ë-te, No-ël.*

OELLE (which is pronounced like OILLE) is of one syllable only—

> Quand le froid de la mort . . .
> Dans le creux de tes os fera geler la *moelle*.
> A. BARBIER.
> *Moel-leux* comme une chatte, et frais comme une rose.
> A. DE MUSSET.

OI and OIN are always monosyllabic: *oi-seau, soin, be-soin, loin,* etc.—

> Jamais ne t'écarte si *loin*
> Qu'aux embûches qu'on lui peut tendre
> Tu ne sois prêt à le défendre
> Si tôt qu'il en aura *be-soin*.
> MALHERBE.

OUÉ is dissyllabic: *lou-é, a-vou-é, jou-é, trou-é*—

> Il rentrait pesamment, avec son pont *trou-é*,
> Avec son pavillon au cabestan *clou-é*.
> BARTHÉLEMY.

OUER and OUET are dissyllabic: *lou-er, jou-er, jou-et, rou-et*—

> Comme un *jou-et* vivant ta droite m'a saisi.
> LAMARTINE.

d

But we must except the words *fouet* and *fouetter* (pronounced 'foit' and 'foitter'), in which *ouet* is one syllable —

 Les captifs sous le *fouet* travaillent dès l'aurore.
           V. Hugo.

 Pas un oiseau ne passe en *fouet-tant* de son aile
 L'air épais . . .
           L. de Lisle.

OUI (yes) is monosyllabic; but in other words OUI and OUIS count as two syllables: *é-blou-i, ré-jou-i, Lou-is*—

 Oui, je viens dans son temple adorer l'Éternel.
           Racine.

 Je n'ai jamais *ou-ï* de vers si bien tournés.
           Molière.

 Et nous nous regardions d'un œil presque *ébl-ou-i*,
 Comme les deux géants d'un monde *é-va-nou-i*.
           V. Hugo.

 Un jour tombe, un autre se lève.
 Le printemps va s'*é-va-nou-ir*,
 Chaque fleur que le vent enlève
 Nous dit : Hâtez-vous d'en *jou-ir*.
           Lamartine.

UÉ and UER are dissyllabic: *tu-er, gra-du-er*, etc.—

 S'il ose effrontément *hu-er* leurs mascarades.
           H. Moreau.

 Quand *Jo-su-é* rêveur, la tête au ciel dressée.
           V. Hugo.

UI, UIR, UIS, UIT count as one syllable: *lui, cuir, fuir, buis, nuit, fruit, bruit, con-dui-re, dé-gui-ser, pui-ser*, etc. : however, the word *ruine* is of three syllables—

 Des empires *dé-truits* je méditai la cendre.
           Lamartine.

 Que même ton repos enfante quelque *fruit*.
           A. d'Aubigné.

 Le Rhin déshonoré coule entre des **ru-i-nes**.
           V Hugo.

The letter Y in combination with A, E, O, U offers special difficulties; it becomes, so to speak, decomposed into a double i, and is pronounced and scanned accordingly. The letters A, E, O, U lose their individual sounds, and become respectively AI, EI, OI, UI. For instance, the words *payer, pays, paysan, abbaye, nettoyage, ennuyer*, are pronounced and scanned as *pai-ier, pai-is, pai-i-san, ab-bai-i(e), net-toi-ia-ge, en-nui-ier*—

> Le sergent retomba, disant : ' Pour mon Pays ! ' (*pai-is*)
> P. Déroulède (p. 196, l. 248).

> Qu'aux murs de l'abbaye (*l'ab-bai-ie*) elle va s'enfermer.
> C. Delavigne.

Lastly, in the body of a word, an *e* mute following a vowel or diphthong is neither pronounced nor reckoned in scansion. For instance, *paie-ment* is of two syllables, *a-voue-rai, ma-rie-rai* are of three.

Frequently this unsounded *e* disappears altogether, and is replaced by a circumflex, as in *remercîment, gaîment, crûment*, etc.—

> On fusillait **gaî-ment** et soudain plus dispos . . .
> F. Coppée (p. 158, l. 11).

> Qu'il pourrait, sans ruine, augmenter le **paye-ment**.
> F. Coppée (p. 162, l. 28).

9. Different Kinds of Verse

After the alexandrine, which is, as we have said, the standard metre of the French, the verses most commonly used are those of ten and of eight syllables.

The same element of uniformity which we noticed in the alexandrine also exists in these shorter lines, namely, a necessary **minimum of two accents**, one on the syllable which precedes the caesura, and one on the last sounded vowel.

Lines of ten syllables.—In ten-syllabled verses the caesura falls after the fourth or after the fifth syllable. The ten-syllabled line with the caesura after the fourth syllable is the earliest and only truly epic French line, and is equally suitable for lyric poetry; to the English ear it adapts itself more readily than any other—

> L'amour forgeaít ; | au bruít de son enclúme
> Tous les oiseaúx | troublés rouvraient les yeúx ;
> Car c'etait l'heúre | ou se repánd la brúme,
> Ou sur les mónts | comme un feú qui s'allúme
> Brille Venús | l'escarboúcle des cieúx.
> <div align="right">V. Hugo, <i>Le Rhin.</i></div>

The ten-syllabled line with a caesura after the fifth syllable is purely lyric—

> J'ai dit a mon cœúr | a mon faíble cœúr
> N'est-ce point asséz | de tant de tristésse ?
> Et ne vois-tu pás | que changer sans césse
> C'est a chaque pás | trouver la douleúr ?

This kind of verse combines admirably with lines of five syllables, as in Sully-Prudhomme's charming poem *L'Agonie*—

> Vous qui m'aideréz | dans mon agoníe,
>   Ne me dites rién,
>   .   .   .   .

(See p. 145.)

Lines of eight syllables.—The eight-syllabled line has the reputation of being the easiest and freest verse, and, used by itself, forms the commonest of all lyric metres. The caesura falls *generally* after the fourth syllable, but no hard and fast rule can be laid down. Of the two necessary accents the last only is fixed; the place of the first is very variable. It will be well to remember, however, that words which are closely connected by the sense, or by their syntactical relation, cannot well be separated by a pause :—

> Comme il fait noír | dans la valléo !
> J'ai crú | qu'une fórme voilée
> Flottait la-bás | sur la forét.
> Elle sortaít | de la prairíe ;
> Son píed | rasaít l'herbe fleuríe.
> C'est une etrán|ge reveríe !
> Elle s'efface | et disparaít.
> A. DE MUSSET (p. 75).

(See also *Le Rossignol*, p. 29.)

Shorter lines.—There are also verses of any number of syllables from seven to one. These lines have no caesura, as they are too crisp and too slight to allow of any cutting up. They always have an accent on the last syllable; besides, lines of seven and six syllables may occasionally have one or two secondary accents, the position of which is not fixed :—

> Proscrít, regárde les róses ;
> Maí, joyeúx de l'aube en pleúrs,
> Les reçoít toutes eclóses :
> Proscrít, regárde les fleúrs.

> Je pénse
> Aux róses que je semaí :
> Le mois de Maí sans la Fránce
> Ce n'est pás le mois de Maí.
> V. HUGO.

(See *Les Papillons*, p. 203.)

Lines of less than six syllables are very seldom used by themselves; as a rule they are mixed with longer verses. The shorter lines in *Le Lac* (p. 22) and *A ma sœur Zélie* (p. 121) are of six syllables; those in *L'Agonie* (p. 145) are of five; and those in *La Libellule* (p. 93) are of three.

There are also lines of nine syllables, which are accented in the same way as the eight-syllabled lines, but they are extremely scarce, and need hardly be considered here. We have given one example, *Art poétique* (p. 176).

10. The Lyric Stanza

It would require a volume to describe all the varieties of stanzas, or rather **strophes**, to give them their French name, used in lyric poetry. It will be sufficient for our purpose if we give examples of those used by the best poets.

We must first examine the three-line stanza or **tercet**. It was borrowed from the Italians at the time of the Renaissance, in common with the sonnet, and many other artistic forms and symbols. The tercet—called in Italian 'terza rima'—is the measure used by Dante in his great poem *La Divina Commedia*. The first French poet to appropriate it was Étienne Jodelle, in the poem entitled *A ma Muse*. Among modern poets Théophile Gautier and the Comte de Gramont have used the rhythm very extensively, and brought it almost to perfection. We give two examples from Gautier, *A Zurbaran* (p. 90) and *Terza Rima* (p. 100).

An examination of these two pieces will show the order of the rhymes. In the first tercet the first line rhymes with the third, then the second line rhymes with the first and third lines of the second tercet, and again the second line of the second tercet rhymes with the first and third lines of the third tercet, and so on indefinitely, until we come to the middle line of the final tercet. This line rhymes with a verse added after the last tercet, and which would be the first line of a new tercet if the poem continued.

In England, Shelley[1] and Byron have written various poems in 'terza rima.' The following well-known passage of Dante's *Inferno*, with Byron's literal translation, will give the student an opportunity of comparing the Italian

---

[1] See Shelley's *Triumph of Life*.

and the English 'terza rima' with the French examples given in this volume:—

> Noi leggevamo un giorno per diletto
>   Di Lancilotto, come amor lo strinse:
>   Soli eravamo e senza alcun sospetto.
>
> Per più fiate gli occhi ci sospinse
>   Quella lettura, e scolorocci 'l viso:
>   Ma solo un punto fu quel che ci vinse.
>
> Quando leggemmo il disiato riso
>   Esser baciato da cotanto amante,
>   Questi, che mai da me non fia diviso,
>
> La bocca mi baciò tutto tremante:
>   Galeotto fu il libro e chi lo scrisse:
>   Quel giorno più non vi leggemmo avante.
>
>   .   .   .   .   .

Here is Byron's translation:—

> We read one day for pastime, seated nigh,
>   Of Lancelot, how love enchained him too:
>   We were alone, quite unsuspiciously.
>
> But oft our eyes met, and our cheeks in hue
>   All o'er discoloured by that reading were;
>   But one point only wholly us o'erthrew.
>
> When we read the long-sighed-for smile of her
>   To be thus kissed by such devoted lover,
>   He who from me can be divided ne'er
>
> Kissed my mouth, trembling in the act all over.
>   Accursed was the book and he who wrote!
>   That day no further leaf we did uncover.
>
>   .   .   .   .   .

The four-line stanza, or **quatrain**, offers three combinations of rhyme; the lines may be of equal or of different length.

(*a*) 1—2, 3—4. See *Le Cor* (p. 32).

(*b*) 1—3, 2—4. This stanza is extremely common: see *Le Lac* (p. 22), *A la Jeunesse* (p. 102), all Leconte de Lisle's poems (pp. 111–116), *L'Albatros* (p. 117), Sully-Prudhomme's poems (pp. 144–150). This is also the stanza used by Gray in his *Elegy*.

(c) 1—4, 2—3. See *L'Homme et la Mer* (p. 119), *Les Nuages* (p. 137).

The **five-line stanza** is rather uncommon; it is generally rhymed thus: 1—3—4, 2—5. See *Bournemouth* (p. 174).

By far the most beautiful and most frequently recurring of all lyric stanzas is that of six lines, or **sixain**, rhymed in the following order:

1—2, 4—5, 3—6,

the third and sixth lines being generally shorter.

> Comme elle court! voyez! par les poudreux sentiers,
> Par les gazons tout pleins de touffes d'églantiers,
>   Par les blés où le pavot brille,
> Par les chemins perdus, par les chemins frayés,
> Par les monts, par les bois, par les plaines, voyez
>   Comme elle court, la jeune fille!
>
> *Lazzara* (p. 45).

See also *Les deux Archers* (p. 42), *La Charité* (p. 47), *Bonaparte* (p. 19), etc.

The length of the lines may be varied in different ways, but the rhymes remain in the same order. The following form of stanza, invented by Ronsard, is exceedingly beautiful:—

> Sur la bruyère arrosée
>   De rosée,
> Sur le buisson d'églantier;
> Sur les ombreuses futaies;
>   Sur les haies
> Croissant au bord du sentier.
>
> *La Libellule* (p. 93).

Stanzas of eight lines, called **huitains**, and of ten lines, called **dizains**, frequently occur in sixteenth-century lyrics. But they are very scarce in modern poetry. By far the best forms of these two 'strophes' are those found in 'Ballades.' (See the description of these short poems given on page liii.)

There are of course any number of so-called 'dizains,'

but they are open to one grave objection: they have no individual existence, they are not genuine stanzas. They simply consist of two shorter stanzas artificially linked together.

The following rule suffers no exception: *If a stanza be combined in such a way that by cutting it in two we obtain two stanzas, each complete in itself, it is no legitimate stanza.*

Let us take a few examples:—

> Est-ce toi dont la voix m'appelle,
> Ô ma pauvre Muse, est-ce toi ?
> Ô ma fleur, ô mon immortelle,
> Seul être pudique et fidèle
> Où vive encor l'amour de moi,
> Oui, te voilà, c'est toi, ma blonde,
> C'est toi, ma maîtresse et ma sœur !
> Et je sens, dans la nuit profonde,
> De ta robe d'or qui m'inonde
> Les rayons glisser dans mon cœur.
> A. DE MUSSET (p. 77).

Is it not evident that, by cutting this stanza in two after the fifth line, we obtain two complete and perfect five-line stanzas?

The strophes used by Lamartine in his poem *Le Chêne* (pp. 25-29) are open to the same objection. All of them can be divided into two stanzas, one of four lines, one of six.

Many English poets have been guilty of the same error. Here is an example:—

> Bird of the wilderness,
> Blithesome and cumberless,
> Sweet be thy matin o'er moorland and lea !
> Emblem of happiness,
> Blest is thy dwelling-place,
> O to abide in the desert with thee !
> Wild is thy lay and loud,
> Far in the downy cloud,
> Love gives it energy, love gave it birth.

> Where on thy dewy wing,
> Where art thou journeying?
> Thy lay is in heaven, thy love is on earth.
>
> Hogg, *The Skylark*.

This so-called twelve-line stanza consists of nothing more or less than two stanzas of six lines, each perfectly complete in itself.

In conclusion, we must say something concerning the **vers libres** so dear to 'le bon La Fontaine.' A poem is said to be written 'en vers libres' when it contains lines of any number of syllables, mixed together at the poet's fancy, and apparently without order. We say *apparently*, for these 'vers libres,' far from being inferior to other metres, require a profound knowledge of rhythm, acute and refined wit, a very delicate ear, and can only be handled successfully by a man of genius, such as La Fontaine was. His combinations, resources, and invention in order to obtain certain effects, all the more pleasing as they are sudden and unexpected, are infinite:—

> Ne nous flattons donc point. Voyons sans indulgence
>   L'état de notre conscience.
> Pour moi, satisfaisant mes appétits gloutons,
>   J'ai dévoré force moutons.
> Que m'avaient-ils fait ? nulle offense :
> Même, il m'est arrivé quelquefois de manger
>   Le Berger.
> Je me dévouerai donc, s'il le faut . . .
>   *Les animaux malades de la peste* (fable 1, book vii.).

11. THE SONNET AND BALLADE

Our introduction would not be complete without some account of the 'sonnet' and the 'ballade,' examples of which will be found in this volume. These poems were extremely popular in the fifteenth and the sixteenth centuries, and were brought almost to perfection by Marot, Ronsard, and the poets of the 'Pléiade.'

Somewhat discarded during the great classical period, as also during the eighteenth century, they have again been brought into favour by modern poets, especially by Théodore de Banville and the 'Parnassiens.' The 'ballade,' as well as the 'rondeau,' 'triolets,' etc., have lately been naturalised in England by Mr. Swinburne, Mr. Lang, Mr. Gosse, and others.

The Sonnet.—The sonnet was imported from Italy, but the French poets did not strictly adhere to its original form. The classical sonnet of Petrarch is composed of two 'quatrains' having only two rhymes, followed by two tercets having two or three rhymes. The two quatrains are rhymed thus—

$$1-4-5-8$$
$$2-3-6-7$$

The two tercets are rhymed thus—

$$9-12$$
$$10-13$$
$$11-14$$

as in the following sonnet :—

> S' una fede amorosa, un cor non finto,
>   Un languir dolce, un desiar cortese,
>   S' oneste voglie in gentil foco accese,
>   S' un lungo error' in cieco laberinto,
> Se nella fronte ogni pensier dipinto,
>   Od in voci interrotte appena intese,
>   Or da paura, or da vergogna offese,
>   S' un pallor di viola, e d' amor tinto ;
> S' aver altrui più caro che sè stesso,
>   Se lagrimar, e sospirar mai sempre
>   Pascendosi di duol, d' ira, e d' affanno ;
> S' arder da lunge, ed agghiacciar da presso
>   Son le cagion ch' amando i' mi distempre,
>   Vostro, Donna, 'l peccato, e mio fia 'l danno.
>   PETRARCA.

The form of the sonnet most frequently adopted by French poets is, however, the following, which French prosodists declare to be the only regular, legitimate sonnet.[1] For the two quatrains—

1—4—5—8
2—3—6—7

as in the Italian sonnet. For the two tercets—

9—10
11—13
12—14

Example :—

Toutes, portant l'amphore, une main sur la hanche,
Théano, Callidie, Amymone, Agavé,
Esclaves d'un labeur sans cesse inachevé,
Courent du puits à l'urne où l'eau vaine s'épanche.

Hélas ! le grès rugueux meurtrit l'épaule blanche,
Et le bras faible est las du fardeau soulevé :
— Monstre, que nous avons nuit et jour abreuvé,
Ô gouffre, que nous veut ta soif que rien n'étanche ?

Elles tombent, le vide épouvante leurs cœurs ;
Mais la plus jeune alors, moins triste que ses sœurs,
Chante, et leur rend la force et la persévérance.

Tels sont l'œuvre et le sort de nos illusions.
Elles tombent toujours, et la jeune Espérance
Leur dit toujours : mes sœurs, si nous recommencions !

SULLY-PRUDHOMME.

Any sonnet which does not strictly conform to this type is called irregular. Needless to say, irregular sonnets are very common, and some extremely beautiful. Examples will be found in this volume—pp. 74 (*Michel-Ange*), 118 (*La Cloche fêlée*), 119 (*Les Chats*), 120 (*Les Hiboux*), and 139–143 (*Patria*). Of Hérédia's sonnets, pp. 170–173, all are irregular except the first and last.

The sonnet is an admirable little poem.

Un sonnet sans défaut vaut seul un long poème,

wrote Boileau. But the precision and conciseness of its

---

[1] *Le livre des sonnets*, Paris, Lemerre, 1875. See also Banville's *Petit traité de poésie française*, Lemerre, 1871.

form make its composition extremely difficult, for not only must the poet condense his subject within the short space of fourteen lines, but the idea which pervades the whole must, in French at any rate, be strikingly summed up in the last line! Lamartine even went so far as to say —jokingly no doubt—that one needs only read the last line of a perfect sonnet.

In England[1] the sonnet was first introduced by Wyatt, whose *Songes and Sonnettes* were published with Surrey's poems in 1565. Here is Wyatt's translation of Petrarch's sonnet, quoted on page lv.:—

> If amorous fayth, or if an hart unfained,
>   A swete languor, a great lovely desire,
>   If honest will, kindled in gentle fire,
>   If long error in a blind mase chained,
> If in my visage each thought distayned,
>   Or if my sparkelyng voyce, lower, or hier,
>   Which fear and shame so wofully doth tyre,
>   If pale colour, which love, alas, hath stayned;
> If to have another than myself more dere,
>   If wailyng or sighyng continually,
>   With sorofull anger fedyng busily;
> If burnyng a farre of, and fresyng nere,
>   Are cause that by love my selfe I stroy:
>   Yours is the fault, and mine the great annoy.

Since its introduction into the language, almost all the most eminent English poets have cultivated the sonnet, and it has of late years become a general favourite.

Spenser has a form peculiarly his own. Shakespeare, in all his sonnets, has three cross-rhymed quatrains and a couplet. Milton's sonnets, on the other hand, are all Petrarchian in the arrangement of the rhymes.

The 'Ballade.'— This poem has nothing whatever to do with our English ballad. The 'ballade,' now naturalised in English, should always be written with a

---

[1] See *The Book of the Sonnet*, edited by Leigh Hunt and S. Adams Lee: London, Sampson Low, Son, and Marston, 1867.

final *e* and pronounced in the French way, i.e. with a stress on the last *a*. Victor Hugo, who has never shown much inclination for artificial poetry, gave the name of 'ballades' to some of his earlier ballad-poems. But the two words ought to be kept quite distinct.

The 'ballade' consists of three 'huitains' or three 'dizains,' followed by a half-stanza, addressing the person to whom the 'ballade' is dedicated by some such title as *prince, sire, reine, dame*. This half-stanza, which is written on the same rhymes as the last halves of the 'huitains' or 'dizains,' as the case may be, is called the **envoi**. Each 'huitain' (or 'dizain'), as well as the 'envoi,' ends with the same line, called the *refrain* or 'burden.'

The **huitain** is a stanza containing eight lines of eight syllables each, with a caesura after the fourth syllable, and written on three rhymes, arranged as follows:—

1—3, 2—4—5—7, 6—8

The **dizain** is a stanza containing ten lines of ten syllables each, with a caesura after the fourth syllable, and written on four rhymes arranged thus:—

1—3, 2—4—5, 6—7—9, 8—10

The *Ballade des Dames du Temps jadis*, which Villon wrote in huitains, is well known in England, thanks to M. Rossetti. The three rhymes are *is, aine*, and *an*:—

> Dites-moi où, n'en quel pays
> Est Flora, la belle Romaine,
> Archipiada, ne Thaïs,
> Qui fut sa cousine germaine ?
> Écho parlant quand bruit on mène
> Dessus rivière, ou sus étang,
> Qui beauté eut trop, plus qu'humaine ?
> *Burden*—Mais où sont les neiges d'antan ?[1]

---

[1] *D'antan*, of last year (*ante-annum*).

Où est la très sage Héloïs
Pour qui fut châtré et puis moine
Pierre Abailard[1] à Saint-Denis ?
Pour son amour eut cette essoine.[2]
Semblablement où est la Reine[3]
Qui commanda que Buridan
Fût jeté en un sac, en Seine ?
Burden—Mais où sont les neiges d'antan ?

La Reine blanche comme un lis
Qui chantait à voix de Sirène,
Berthe au grand pied,[4] Biétris, Allys,
Harembouges,[5] qui tint le maine,
Et Jeanne,[6] la bonne Lorraine
Qu'Anglais brûlèrent à Rouen ?
Où sont-ils, Vierge souveraine ?
Burden—Mais où sont les neiges d'antan ?

ENVOI

Prince, n'enquerez de semaine[7]
Où elles sont, ne de cet an,
Que ce refrain ne vous remène :
Burden—Mais où sont les neiges d'antan ?

The following ballade of dizains, known under the name of *Ballade des Pendus*, was written by Villon when under sentence of death (he was afterwards pardoned by the king). The four rhymes are *vez*, *cis*, *rie*, and *oudre* :—

---

[1] *Abailard*, or *Abélard*, philosopher and theologian, seduced Héloïse, niece of Canon Fulbert, was cruelly mutilated by the latter, and retired into a convent (died in 1142).
[2] *Essoine*, misfortune. It must be remembered that until the end of the seventeenth century, and even later, *oi*, *ei*, and *ai* were assonant. This explains why *moine* and *essoine* are made to rhyme with *reine* and *seine*. Rhymes in *ai* and *oi* are constantly found in Corneille and Racine.
[3] *Reine*, Marguerite de Bourgogne.
[4] *Berthe au grand pied*, wife of King Pepin, and mother of Charlemagne.
[5] *Harembouges*, Countess of Maine.
[6] *Jeanne*, Joan of Arc. [7] *De semaine*, this week.

Frères humains, qui après nous vivez,[1]
N'ayez les cœurs contre nous endurcis ;
Car, si pitié de nous pauvres avez,
Dieu en aura plutôt de vous mercis.
Vous nous voyez ci-attachés, cinq, six ;
Quant à la chair, que trop avons nourrie,
Elle est pieça[2] dévorée et pourrie,
Et nous, les os, devenons cendre et poudre.
De notre mal personne ne s'en rie,
Burden—Mais priez Dieu que tous nous veuille absoudre.

Si vous clamons, frères, pas n'en devez
Avoir dédain, quoique fûmes occis[3]
Par justice ; toutefois vous savez
Que tous hommes n'ont pas bon sens assis.
Intercédez doncques de cœur rassis
Envers le Fils de la Vierge Marie ;
Que sa grâce ne soit pour nous tarie,
Nous préservant de l'infernale foudre ;
Nous sommes morts. Âme ne nous harie,[4]
Burden—Mais priez Dieu que tous nous veuille absoudre.

La pluie nous a débués[5] et lavés,
Et le soleil desséchés et noircis.
Pies, corbeaux, nous ont les yeux cavés
Et arrachés la barbe et les sourcis.
Jamais, nul temps, nous ne sommes rassis,
Puis çà, puis là, comme le vent varie,
A son plaisir sans cesse il nous charrie,
Plus becquetés d'oiseaux, que dés à coudre ;
Hommes, ici n'usez de moquerie,
Burden—Mais priez Dieu que tous nous veuille absoudre.

Envoi

Prince Jésus, qui sur tous seigneurie,
Garde qu'enfer n'ait de nous la maistrie,
A lui n'ayons que faire, ne que soudre,
Ne soyez donc de notre confrérie,
Burden—Mais priez Dieu que tous nous veuille absoudre.

---

[1] These words are supposed to be spoken by the skeletons of the hanged men.
[2] *Pieça*, long ago.   [3] *Occis*, killed.
[4] *Harie*, torment.   [5] *Débués*, soaked.

PART I

THE REVIVAL OF LYRIC POETRY
THE ROMANTIC MOVEMENT

A. DE CHÉNIER—P. DE BÉRANGER—A. DE LAMARTINE
—A. DE VIGNY—V. HUGO—A. BARBIER—
A. DE MUSSET—TH. GAUTIER—V. DE LAPRADE

I

ANDRÉ DE CHÉNIER

1762-1794

L'AVEUGLE

“ Dieu dont l'arc est d'argent, dieu de Claros, écoute !
Ô Sminthée-Apollon, je périrai sans doute,
Si tu ne sers de guide à cet aveugle errant.”

C'est ainsi qu'achevait l'aveugle en soupirant,
Et près des bois marchait, faible, et sur une pierre
S'asseyait. Trois pasteurs, enfants de cette terre,
Le suivaient, accourus aux abois turbulents
Des molosses, gardiens de leurs troupeaux bêlants ;
Ils avaient, retenant leur fureur indiscrète,
Protégé du vieillard la faiblesse inquiète ;
Ils l'écoutaient de loin, et s'approchant de lui :
“ Quel est ce vieillard blanc, aveugle et sans appui ?
Serait-ce un habitant de l'empire céleste ?
Ses traits sont grands et fiers ; de sa ceinture agreste
Pend une lyre informe, et les sons de sa voix
Émeuvent l'air et l'onde et le ciel et les bois.”
Mais il entend leurs pas, prête l'oreille, espère,
Se trouble, et tend déjà les mains à la prière.

"Ne crains point, disent-ils, malheureux étranger !
(Si plutôt, sous un corps terrestre et passager,   20
Tu n'es point quelque dieu protecteur de la Grèce,
Tant une grâce auguste ennoblit ta vieillesse !)
Si tu n'es qu'un mortel, vieillard infortuné,
Les humains près de qui les flots t'ont amené
Aux mortels malheureux n'apportent point d'injures.   25
Les Destins n'ont jamais de faveurs qui soient pures :
Ta voix noble et touchante est un bienfait des dieux,
Mais aux clartés du jour ils ont fermé tes yeux."
—"Enfants, car votre voix est enfantine et tendre,
Vos discours sont prudents, plus qu'on n'eût dû l'attendre ;
Mais, toujours soupçonneux, l'indigent étranger   31
Croit qu'on rit de ses maux et qu'on veut l'outrager.
Ne me comparez pas à la troupe immortelle :
Ces rides, ces cheveux, cette nuit éternelle,
Voyez ! est-ce le front d'un habitant des cieux ?   35
Je ne suis qu'un mortel, un des plus malheureux.
Si vous en savez un, pauvre, errant, misérable,
C'est à celui-là seul que je suis comparable ;
Et pourtant je n'ai point, comme fit Thamyris,
Des chansons à Phœbus voulu ravir le prix ;   40
Ni, livré comme Œdipe à la noire Euménide,
Je n'ai puni sur moi l'inceste parricide ;
Mais les dieux tout-puissants gardaient à mon déclin
Les ténèbres, l'exil, l'indigence et la faim."
—"Prends, et puisse bientôt changer ta destinée !"   45
Disent-ils. Et tirant ce que pour leur journée
Tient la peau d'une chèvre aux crins noirs et luisants,
Ils versent à l'envi, sur ses genoux pesants,
Le pain de pur froment, les olives huileuses,
Le fromage et l'amande, et les figues mielleuses,   50
Et du pain à son chien entre ses pieds gisant,
Tout hors d'haleine encore, humide et languissant,
Qui, malgré les rameurs se lançant à la nage,
L'avait loin du vaisseau rejoint sur le rivage.

" Le sort, dit le vieillard, n'est pas toujours de fer. 55
Je vous salue, enfants venus de Jupiter ;
Heureux sont les parents qui tels vous firent naître !
Mais venez ! que mes mains cherchent à vous connaître !
Je crois avoir des yeux ; vous êtes beaux tous trois ;
Vos visages sont doux, car douce est votre voix. 60
Qu'aimable est la vertu que la grâce environne !
Croissez, comme j'ai vu ce palmier de Latone,
Alors qu'ayant des yeux je traversai les flots ;
Car jadis, abordant à la sainte Délos,
Je vis près d'Apollon, à son autel de pierre, 65
Un palmier, don du ciel, merveille de la terre.
Vous croîtrez, comme lui, grands, féconds, révérés,
Puisque les malheureux sont par vous honorés.
Le plus âgé de vous aura vu treize années :
A peine, mes enfants, vos mères étaient nées, 70
Que j'étais presque vieux. Assieds-toi près de moi,
Toi, le plus grand de tous ; je me confie à toi.
Prends soin du vieil aveugle."—"Ô sage magnanime,
Comment, et d'où viens-tu ? Car l'onde maritime
Mugit de toutes parts sur nos bords orageux." 75

—" Des marchands de Cymé m'avaient pris avec eux.
J'allais voir, m'éloignant des rives de Carie,
Si la Grèce pour moi n'aurait point de patrie,
Et des dieux moins jaloux, et de moins tristes jours ;
Car jusques à la mort nous espérons toujours. 80
Mais, pauvre et n'ayant rien pour payer mon passage,
Ils m'ont, je ne sais où, jeté sur le rivage."

—" Harmonieux vieillard, tu n'as donc point chanté ?
Quelques sons de ta voix auraient tout acheté."

—" Enfants ! du rossignol la voix pure et légère 85
N'a jamais apaisé le vautour sanguinaire,
Et les riches, grossiers, avares, insolents,

N'ont pas une âme ouverte à sentir les talents.
Guidé par ce bâton, sur l'arène glissante,
Seul, en silence, au bord de l'onde mugissante, 90
J'allais, et j'écoutais le bêlement lointain
De troupeaux agitant leurs sonnettes d'airain.
Puis, j'ai pris cette lyre, et les cordes mobiles
Ont encor résonné sous mes vieux doigts débiles :
Je voulais des grands dieux implorer la bonté, 95
Et surtout Jupiter, dieu d'hospitalité,
Lorsque d'énormes chiens, à la voix formidable,
Sont venus m'assaillir, et j'étais misérable,
Si vous (car c'était vous), avant qu'ils m'eussent pris,
N'eussiez armé pour moi les pierres et les cris." 100

—" Mon père, il est donc vrai : tout est devenu pire ;
Car jadis, aux accents d'une éloquente lyre,
Les tigres et les loups, vaincus, humiliés,
D'un chanteur comme toi vinrent baiser les pieds.'

—" Les barbares ! J'étais assis près de la poupe. 105
'Aveugle vagabond,' dit l'insolente troupe,
'Chante : si ton esprit n'est point comme tes yeux,
Amuse notre ennui ; tu rendras grâce aux dieux.'
J'ai fait taire mon cœur qui voulait les confondre,
Ma bouche ne s'est point ouverte à leur répondre. 110
Ils n'ont pas entendu ma voix, et sous ma main
J'ai retenu le dieu courroucé dans mon sein.
Cymé, puisque tes fils dédaignent Mnémosyne,
Puisqu'ils ont fait outrage à la muse divine,
Que leur vie et leur mort s'éteignent dans l'oubli, 115
Que ton nom dans la nuit demeure enseveli ! "

—" Viens, suis-nous à la ville ; elle est toute voisine,
Et chérit les amis de la muse divine.
Un siège aux clous d'argent te place à nos festins ;
Et là, les mets choisis, le miel et les bons vins, 120

Sous la colonne où pend une lyre d'ivoire,
Te feront de tes maux oublier la mémoire.
Et si, dans le chemin, rhapsode ingénieux,
Tu veux nous accorder tes chants dignes des cieux,
Nous dirons qu'Apollon, pour charmer les oreilles,   125
T'a lui-même dicté de si douces merveilles."

—"Oui, je le veux ; marchons. Mais où m'entrainez-vous ?
Enfants du vieil aveugle, en quel lieu sommes-nous ?"

—"Syros est l'île heureuse où nous vivons, mon père."

—"Salut, belle Syros, deux fois hospitalière !   130
Car sur ses bords heureux je suis déjà venu ;
Amis, je la connais.   Vos pères m'ont connu :
Ils croissaient comme vous ; mes yeux s'ouvraient encore
Au soleil, au printemps, aux roses de l'aurore ;
J'étais jeune et vaillant.   Aux danses des guerriers,   135
A la course, aux combats, j'ai paru des premiers.
J'ai vu Corinthe, Argos, et Crète, et les cent villes,
Et du fleuve Égyptus les rivages fertiles ;
Mais la terre et la mer, et l'âge et les malheurs,
Ont épuisé ce corps fatigué de douleurs.   140
La voix me reste.   Ainsi la cigale innocente,
Sur un arbuste assise, et se console et chante.
Commençons par les dieux : Souverain Jupiter,
Soleil qui vois, entends, connais tout, et toi, mer,
Fleuve, terre, et noirs dieux des vengeances trop lentes,
Salut ! Venez à moi, de l'Olympe habitantes,   146
Muses ! Vous savez tout, vous, déesses ; et nous,
Mortels, ne savons rien qui ne vienne de vous."

Il poursuit ; et déjà les antiques ombrages
Mollement en cadence inclinaient leurs feuillages ;   150
Et pâtres oubliant leur troupeau délaissé,
Et voyageurs quittant leur chemin commencé,
Couraient.   Il les entend, près de son jeune guide,

L'un sur l'autre pressés, tendre une oreille avide ;
Et nymphes et sylvains sortaient pour l'admirer,
Et l'écoutaient en foule, et n'osaient respirer ;
Car en de longs détours de chansons vagabondes
Il enchaînait de tout les semences fécondes,
Les principes du feu, les eaux, la terre et l'air,
Les fleuves descendus du sein de Jupiter,
Les oracles, les arts, les cités fraternelles,
Et depuis le chaos les amours immortelles ;
D'abord, le roi divin, et l'Olympe, et les cieux,
Et le monde, ébranlé d'un signe de ses yeux,
Et les dieux partagés en une immense guerre,
Et le sang plus qu'humain venant rougir la terre,
Et les rois assemblés, et sous les pieds guerriers
Une nuit de poussière, et les chars meurtriers,
Et les héros armés, brillant dans les campagnes
Comme un vaste incendie aux cimes des montagnes,
Les coursiers hérissant leur crinière à longs flots
Et d'une voix humaine excitant les héros ;
De là, portant ses pas dans les paisibles villes,
Les lois, les orateurs, les récoltes fertiles ;
Mais bientôt de soldats les remparts entourés,
Les victimes tombant dans les parvis sacrés,
Et les assauts mortels aux épouses plaintives,
Et les mères en deuil, et les filles captives ;
Puis aussi les moissons joyeuses, les troupeaux
Bêlants ou mugissants, les rustiques pipeaux,
Les chansons, les festins, les vendanges bruyantes,
Et la flûte, et la lyre, et les notes dansantes ;
Puis, déchaînant les vents à soulever les mers,
Il perdait les nochers dans les gouffres amers ;
De là, dans le sein frais d'une roche azurée,
En foule il appelait les filles de Nérée,
Qui bientôt, à ses cris s'élevant sur les eaux,
Aux rivages troyens parcouraient les vaisseaux.
Puis il ouvrait du Styx la rive criminelle,

Et puis les demi-dieux et les champs d'asphodèle, 190
Et la foule des morts ; vieillards seuls et souffrants,
Jeunes gens emportés aux yeux de leurs parents,
Enfants dont au berceau la vie est terminée,
Vierges dont le trépas suspendit l'hyménée.
Mais, ô bois, ô ruisseaux, ô monts, ô durs cailloux, 195
Quels doux frémissements vous agitèrent tous,
Quand bientôt à Lemnos, sur l'enclume divine,
Il forgeait cette trame irrésistible et fine
Autant que d'Arachné les pièges inconnus,
Et dans ce fer mobile emprisonnait Vénus ! 200
Et quand il revêtit d'une pierre soudaine
La fière Niobé, cette mère thébaine ;
Et quand il répétait en accents de douleurs
De la triste Aédon l'imprudence et les pleurs,
Qui, d'un fils méconnu marâtre involontaire, 205
Vola, doux rossignol, sous le bois solitaire.
Ensuite, avec le vin, il versait aux héros
Le puissant népenthès, oubli de tous les maux ;
Il cueillait le moly, fleur qui rend l'homme sage ;
Du paisible lotos il mêlait le breuvage : 210
Les mortels oubliaient, par ce philtre charmés,
Et la douce patrie et les parents aimés.
Enfin, l'Ossa, l'Olympe et les bois du Pénée
Voyaient ensanglanter les banquets d'hyménée,
Quand Thésée, au milieu de la joie et du vin, 215
La nuit où son ami reçut à son festin
Le peuple monstrueux des enfants de la Nue,
Fut contraint d'arracher l'épouse demi-nue
Au bras ivre et nerveux du sauvage Eurytus ;
Soudain, le glaive en main, l'ardent Pirithoüs : 220
"Attends ; il faut ici que mon affront s'expie,
Traître !" Mais avant lui sur le centaure impie
Dryas a fait tomber, avec tous ses rameaux,
Un long arbre de fer hérissé de flambeaux.
L'insolent quadrupède en vain s'écrie ; il tombe, 225

Et son pied bat le sol qui doit être sa tombe.
Sous l'effort de Nessus, la table du repas
Roule, écrase Cymèle, Évagre, Périphas.
Pirithoüs égorge Antimaque, et Pétrée,
Et Cyllare aux pieds blancs, et le noir Macarée 230
Qui de trois fiers lions, dépouillés par sa main,
Couvrait ses quatre flancs, armait son double sein.
Courbé, levant un roc choisi pour leur vengeance,
Tout à coup, sous l'airain d'un vase antique, immense,
L'imprudent Bianor, par Hercule surpris, 235
Sent de sa tête énorme éclater les débris.
Hercule et la massue entassent en trophée
Clantis, Démoléon, Lycothas, et Riphée
Qui portait sur ses crins, de taches colorés,
L'héréditaire éclat des nuages dorés. 240
Mais d'un double combat Eurynome est avide,
Car ses pieds, agités en un cercle rapide,
Battent à coups pressés l'armure de Nestor ;
Le quadrupède Hélops fuit ; l'agile Crantor,
Le bras levé, l'atteint : Eurynome l'arrête ; 245
D'un érable noueux il va fendre sa tête,
Lorsque le fils d'Égée, invincible, sanglant,
L'aperçoit, à l'autel prend un chêne brûlant,
Sur sa croupe indomptée, avec un cri terrible,
S'élance, va saisir sa chevelure horrible, 250
L'entraîne, et quand sa bouche, ouverte avec effort,
Crie, il y plonge ensemble et la flamme et la mort.
L'autel est dépouillé. Tous vont s'armer de flamme,
Et le bois porte au loin les hurlements de femme,
L'ongle frappant la terre, et les guerriers meurtris, 255
Et les vases brisés, et l'injure, et les cris.

Ainsi le grand vieillard, en images hardies,
Déployait le tissu des saintes mélodies.
Les trois enfants, émus à son auguste aspect,
Admiraient, d'un regard de joie et de respect, 260

De sa bouche abonder les paroles divines,
Comme en hiver la neige aux sommets des collines ;
Et, partout accourus, dansant sur son chemin,
Hommes, femmes, enfants, les rameaux à la main,
Et vierges et guerriers, jeunes fleurs de la ville, 265
Chantaient: "Viens dans nos murs, viens habiter notre île ;
Viens, prophète éloquent, aveugle harmonieux,
Convive du nectar, disciple aimé des dieux !
Des jeux, tous les cinq ans, rendront saint et prospère
Le jour où nous avons reçu le grand Homère." 270

II

PIERRE DE BÉRANGER

1780–1857

LE ROI D'YVETOT

Il était un roi d'Yvetot
   Peu connu dans l'histoire,
Se levant tard, se couchant tôt,
   Dormant fort bien sans gloire,
Et couronné par Jeanneton   5
D'un simple bonnet de coton,
      Dit-on.
Oh! oh! oh! oh! ah! ah! ah! ah!
Quel bon petit roi c'était là!
      La, la.   10

Il faisait ses quatre repas
   Dans son palais de chaume,
Et sur son âne, pas à pas,
   Parcourait son royaume.
Joyeux, simple et croyant le bien,   15
Pour toute garde il n'avait rien
      Qu'un chien.

Oh ! oh ! oh ! oh ! ah ! ah ! ah ! ah !
Quel bon petit roi c'était là !
      La, la.

Il n'avait de goût onéreux
  Qu'une soif un peu vive ;
Mais, en rendant son peuple heureux,
  Il faut bien qu'un roi vive.
Lui-même, à table et sans suppôt,
Sur chaque muid levait un pot
      D'impôt.
Oh ! oh ! oh ! oh ! ah ! ah ! ah ! ah !
Quel bon petit roi c'était là !
      La, la.

Il n'agrandit point ses États,
  Fut un voisin commode,
Et, modèle des potentats,
  Prit le plaisir pour code.
Ce n'est que lorsqu'il expira
Que le peuple qui l'enterra
      Pleura.
Oh ! oh ! oh ! oh ! ah ! ah ! ah ! ah !
Quel bon petit roi c'était là !
      La, la.

On conserve encor le portrait
  De ce digne et bon prince :
C'est l'enseigne d'un cabaret
  Fameux dans la province.
Les jours de fête, bien souvent,
La foule s'écrie en buvant
      Devant :
Oh ! oh ! oh ! oh ! ah ! ah ! ah ! ah !
Quel bon petit roi c'était là !
      La, la.

LES SOUVENIRS DU PEUPLE

On parlera de sa gloire
  Sous le chaume bien longtemps ;
  L'humble toit, dans cinquante ans,
Ne connaîtra plus d'autre histoire.
Là viendront les villageois
  Dire alors à quelque vieille :
" Par des récits d'autrefois,
  Mère, abrégez notre veille.
Bien, dit-on, qu'il nous ait nui,
  Le peuple encor le révère,
    Oui, le révère.
  Parlez-nous de lui, grand'mère,
  Parlez-nous de lui."

" Mes enfants, dans ce village,
  Suivi de rois, il passa.
  Voilà bien longtemps de ça :
Je venais d'entrer en ménage.
A pied grimpant le coteau
  Où pour voir je m'étais mise,
Il avait petit chapeau
  Avec redingote grise.
Près de lui je me troublai ;
  Il me dit : ' Bonjour, ma chère !
    Bonjour, ma chère ! '
  —Il vous a parlé, grand'mère !
    Il vous a parlé ! "

" L'an d'après, moi, pauvre femme,
  A Paris étant un jour,
  Je le vis avec sa cour :
Il se rendait à Notre-Dame.
Vous les cœurs étaient contents ;

On admirait son cortège.
Chacun disait : 'Quel beau temps !
   Le ciel toujours le protège.'
Son sourire était bien doux :
   D'un fils Dieu le rendait père,
     Le rendait père.
   —Quel beau jour pour vous, grand'mère !
     Quel beau jour pour vous !"

"Mais quand la pauvre Champagne
   Fut en proie aux étrangers,
   Lui, bravant tous les dangers,
Semblait seul tenir la campagne.
Un soir, tout comme aujourd'hui,
   J'entends frapper à la porte ;
J'ouvre. Bon Dieu ! c'était lui,
   Suivi d'une faible escorte.
Il s'asseoit où me voilà,
   S'écriant : 'Oh ! quelle guerre !
     Oh ! quelle guerre !'
   —Il s'est assis là, grand'mère !
     Il s'est assis là !"

"'J'ai faim,' dit-il ; et bien vite
   Je sers piquette et pain bis ;
   Puis il sèche ses habits,
Même à dormir le feu l'invite.
Au réveil, voyant mes pleurs,
   Il me dit : 'Bonne espérance !
Je cours de tous ses malheurs
   Sous Paris venger la France !'
Il part ; et, comme un trésor,
   J'ai depuis gardé son verre,
     Gardé son verre.
   —Vous l'avez encor, grand'mère !
     Vous l'avez encor !"

"Le voici. Mais à sa perte
  Le héros fut entraîné.
Lui, qu'un pape a couronné,
Est mort dans une île déserte.
Longtemps aucun ne l'a cru :   70
  On disait : 'Il va paraître.
Par mer il est accouru ;
  L'étranger va voir son maître.'
Quand d'erreur on nous tira,
  Ma douleur fut bien amère,   75
    Fut bien amère !
— Dieu vous bénira, grand'mère,
    Dieu vous bénira !"

JACQUES

Jacque, il me faut troubler ton somme :
  Dans le village, un gros huissier
  Rôde et court, suivi du messier.
C'est pour l'impôt, las ! mon pauvre homme.
    Lève-toi, Jacques, lève-toi :   5
    Voici venir l'huissier du roi.

Regarde : le jour vient d'éclore ;
  Jamais si tard tu n'as dormi,
  Pour vendre chez le vieux Remi
On saisissait avant l'aurore.   10
    Lève-toi, Jacques, lève-toi :
    Voici venir l'huissier du roi.

Pas un son ! Dieu ! je crois l'entendre :
  Écoute les chiens aboyer ;
  Demande un mois pour tout payer.   15
Ah ! si le roi pouvait attendre !

Lève-toi, Jacques, lève-toi :
Voici venir l'huissier du roi.

Pauvres gens ! l'impôt nous dépouille :
   Nous n'avons, accablés de maux,
   Pour nous, ton père et six marmots,
Rien que ta bêche et ma quenouille.
     Lève-toi, Jacques, lève-toi :
     Voici venir l'huissier du roi.

On compte, avec cette masure,
   Un quart d'arpent cher affermé,
   Par la misère il est fumé ;
Il est moissonné par l'usure.
     Lève-toi, Jacques, lève-toi :
     Voici venir l'huissier du roi.

Beaucoup de peine et peu de lucre.
   Quand d'un porc aurons-nous la chair ?
   Tout ce qui nourrit est si cher !
Et le sel, aussi notre sucre !
     Lève-toi, Jacques, lève-toi :
     Voici venir l'huissier du roi.

Du vin soutiendrait ton courage ;
   Mais les droits l'ont bien renchéri.
   Pour en boire un peu, mon chéri,
Vends mon anneau de mariage.
     Lève-toi, Jacques, lève-toi :
     Voici venir l'huissier du roi.

Rêverais-tu que ton bon ange
   Te donne richesse et repos ?
   Que sont aux riches les impôts ?
Quelques rats de plus dans leur grange.
     Lève-toi, Jacques, lève-toi :
     Voici venir l'huissier du roi.

Il entre ! ô ciel ! que dois-je craindre ?
   Tu ne dis mot ! quelle pâleur !   50
   Hier tu t'es plaint de ta douleur,
Toi qui souffres tant sans te plaindre.
      Lève-toi, Jacques, lève-toi :
      Voici venir l'huissier du roi.

Elle appelle en vain ; il rend l'âme.   55
   Pour qui s'épuise à travailler
   La mort est un doux oreiller.
Bonnes gens, priez pour sa femme.
      Lève-toi, Jacques, lève-toi :
      Voici venir l'huissier du roi.   60

III

ALPHONSE DE LAMARTINE

1790-1869

BONAPARTE

Sur un écueil battu par la vague plaintive,
Le nautonier, de loin, voit blanchir sur la rive
Un tombeau, près du bord par les flots déposé ;
Le temps n'a pas encor bruni l'étroite pierre,
Et, sous le vert tissu de la ronce et du lierre,   5
    On distingue . . . un sceptre brisé.

Ici gît . . . point de nom ! demandez à la terre
Ce nom, il est inscrit, en sanglant caractère,
Des bords du Tanaïs au sommet du Cédar,
Sur le bronze et le marbre, et sur le sein des braves,   10
Et jusque dans le cœur de ces troupeaux d'esclaves,
    Qu'il foulait tremblants sous son char.

Depuis les deux grands noms qu'un siècle au siècle annonce
Jamais nom qu'ici-bas toute langue prononce,
Sur l'aile de la foudre aussi loin ne vola :   15
Jamais d'aucun mortel le pied qu'un souffle efface,
N'imprima sur la terre une plus forte trace :
    Et ce pied s'est arrêté là . . .

Il est là . . . Sous trois pas un enfant le mesure !
Son ombre ne rend pas même un léger murmure ; 20
Le pied d'un ennemi foule en paix son cercueil.
Sur ce front foudroyant le moucheron bourdonne,
Et son ombre n'entend que le bruit monotone
  D'une vague contre un écueil !

Ne crains pas cependant, ombre encore inquiète, 25
Que je vienne outrager ta majesté muette.
Non ! La lyre aux tombeaux n'a jamais insulté :
La mort fut de tout temps l'asile de la gloire.
Rien ne doit jusqu'ici poursuivre une mémoire ;
  Rien . . . excepté la vérité. 30

  . . . . .

Tu grandis sans plaisir, tu tombas sans murmure ;
Rien d'humain ne battait sous ton épaisse armure :
Sans haine et sans amour, tu vivais pour penser.
Comme l'aigle régnant dans un ciel solitaire,
Tu n'avais qu'un regard pour mesurer la terre, 35
  Et des serres pour l'embrasser.

S'élancer d'un seul bond au char de la victoire ;
Foudroyer l'univers des splendeurs de ta gloire ;
Fouler d'un même pied des tribuns et des rois ;
Forger un joug trempé dans l'amour et la haine, 40
Et faire frissonner sous le frein qui l'enchaîne
  Un peuple échappé de ses lois ;

Être d'un siècle entier la pensée et la vie ;
Émousser le poignard, décourager l'envie,
Ébranler, raffermir l'univers incertain ; 45
Aux sinistres clartés de ta foudre qui gronde,
Vingt fois contre les dieux jouer le sort du monde,
  Quel rêve ! ! ! et ce fut ton destin ! . . .

  . . . . .

Là, sur un pont tremblant tu défiais la foudre ;
Là, du désert sacré tu réveillais la poudre : 50
Ton coursier frissonnait dans les flots du Jourdain.
Là, tes pas abaissaient une cime escarpée ;
Là, tu changeais en sceptre une invincible épée,
    Ici . . . Mais quel effroi soudain !

Pourquoi détournes-tu ta paupière éperdue ? 55
D'où vient cette pâleur sur ton front répandue ?
Qu'as tu vu tout à coup dans l'horreur du passé ?
Est-ce de vingt cités la ruine fumante,
Ou du sang des humains quelque plaine écumante ?
    Mais la gloire a tout effacé. 60

La gloire efface tout . . . tout, excepté le crime !
Mais son doigt me montrait le corps d'une victime,
Un jeune homme, un héros d'un sang pur inondé ;
Le flot qui l'apportait passait, passait sans cesse ;
Et toujours en passant la vague vengeresse 65
    Lui jetait le nom de Condé.

Comme pour effacer une tache livide,
On voyait sur son front passer sa main rapide ;
Mais la trace du sang sous son doigt renaissait,
Et, comme un sceau frappé par une main suprême, 70
La goutte ineffaçable, ainsi qu'un diadème,
    Le couronnait de son forfait.

C'est pour cela, tyran, que ta gloire ternie
Fera par ton forfait douter de ton génie ;
Qu'une trace de sang suivra partout ton char, 75
Et que ton nom, jouet d'un éternel orage,
Sera pour l'avenir ballotté d'âge en âge
    Entre Marius et César.

Tu mourus cependant de la mort du vulgaire,
Ainsi qu'un moissonneur va chercher son salaire, 80

Et dort sur sa faucille avant d'être payé ;
Tu ceignis en mourant ton glaive sur ta cuisse,
Et tu fus demander récompense ou justice
    Au Dieu qui t'avait envoyé !

On dit qu'aux derniers jours de sa longue agonie,   85
Devant l'éternité seul avec son génie,
Son regard vers le ciel parut se soulever :
Le signe rédempteur toucha son front farouche ;
Et même on entendit commencer sur sa bouche
    Un nom . . . qu'il n'osait achever.   90

Achève . . . c'est le Dieu qui règne et qui couronne ;
C'est le Dieu qui punit, c'est le Dieu qui pardonne :
Pour les héros et nous il a des poids divers.
Parle-lui sans effroi : lui seul peut te comprendre.
L'esclave et le tyran ont tous un compte à rendre,   95
    L'un du sceptre, l'autre des fers.

Son cercueil est fermé : Dieu l'a jugé.   Silence !
Son crime et ses exploits pèsent dans la balance :
Que des faibles mortels la main n'y touche plus !
Qui peut sonder, Seigneur, ta clémence infinie ?   100
Et vous, fléaux de Dieu, qui sait si le génie
    N'est pas une de vos vertus ?

LE LAC

AINSI, toujours poussés vers de nouveaux rivages,
Dans la nuit éternelle emportés sans retour,
Ne pourrons-nous jamais sur l'océan des âges
    Jeter l'ancre un seul jour ?

Ô lac, l'année à peine a fini sa carrière, 5
Et, près des flots chéris qu'elle devait revoir,
Regarde ! je viens seul m'asseoir sur cette pierre
    Où tu la vis s'asseoir !

Tu mugissais ainsi sous ces roches profondes,
Ainsi tu te brisais sur leurs flancs déchirés, 10
Ainsi le vent jetait l'écume de tes ondes
    Sur ses pieds adorés.

Un soir, t'en souvient-il ? nous voguions en silence ;
On n'entendait au loin, sur l'onde et sous les cieux,
Que le bruit des rameurs qui frappaient en cadence 15
    Tes flots harmonieux.

Tout à coup des accents inconnus à la terre
Du rivage charmé frappèrent les échos ;
Le flot fut attentif, et la voix qui m'est chère
    Laissa tomber ces mots : 20

"Ô temps, suspends ton vol ! et vous, heures propices,
    Suspendez votre cours !
Laissez-nous savourer les rapides délices
    Des plus beaux de nos jours !

"Assez de malheureux ici-bas vous implorent : 25
    Coulez, coulez pour eux ;
Prenez avec leurs jours les soins qui les dévorent ;
    Oubliez les heureux !

"Mais je demande en vain quelques moments encore,
    Le temps m'échappe et fuit ; 30
Je dis à cette nuit : 'Sois plus lente !' et l'aurore
    Va dissiper la nuit.

“Aimons donc, aimons donc ! de l'heure fugitive,
    Hâtons-nous, jouissons !
L'homme n'a point de port, le temps n'a point de rive ; 35
    Il coule, et nous passons !”

Temps jaloux, se peut-il que ces moments d'ivresse,
Où l'amour à longs flots nous verse le bonheur,
S'envolent loin de nous de la même vitesse
    Que les jours de malheur ?   40

Eh quoi ! n'en pourrons-nous fixer au moins la trace ?
Quoi ! passés pour jamais ? Quoi ! tout entiers perdus ?
Ce temps qui les donna, ce temps qui les efface,
    Ne nous les rendra plus ?

Éternité, néant, passé, sombres abîmes,   45
Que faites-vous des jours que vous engloutissez ?
Parlez : nous rendrez-vous ces extases sublimes
    Que vous nous ravissez ?

Ô lac ! rochers muets ! grottes ! forêt obscure !
Vous que le temps épargne ou qu'il peut rajeunir,   50
Gardez de cette nuit, gardez, belle nature,
    Au moins le souvenir !

Qu'il soit dans ton repos, qu'il soit dans tes orages,
Beau lac, et dans l'aspect de tes riants coteaux,
Et dans ces noirs sapins, et dans ces rocs sauvages   55
    Qui pendent sur tes eaux !

Qu'il soit dans le zéphyr qui frémit et qui passe,
Dans les bruits de tes bords par tes bords répétés,
Dans l'astre au front d'argent qui blanchit ta surface
    De ses molles clartés !   60

Que le vent qui gémit, le roseau qui soupire,
Que les parfums légers de ton air embaumé,
Que tout ce qu'on entend, l'on voit ou l'on respire,
    Tout dise : "Ils ont aimé !"

LE CHÊNE

  Voilà ce chêne solitaire
    Dont le rocher s'est couronné,
  Parlez à ce tronc séculaire,
    Demandez comment il est né.

Un gland tombe de l'arbre et roule sur la terre,   5
L'aigle à la serre vide, en quittant les vallons,
S'en saisit en jouant et l'emporte à son aire
Pour aiguiser le bec de ses jeunes aiglons ;
Bientôt du nid désert qu'emporte la tempête
Il roule confondu dans les débris mouvans,   10
Et sur la roche nue un grain de sable arrête
Celui qui doit un jour rompre l'aile des vents ;
  L'été vient, l'aquilon soulève
La poudre des sillons qui pour lui n'est qu'un jeu,
Et sur le germe éteint où couve encor la sève   15
  En laisse retomber un peu !
  Le printemps de sa tiède ondée
  L'arrose comme avec la main ;
  Cette poussière est fécondée,
  Et la vie y circule enfin !   20

La vie ! à ce seul mot tout œil, toute pensée,
S'inclinent confondus et n'osent pénétrer ;
Au seuil de l'Infini c'est la borne placée ;
Où la sage ignorance et l'audace insensée
Se rencontrent pour adorer !   25

Il vit, ce géant des collines !
Mais avant de paraître au jour,
Il se creuse avec ses racines
Des fondements comme une tour ;
Il sait quelle lutte s'apprête, 30
Et qu'il doit contre la tempête
Chercher sous la terre un appui ;
Il sait que l'ouragan sonore
L'attend au jour . . . ou, s'il l'ignore,
Quelqu'un du moins le sait pour lui ! 35

Ainsi quand le jeune navire
Où s'élancent les matelots,
Avant d'affronter son empire,
Veut s'apprivoiser sur les flots,
Laissant filer son vaste câble, 40
Son ancre va chercher le sable
Jusqu'au fond des vallons mouvans,
Et sur ce fondement mobile
Il balance son mât fragile
Et dort au vain roulis des vents ! 45

Il vit ! le colosse superbe
Qui couvre un arpent tout entier,
Dépasse à peine le brin d'herbe
Que le moucheron fait plier !
Mais sa feuille boit la rosée, 50
Sa racine fertilisée
Grossit comme une eau dans son cours,
Et dans son cœur qu'il fortifie
Circule un sang ivre de vie
Pour qui les siècles sont des jours ! 55

Les sillons où les blés jaunissent
Sous les pas changeants des saisons
Se dépouillent et se vêtissent
Comme un troupeau de ses toisons ;

Le fleuve naît, gronde et s'écoule, 60
La tour monte, vieillit, s'écroule,
L'hiver effeuille le granit,
Des générations sans nombre
Vivent et meurent sous son ombre,
Et lui ? voyez ! il rajeunit ! 65

Son tronc que l'écorce protège,
Fortifié par mille nœuds,
Pour porter sa feuille ou sa neige
S'élargit sur ses pieds noueux ;
Ses bras que le temps multiplie, 70
Comme un lutteur qui se replie
Pour mieux s'élancer en avant,
Jetant leurs coudes en arrière,
Se recourbent dans la carrière
Pour mieux porter le poids du vent ! 75

Et son vaste et pesant feuillage,
Répandant la nuit alentour,
S'étend, comme un large nuage,
Entre la montagne et le jour ;
Comme de nocturnes fantômes, 80
Les vents résonnent dans ses dômes,
Les oiseaux y viennent dormir,
Et pour saluer la lumière
S'élèvent comme une poussière,
Si sa feuille vient à frémir ! 85

La nef dont le regard implore
Sur les mers un phare certain,
Le voit tout noyé dans l'aurore,
Pyramider dans le lointain !
Le soir fait pencher sa grande ombre 90
Des flancs de la colline sombre

Jusqu'au pied des derniers coteaux.
Un seul des cheveux de sa tête
Abrite contre la tempête
Et le pasteur et les troupeaux ! 95

Et pendant qu'au vent des collines
Il berce ses toits habités,
Des empires dans ses racines,
Sous son écorce des cités ;
Là, près des ruches des abeilles, 100
Arachné tisse ses merveilles,
Le serpent siffle, et la fourmi
Guide à des conquêtes de sables
Ses multitudes innombrables
Qu'écrase un lézard endormi ! 105

Et ces torrents d'âme et de vie,
Et ce mystérieux sommeil,
Et cette sève rajeunie
Qui remonte avec le soleil ;
Cette intelligence divine 110
Qui pressent, calcule, devine
Et s'organise pour sa fin ;
Et cette force qui renferme
Dans un gland le germe du germe
D'êtres sans nombres et sans fin ! 115

Et ces mondes de créatures
Qui, naissant et vivant de lui,
Y puisent être et nourritures
Dans les siècles comme aujourd'hui ;
Tout cela n'est qu'un gland fragile 120
Qui tombe sur le roc stérile
Du bec de l'aigle ou du vautour !
Ce n'est qu'une aride poussière
Que le vent sème en sa carrière,
Et qu'échauffe un rayon du jour ! 125

Et moi, je dis : Seigneur ! c'est toi seul, c'est ta force,
    Ta sagesse et ta volonté,
    Ta vie et ta fécondité,
    Ta prévoyance et ta bonté !
Le ver trouve ton nom gravé sous son écorce,   130
Et mon œil dans sa masse et son éternité !

LE ROSSIGNOL

Quand ta voix céleste prélude
    Aux silences des belles nuits,
Barde ailé de ma solitude,
    Tu ne sais pas que je te suis !

Tu ne sais pas que mon oreille,   5
    Suspendue à ta douce voix,
De l'harmonieuse merveille
    S'enivre longtemps sous les bois !

Tu ne sais pas que mon haleine
    Sur mes lèvres n'ose passer,   10
Que mon pied muet foule à peine
    La feuille qu'il craint de froisser !

Et qu'enfin un autre poète
    Dont la lyre a moins de secrets
Dans son âme envie et répète   15
    Ton hymne nocturne aux forêts !

Mais si l'astre des nuits se penche
    Aux bords des monts pour t'écouter,
Tu te caches de branche en branche
    Au rayon qui vient y flotter,   20

Et si la source qui repousse
   L'humble caillou qui l'arrêtait
Élève une voix sous la mousse,
   La tienne se trouble et se tait !

Ah ! ta voix touchante ou sublime   25
   Est trop pure pour ce bas lieu !
Cette musique qui t'anime
   Est un instinct qui monte à Dieu !

Tes gazouillements, ton murmure,
   Sont un mélange harmonieux   30
Des plus doux bruits de la nature,
   Des plus vagues soupirs des cieux !

Ta voix, qui peut-être s'ignore,
   Est la voix du bleu firmament,
De l'arbre, de l'antre sonore,   35
   Du vallon sous l'ombre dormant !

Tu prends les sons que tu recueilles
   Dans les gazouillements des flots,
Dans les frémissements des feuilles,
   Dans les bruits mourants des échos,   40

Dans l'eau qui filtre goutte à goutte
   Du rocher nu dans le bassin,
Et qui résonne sous sa voûte
   En ridant l'azur de son sein ;

Dans les voluptueuses plaintes   45
   Qui sortent la nuit des rameaux,
Dans les voix des vagues éteintes
   Sur le sable, ou dans les roseaux !

Et de ces doux sons où se mêle
    L'instinct céleste qui t'instruit, 50
Dieu fit ta voix, ô Philomèle !
    Et tu fais ton hymne à la nuit !

Ah ! ces douces scènes nocturnes,
    Ces pieux mystères du soir,
Et ces fleurs qui penchent leurs urnes 55
    Comme l'urne d'un encensoir,

Ces feuilles où tremblent des larmes,
    Ces fraîches haleines des bois,
Ô nature ! avaient trop de charmes
    Pour n'avoir pas aussi leur voix ! 60

Et cette voix mystérieuse,
    Qu'écoutent les anges et moi,
Ce soupir de la nuit pieuse,
    Oiseau mélodieux, c'est toi !

Oh ! mêle ta voix à la mienne ! 65
    La même oreille nous entend ;
Mais ta prière aérienne
    Monte mieux au ciel qui l'attend !

Elle est l'écho d'une nature
    Qui n'est qu'amour et pureté, 70
Le brûlant et divin murmure,
    L'hymne flottant des nuits d'été !

Et nous, dans cette voix sans charmes,
    Qui gémit en sortant du cœur,
On sent toujours trembler des larmes, 75
    Ou retentir une douleur !

IV

ALFRED DE VIGNY

1797-1863

LE COR

I

J'aime le son du cor, le soir, au fond des bois,
Soit qu'il chante les pleurs de la biche aux abois,
Ou l'adieu du chasseur que l'écho faible accueille
Et que le vent du nord porte de feuille en feuille.

Que de fois, seul dans l'ombre à minuit demeuré,
J'ai souri de l'entendre, et plus souvent pleuré !
Car je croyais ouïr de ces bruits prophétiques
Qui précédaient la mort des paladins antiques.

Ô montagnes d'azur ! ô pays adoré !
Rocs de la Frazona, cirque du Marboré,
Cascades qui tombez des neiges entraînées,
Sources, gaves, ruisseaux, torrents des Pyrénées,

Monts gelés et fleuris, trônes des deux saisons,
Dont le front est de glace et les pieds de gazons !
C'est là qu'il faut s'asseoir, c'est là qu'il faut entendre 15
Les airs lointains d'un cor mélancolique et tendre.

Souvent un voyageur, lorsque l'air est sans bruit,
De cette voix d'airain fait retentir la nuit ;
A ses chants cadencés autour de lui se mêle
L'harmonieux grelot du jeune agneau qui bêle. 20

Une biche attentive, au lieu de se cacher,
Se suspend immobile au sommet du rocher,
Et la cascade unit, dans une chute immense,
Son éternelle plainte au chant de la romance.

Âmes des chevaliers, revenez-vous encor ? 25
Est-ce vous qui parlez avec la voix du cor ?
Roncevaux ! Roncevaux ! dans ta sombre vallée
L'ombre du grand Roland n'est donc pas consolée ?

II

Tous les preux étaient morts, mais aucun n'avait fui.
Il reste seul debout, Olivier près de lui ; 30
L'Afrique sur les monts l'entoure et tremble encore.
—"Roland, tu vas mourir, rends-toi, criait le More :

"Tous tes pairs sont couchés dans les eaux des torrents."
Il rugit comme un tigre et dit : "Si je me rends,
Africain, ce sera lorsque les Pyrénées 35
Sur l'onde avec leurs corps rouleront entraînées."

—"Rends-toi donc, répond-il, ou meurs ! car les voilà."
Et du plus haut des monts un grand rocher roula.
Il bondit, il roula jusqu'au fond de l'abîme,
Et de ses pins, dans l'onde, il vint briser la cime. 40

—“Merci! cria Roland, tu m'as fait un chemin.”
Et jusqu'au pied des monts le roulant d'une main,
Sur le roc affermi, comme un géant, s'élance ;
Et, prête à fuir, l'armée à ce seul pas balance.

III

Tranquilles cependant, Charlemagne et ses preux 45
Descendaient la montagne et se parlaient entre eux.
A l'horizon déjà, par leurs eaux signalées,
De Luz et d'Argelès se montrent les vallées.

L'armée applaudissait.   Le luth du troubadour
S'accordait pour chanter les saules de l'Adour ; 50
Le vin français coulait dans la coupe étrangère ;
Le soldat, en riant, parlait à la bergère.

Roland gardait les monts : tous passaient sans effroi.
Assis nonchalamment sur un noir palefroi
Qui marchait revêtu de housses violettes, 55
Turpin disait, tenant les saintes amulettes :

“Sire, on voit dans le ciel des nuages de feu ;
Suspendez votre marche ; il ne faut tenter Dieu.
Par monsieur saint Denis, certes ce sont des âmes
Qui passent dans les airs sur ces vapeurs de flammes. 60

“Deux éclairs ont relui, puis deux autres encor.”
Ici l'on entendit le son lointain du cor.
L'empereur étonné, se jetant en arrière,
Suspend du destrier la marche aventurière.

—“Entendez-vous ?” dit-il.—“Oui, ce sont des pasteurs
Rappelant les troupeaux épars sur les hauteurs,” 66
Répondit l'archevêque, “ou la voix étouffée
Du nain vert Obéron qui parle avec sa fée.”

Et l'empereur poursuit ; mais son front soucieux
Est plus sombre et plus noir que l'orage des cieux.　　70
Il craint la trahison ; et, tandis qu'il y songe,
Le cor éclate et meurt, renaît et se prolonge.

—"Malheur ! c'est mon neveu ! Malheur ! car, si Roland
Appelle à son secours, ce doit être en mourant.
Arrière, chevaliers, repassons la montagne !　　75
Tremble encor sous nos pieds, sol trompeur de l'Espagne."

IV

Sur le plus haut des monts s'arrêtent les chevaux ;
L'écume les blanchit ; sous leurs pieds, Roncevaux
Des feux mourants du jour à peine se colore.
A l'horizon lointain fuit l'étendard du More.　　80

—"Turpin, n'as-tu rien vu dans le fond du torrent ?"
"J'y vois deux chevaliers : l'un mort, l'autre expirant.
Tous deux sont écrasés sous une roche noire !
Le plus fort, dans sa main, élève un cor d'ivoire,
Son âme en s'exhalant nous appela deux fois."　　85

Dieu ! que le son du cor est triste au fond des bois !

LA MORT DU LOUP

I

Les nuages couraient sur la lune enflammée
Comme sur l'incendie on voit fuir la fumée,
Et les bois étaient noirs jusques à l'horizon.
Nous marchions, sans parler, dans l'humide gazon,

Dans la bruyère épaisse et dans les hautes brandes, 5
Lorsque, sous des sapins pareils à ceux des Landes,
Nous avons aperçu les grands ongles marqués
Par les loups voyageurs que nous avions traqués.
Nous avons écouté, retenant notre haleine
Et le pas suspendu.—Ni le bois, ni la plaine 10
Ne poussaient un soupir dans les airs ; seulement
La girouette en deuil criait au firmament ;
Car le vent, élevé bien au-dessus des terres,
N'effleurait de ses pieds que les tours solitaires ;
Et les chênes d'en bas, contre les rocs penchés, 15
Sur leurs coudes semblaient endormis et couchés.
Rien ne bruissait donc, lorsque, baissant la tête,
Le plus vieux des chasseurs qui s'étaient mis en quête
A regardé le sable en s'y couchant ; bientôt,
Lui que jamais ici l'on ne vit en défaut, 20
A déclaré tout bas que ces marques récentes
Annonçaient la démarche et les griffes puissantes
De deux grands loups-cerviers et de deux louveteaux.
Nous avons tous alors préparé nos couteaux,
Et, cachant nos fusils et leurs lueurs trop blanches, 25
Nous allions pas à pas, en écartant les branches.
Trois s'arrêtent, et moi, cherchant ce qu'ils voyaient,
J'aperçois tout à coup deux yeux qui flamboyaient,
Et je vois au delà quatre formes légères
Qui dansaient sous la lune au milieu des bruyères, 30
Comme font chaque jour, à grand bruit sous nos yeux,
Quand le maître revient, les lévriers joyeux.
Leur forme était semblable et semblable la danse :
Mais les enfants du loup se jouaient en silence,
Sachant bien qu'à deux pas, ne dormant qu'à demi, 35
Se couche dans ses murs l'homme leur ennemi.
Le père était debout, et plus loin, contre un arbre,
La louve reposait comme celle de marbre
Qu'adoraient les Romains, et dont les flancs velus
Couvraient les demi-dieux Rémus et Romulus. 40

Le loup vient et s'assied, les deux jambes dressées,
Par leurs ongles crochus dans le sable enfoncées.
Il s'est jugé perdu, puisqu'il était surpris,
Sa retraite coupée et tous ses chemins pris ;
Alors il a saisi, dans sa gueule brûlante, 45
Du chien le plus hardi la gorge pantelante,
Et n'a pas desserré ses mâchoires de fer,
Malgré nos coups de feu qui traversaient sa chair,
Et nos couteaux aigus qui, comme des tenailles,
Se croisaient en plongeant dans ses larges entrailles, 50
Jusqu'au dernier moment où le chien étranglé,
Mort longtemps avant lui, sous ses pieds a roulé.
Le loup le quitte alors et puis il nous regarde.
Les couteaux lui restaient au flanc jusqu'à la garde,
Le clouaient au gazon tout baigné dans son sang ; 55
Nos fusils l'entouraient en sinistre croissant.
Il nous regarde encore, ensuite il se recouche,
Tout en léchant le sang répandu sur sa bouche,
Et, sans daigner savoir comment il a péri,
Refermant ses grands yeux, meurt sans jeter un cri. 60

II

J'ai reposé mon front sur mon fusil sans poudre,
Me prenant à penser, et n'ai pu me résoudre
A poursuivre sa louve et ses fils, qui, tous trois,
Avaient voulu l'attendre ; et, comme je le crois,
Sans ses deux louveteaux, la belle et sombre veuve 65
Ne l'eût point laissé seul subir la grande épreuve ;
Mais son devoir était de les sauver, afin
De pouvoir leur apprendre à bien souffrir la faim,
A ne jamais entrer dans le pacte des villes
Que l'homme a fait avec les animaux serviles 70
Qui chassent devant lui, pour avoir le coucher,
Les premiers possesseurs du bois et du rocher.

III

Hélas ! ai-je pensé, malgré ce grand nom d'Hommes,
Que j'ai honte de nous, débiles que nous sommes !
Comment on doit quitter la vie et tous ses maux, 75
C'est vous qui le savez, sublimes animaux !
A voir ce que l'on fut sur terre et ce qu'on laisse,
Seul le silence est grand ; tout le reste est faiblesse.
—Ah ! je t'ai bien compris, sauvage voyageur,
Et ton dernier regard m'est allé jusqu'au cœur ! 80
Il disait : " Si tu peux, fais que ton âme arrive,
A force de rester studieuse et pensive,
Jusqu'à ce haut degré de stoïque fierté
Où, naissant dans les bois, j'ai tout d'abord monté.
Gémir, pleurer, prier est également lâche. 85
Fais énergiquement ta longue et lourde tâche
Dans la voie où le sort a voulu t'appeler,
Puis, après, comme moi, souffre et meurs sans parler."

MOÏSE

Le soleil prolongeait sur la cime des tentes
Ces obliques rayons, ces flammes éclatantes,
Ces larges traces d'or qu'il laisse dans les airs
Lorsqu'en un lit de sable il se couche aux déserts.
La pourpre et l'or semblaient revêtir la campagne. 5
Du stérile Nébo gravissant la montagne,
Moïse, homme de Dieu, s'arrête, et, sans orgueil,
Sur le vaste horizon promène un long coup d'œil.
Il voit d'abord Phasga, que des figuiers entourent ;
Puis, au delà des monts que ses regards parcourent, 10
S'étend tout Galaad, Ephraïm, Manassé,
Dont le pays fertile à sa droite est placé ;

Vers le midi, Juda, grand et stérile, étale
Ses sables où s'endort la mer occidentale ;
Plus loin, dans un vallon que le soir a pâli,
Couronné d'oliviers, se montre Nephtali ;
Dans des plaines de fleurs magnifiques et calmes,
Jéricho s'aperçoit : c'est la ville des palmes ;
Et, prolongeant ses bois, des plaines de Phogor,
Le lentisque touffu s'étend jusqu'à Segor.
Il voit tout Chanaan, et la terre promise,
Où sa tombe, il le sait, ne sera point admise.
Il voit, sur les Hébreux étend sa grande main,
Puis vers le haut du mont il reprend son chemin.
Or, des champs de Moab couvrant la vaste enceinte,
Pressés au large pied de la montagne sainte,
Les enfants d'Israël s'agitaient au vallon
Comme les blés épais qu'agite l'aquilon.
Dès l'heure où la rosée humecte l'or des sables
Et balance sa perle au sommet des érables,
Prophète centenaire, environné d'honneur,
Moïse était parti pour trouver le Seigneur.
On le suivait des yeux aux flammes de sa tête ;
Et lorsque du grand mont il atteignit le faîte,
Lorsque son front perça le nuage de Dieu
Qui couronnait d'éclairs la cime du haut lieu,
L'encens brûla partout sur des autels de pierre,
Et six cent mille Hébreux, courbés dans la poussière,
A l'ombre du parfum par le soleil doré,
Chantèrent d'une voix le cantique sacré,
Et les fils de Lévi s'élevant sur la foule,
Tel qu'un bois de Cyprès sur le sable qui roule,
Du peuple avec la harpe accompagnant les voix,
Dirigeaient vers le ciel l'hymne du Roi des rois.

Et, debout devant Dieu, Moïse, ayant pris place,
Dans le nuage obscur lui parlait face à face.
Il disait au Seigneur : " Ne finirai-je pas ?

Où voulez-vous encor que je porte mes pas ?
Je vivrai donc toujours puissant et solitaire ?
Laissez-moi m'endormir du sommeil de la terre. 50
Que vous ai-je donc fait pour être votre élu ?
J'ai conduit votre peuple où vous avez voulu :
Voilà que son pied touche à la terre promise.
De vous à lui qu'un autre accepte l'entremise,
Au coursier d'Israël qu'il attache le frein ! 55
Je lui lègue mon livre et la verge d'airain.
Pourquoi vous fallut-il tarir mes espérances,
Ne pas me laisser homme avec mes ignorances,
Puisque du mont Horeb jusques au mont Nébo
Je n'ai pas pu trouver le lieu de mon tombeau ? 60
Hélas ! vous m'avez fait sage parmi les sages !
Mon doigt du peuple errant a guidé les passages,
J'ai fait pleuvoir le feu sur la tête des rois,
L'avenir à genoux adorera mes lois,
Des tombes des humains j'ouvre la plus antique, 65
La mort trouve à ma voix une voix prophétique,
Je suis très grand, mes pieds sont sur les nations,
Ma main fait et défait les générations.—
Hélas ! je suis, Seigneur, puissant et solitaire,
Laissez-moi m'endormir du sommeil de la terre ! 70

"Hélas ! je sais aussi tous les secrets des cieux,
Et vous m'avez prêté la force de vos yeux.
Je commande à la nuit de déchirer ses voiles ;
Ma bouche par leurs noms a compté les étoiles,
Et, dès qu'au firmament mon geste l'appela, 75
Chacune s'est hâtée en disant : 'Me voilà.'
J'impose mes deux mains sur le front des nuages
Pour tarir dans leurs flancs la source des orages,
J'engloutis les cités sous les sables mouvants,
Je renverse les monts sous les ailes des vents, 80
Mon pied infatigable est plus fort que l'espace,
Le fleuve aux grandes eaux se range quand je passe,

Et la voix de la mer se tait devant ma voix.
Lorsque mon peuple souffre, ou qu'il lui faut des lois,
J'élève mes regards : votre esprit me visite ; 85
La terre alors chancelle et le soleil hésite.
Vos anges sont jaloux et m'admirent entre eux.
Et cependant, Seigneur, je ne suis pas heureux ;
Vous m'avez fait vieillir puissant et solitaire,
Laissez-moi m'endormir du sommeil de la terre. 90

"Sitôt que votre souffle a rempli le berger,
Les hommes se sont dit : 'Il nous est étranger' ;
Et leurs yeux se baissaient devant mes yeux de flamme,
Car ils venaient, hélas ! d'y voir plus que mon âme.
J'ai vu l'amour s'éteindre et l'amitié tarir ; 95
Les vierges se voilaient et craignaient de mourir.
M'enveloppant alors de la colonne noire,
J'ai marché devant tous, triste et seul dans ma gloire,
Et j'ai dit dans mon cœur : 'Que vouloir à présent ?'
Pour dormir sur un sein mon front est trop pesant, 100
Ma main laisse l'effroi sur la main qu'elle touche,
L'orage est dans ma voix, l'éclair est sur ma bouche.
Aussi, loin de m'aimer, voilà qu'ils tremblent tous,
Et, quand j'ouvre les bras, on tombe à mes genoux.
Ô Seigneur ! j'ai vécu puissant et solitaire, 105
Laissez-moi m'endormir du sommeil de la terre."

Or, le peuple attendait et, craignant son courroux,
Priait sans regarder le mont du Dieu jaloux ;
Car, s'il levait les yeux, les flancs noirs du nuage
Roulaient et redoublaient les foudres de l'orage, 110
Et le feu des éclairs, aveuglant les regards,
Enchaînait tous les fronts courbés de toutes parts.
Bientôt le haut du Mont reparut sans Moïse.
—Il fut pleuré.—Marchant vers la terre promise,
Josué s'avançait pensif et pâlissant, 115
Car il était déjà l'élu du Tout-Puissant.

V

VICTOR HUGO

1802-1885

LES DEUX ARCHERS

C'était l'instant funèbre où la nuit est si sombre,
Qu'on tremble à chaque pas de réveiller dans l'ombre
Un démon, ivre encor du banquet des sabbats ;
Le moment où, liant à peine sa prière,
Le voyageur se hâte à travers la clairière ;   5
    C'était l'heure où l'on parle bas !

Deux francs-archers passaient au fond de la vallée,
Là-bas ! où vous voyez une tour isolée,
Qui, lorsqu'en Palestine allaient mourir nos rois,
Fut bâtie en trois nuits, au dire de nos pères,   10
Par un ermite saint qui remuait les pierres
    Avec le signe de la croix.

Tous deux, sans craindre l'heure, en ce lieu taciturne,
Allumèrent un feu pour leur repas nocturne ;
Puis ils vinrent s'asseoir, en déposant leur cor,   15
Sur un saint de granit dont l'image grossière,
Les mains jointes, le front couché dans la poussière,
    Avait l'air de prier encor.

Cependant sur la tour, les monts, les bois antiques,
L'ardent foyer jetait des clartés fantastiques ; 20
Les hiboux s'effrayaient au fond des vieux manoirs ;
Et les chauves-souris, que tout sabbat réclame,
Volaient, et par moments épouvantaient la flamme
    De leur grande aile aux ongles noirs !

Le plus vieux des archers alors dit au plus jeune : 25
" Portes-tu le cilice ?"—" Observes-tu le jeûne ?"
Reprit l'autre, et leur rire accompagna leur voix.
D'autres rires de loin tout à coup s'entendirent.
Le val était désert, l'ombre épaisse : ils se dirent
    " C'est l'écho qui rit dans les bois." 30

Soudain à leurs regards une lueur rampante
En bleuâtres sillons sur la hauteur serpente ;
Les deux blasphémateurs, hélas ! sans s'effrayer,
Jetèrent au brasier d'autres branches de chênes,
Disant : " C'est au miroir des cascades prochaines 35
    Le reflet de notre foyer."

Or cet écho (d'effroi qu'ici chacun s'incline !)
C'était Satan, riant tout haut sur la colline !
Ce reflet, émané du corps de Lucifer,
C'était le pâle jour qu'il traîne en nos ténèbres, 40
Le rayon sulfureux qu'en des songes funèbres
    Il nous apporte de l'enfer !

Aux profanes éclats de leur coupable joie,
Il était accouru comme un loup vers sa proie,
Sur les archers dans l'ombre erraient ses yeux ardents. 45
" Riez et blasphémez dans vos heures oisives.
Moi, je ferai passer vos bouches convulsives
    Du rire au grincement de dents !"

A l'aube du matin, un peu de cendre éteinte
D'un pied large et fourchu portait l'étrange empreinte. 50
Le val fut tout le jour désert, silencieux.
Mais au lieu du foyer, à minuit même, un pâtre
Vit soudain apparaître une flamme bleuâtre
    Qui ne montait pas vers les cieux.

Dès qu'au sol attachée elle rampa livide, 55
De longs rires, soudain éclatant dans le vide,
Glacèrent le berger d'un grand effroi saisi.
Il ne vit point Satan et ceux de l'autre monde,
Et ne put concevoir, dans sa terreur profonde,
    Ce qu'ils souffraient pour rire ainsi ! 60

Dès lors, toutes les nuits, aux monts, aux bois antiques,
L'ardent foyer jeta des clartés fantastiques ;
Des rires effrayaient les hiboux des manoirs ;
Et les chauves-souris, que tout sabbat réclame,
Volaient, et par moments épouvantaient la flamme 65
    De leur grande aile aux ongles noirs.

Rien, avant le rayon de l'aube matinale,
Enfants, rien n'éteignait cette flamme infernale.
Si l'orage, à grands flots tombant, grondait dans l'air,
Les rires éclataient aussi haut que la foudre, 70
La flamme en tournoyant s'élançait de la poudre,
    Comme pour s'unir à l'éclair !

Mais enfin, une nuit, vêtu du scapulaire,
Se leva du vieux saint le marbre séculaire ;
Il fit trois pas, armé de son rameau bénit ; 75
De l'effrayant prodige effrayant exorciste,
De ses lèvres de pierre il dit : "Que Dieu m'assiste !"
    En ouvrant ses bras de granit !

Alors tout s'éteignit, flammes, rires, phosphore,
Tout ! Et le lendemain, on trouva dès l'aurore 80
Les deux gens d'armes morts sur la statue assis ;
On les ensevelit ; et, suivant sa promesse,
Le seigneur du hameau, pour fonder une messe,
    Légua trois deniers parisis.

Si quelque enseignement se cache en cette histoire, 85
Qu'importe ! il ne faut pas la juger, mais la croire.
La croire ! Qu'ai-je dit ? Ces temps sont loin de nous !
Ce n'est plus qu'à demi qu'on se livre aux croyances.
Nul, dans notre âge aveugle et vain de ses sciences,
    Ne sait plier les deux genoux ! 90

           (*Odes et ballades.*)

LAZZARA

Comme elle court ! voyez ! par les poudreux sentiers,
Par les gazons tout pleins de touffes d'églantiers,
    Par les blés où le pavot brille,
Par les chemins perdus, par les chemins frayés,
Par les monts, par les bois, par les plaines, voyez 5
    Comme elle court, la jeune fille !

Elle est grande, elle est svelte, et quand, d'un pas joyeux,
Sa corbeille de fleurs sur la tête, à nos yeux
    Elle apparait vive et folâtre,
A voir sur son beau front s'arrondir ses bras blancs, 10
On croirait voir de loin, dans nos temples croulants,
    Une amphore aux anses d'albâtre.

Elle est jeune et rieuse, et chante sa chanson,
Et, pieds nus, près du lac, de buisson en buisson,
    Poursuit les vertes demoiselles. 15

Elle lève sa robe et passe les ruisseaux,
Elle va, court, s'arrête, et vole, et les oiseaux
    Pour ses pieds donneraient leurs ailes.

Quand, le soir, pour la danse on va se réunir,
A l'heure où l'on entend lentement revenir 20
    Les grelots du troupeau qui bêle,
Sans chercher quels atours à ses traits conviendront,
Elle arrive, et la fleur qu'elle attache à son front
    Nous semble toujours la plus belle.

Certes, le vieux Omer, pacha de Négrepont, 25
Pour elle eût tout donné, vaisseaux à triple pont,
    Foudroyantes artilleries,
Harnois de ses chevaux, toisons de ses brebis,
Et son rouge turban de soie, et ses habits
    Tout ruisselants de pierreries, 30

Et ses lourds pistolets, ses tromblons évasés,
Et leurs pommeaux d'argent par sa main rude usés,
    Et ses sonores espingoles,
Et son courbe damas, et, don plus riche encor,
La grande peau de tigre où pend son carquois d'or, 35
    Hérissé de flèches mogoles.

Il eût donné sa housse et son large étrier,
Donné tous ses trésors avec le trésorier,
    Donné ses trois cents concubines,
Donné ses chiens de chasse aux colliers de vermeil, 40
Donné ses Albanais, brûlés par le soleil,
    Avec leurs longues carabines.

Il eût donné les Francs, les Juifs, et leur rabbin,
Son kiosque rouge et vert, et ses salles de bain
    Aux grands pavés de mosaïque, 45

Sa haute citadelle aux créneaux anguleux,
Et sa maison d'été qui se mire aux flots bleus
    D'un golfe de Cyrénaïque.

Tout ! jusqu'au cheval blanc qu'il élève au sérail,
Dont la sueur à flots argente le poitrail,   50
    Jusqu'au frein que l'or damasquine,
Jusqu'à cette Espagnole, envoi du dey d'Alger,
Qui soulève, en dansant son fandango léger,
    Les plis brodés de sa basquine !

Ce n'est point un pacha, c'est un klephte à l'œil noir   55
Qui l'a prise, et qui n'a rien donné pour l'avoir,
    Car la pauvreté l'accompagne :
Un klephte a pour tous biens l'air du ciel, l'eau des puits,
Un bon fusil bronzé par la fumée, et puis
    La liberté sur la montagne.   60
                     (*Les Orientales.*)

LA CHARITÉ

Dans vos fêtes d'hiver, riches, heureux du monde,
Quand le bal tournoyant de ses feux vous inonde,
Quand partout à l'entour de vos pas vous voyez
Briller et rayonner cristaux, miroirs, balustres,
Candélabres ardents, cercle étoilé des lustres,   5
Et la danse et la joie au front des conviés ;

Tandis qu'un timbre d'or sonnant dans vos demeures
Vous change en joyeux chants la voix grave des heures,
Oh ! songez-vous parfois que, de faim dévoré,
Peut-être un indigent dans les carrefours sombres   10
S'arrête, et voit danser vos lumineuses ombres
    Aux vitres du salon doré ?

Songez-vous qu'il est là sous le givre et la neige,
Ce père sans travail que la famine assiège,
Et qu'il se dit tout bas : " Pour un seul que de biens !
A son large festin que d'amis se récrient !
Ce riche est bien heureux, ses enfants lui sourient !
Rien que dans leurs jouets que de pain pour les miens !"

Et puis à votre fête il compare en son âme
Son foyer où jamais ne rayonne une flamme,
Ses enfants affamés et leur mère en lambeau,
Et, sur un peu de paille, étendue et muette,
L'aïeule, que l'hiver, hélas ! a déjà faite
    Assez froide pour le tombeau !

Car Dieu mit ces degrés aux fortunes humaines.
Les uns vont tout courbés sous le fardeau des peines ;
Au banquet du bonheur bien peu sont conviés.
Tous n'y sont point assis également à l'aise.
Une loi, qui d'en bas semble injuste et mauvaise,
Dit aux uns : Jouissez ! aux autres : Enviez !

Cette pensée est sombre, amère, inexorable,
Et fermente en silence au cœur du misérable.
Riches, heureux du jour, qu'endort la volupté,
Que ce ne soit pas lui qui des mains vous arrache
Tous ces biens superflus où son regard s'attache ;
    Oh ! que ce soit la charité !

Donnez, riches ! L'aumône est sœur de la prière :
Hélas ! quand un vieillard sur votre seuil de pierre,
Tout roidi par l'hiver, en vain tombe à genoux ;
Quand les petits enfants, les mains de froid rougies,
Ramassent sous vos pieds les miettes des orgies,
La face du Seigneur se détourne de vous.

Donnez, afin que Dieu, qui dote les familles,
Donne à vos fils la force, et la grâce à vos filles ;
Afin que votre vigne ait toujours un doux fruit ; 45
Afin qu'un blé plus mûr fasse plier vos granges ;
Afin d'être meilleurs ; afin de voir les anges
  Passer dans vos rêves la nuit !

Donnez ! il vient un jour où la terre nous laisse ;
Vos aumônes là-haut vous font une richesse. 50
Donnez, afin qu'on dise : "Il a pitié de nous !"
Afin que l'indigent que glacent les tempêtes,
Que le pauvre qui souffre à côté de vos fêtes,
Au seuil de vos palais fixe un œil moins jaloux.

Donnez ! pour être aimés du Dieu qui se fit homme, 55
Pour que le méchant même en s'inclinant vous nomme,
Pour que votre foyer soit calme et fraternel,
Donnez ! afin qu'un jour, à votre heure dernière,
Contre tous vos péchés vous ayez la prière
  D'un mendiant puissant au ciel. 60
   (*Les feuilles d'automne.*)

L'EXPIATION

I

Il neigeait. On était vaincu par sa conquête.
Pour la première fois l'aigle baissait la tête.
Sombres jours ! L'empereur revenait lentement,
Laissant derrière lui brûler Moscou fumant.
Il neigeait. L'âpre hiver fondait en avalanche. 5
Après la plaine blanche, une autre plaine blanche.
On ne connaissait plus les chefs ni le drapeau.

Hier la grande armée, et maintenant troupeau.
On ne distinguait plus les ailes ni le centre :
Il neigeait. Les blessés s'abritaient dans le ventre 10
Des chevaux morts ; au seuil des bivouacs désolés
On voyait des clairons à leur poste gelés
Restés debout, en selle et muets, blancs de givre,
Collant leur bouche en pierre aux trompettes de cuivre.
Boulets, mitraille, obus, mêlés aux flocons blancs, 15
Pleuvaient ; les Grenadiers, surpris d'être tremblants,
Marchaient pensifs, la glace à leur moustache grise.
Il neigeait, il neigeait toujours ! La froide bise
Sifflait ; sur le verglas, dans des lieux inconnus,
On n'avait pas de pain et l'on allait pieds nus. 20
Ce n'étaient plus des cœurs vivants, des gens de guerre ;
C'était un rêve errant dans la brume, un mystère,
Une procession d'ombres sur le ciel noir.
La solitude vaste, épouvantable à voir,
Partout apparaissait, muette vengeresse. 25
Le ciel faisait sans bruit avec la neige épaisse
Pour cette immense armée un immense linceul ;
Et, chacun se sentant mourir, on était seul.
—Sortira-t-on jamais de ce funeste empire ?
Deux ennemis ! le Czar, le Nord. Le Nord est pire. 30
On jetait les canons pour brûler les affûts.
Qui se couchait, mourait. Groupe morne et confus.
Ils fuyaient ; le désert dévorait le cortège.
On pouvait, à des plis qui soulevaient la neige,
Voir que des régiments s'étaient endormis là. 35
Ô chutes d'Annibal ! Lendemains d'Attila !
Fuyards, blessés, mourants, caissons, brancards, civières,
On s'écrasait aux ponts pour passer les rivières :
On s'endormait dix mille, on se réveillait cent.
Ney, que suivait naguère une armée, à présent 40
S'évadait, disputant sa montre à trois cosaques.
Toutes les nuits, qui vive ! alerte ! assauts ! attaques !
Ces fantômes prenaient leurs fusils, et sur eux

Ils voyaient se ruer, effrayants, ténébreux,
Avec des cris pareils aux voix des vautours chauves, 45
D'horribles escadrons, tourbillons d'hommes fauves.
Toute une armée ainsi dans la nuit se perdait.
L'empereur était là, debout, qui regardait.
Il était comme un arbre en proie à la cognée :
Sur ce géant, grandeur jusqu'alors épargnée, 50
Le malheur, bûcheron sinistre, était monté ;
Et lui, chêne vivant par la hache insulté,
Tressaillant sous le spectre aux lugubres revanches,
Il regardait tomber autour de lui ses branches.
Chefs, soldats, tous mouraient. Chacun avait son tour. 55
Tandis qu'environnant sa tente avec amour,
Voyant son ombre aller et venir sur la toile,
Ceux qui restaient, croyant toujours à son étoile,
Accusaient le destin de lèse-majesté,
Lui se sentit soudain dans l'âme épouvanté. 60
Stupéfait du désastre et ne sachant que croire,
L'empereur se tourna vers Dieu ; l'homme de gloire
Trembla ; Napoléon comprit qu'il expiait
Quelque chose peut-être, et, livide, inquiet,
Devant ses légions sur la neige semées : 65
" Est-ce le châtiment, dit-il, Dieu des armées ? "
Alors il s'entendit appeler par son nom,
Et quelqu'un qui parlait dans l'ombre lui dit : " Non."

II

Waterloo ! Waterloo ! Waterloo ! morne plaine !
Comme une onde qui bout dans une urne trop pleine, 70
Dans ton cirque de bois, de coteaux, de vallons,
La pâle mort mêlait les sombres bataillons.
D'un côté c'est l'Europe, et de l'autre la France.
Choc sanglant ! Des héros Dieu trompait l'espérance,
Tu désertais, victoire ! et le sort était las. 75

Ô Waterloo ! je pleure et je m'arrête, hélas !
Car ces derniers soldats de la dernière guerre
Furent grands ; ils avaient vaincu toute la terre,
Chassé vingt rois, passé les Alpes et le Rhin,
Et leur âme chantait dans les clairons d'airain ! 80
Le soir tombait ; la lutte était ardente et noire.
Il avait l'offensive et presque la victoire ;
Il tenait Wellington acculé sur un bois.
Sa lunette à la main, il observait parfois
Le centre du combat, point obscur où tressaille 85
La mêlée, effroyable et vivante broussaille,
Et parfois l'horizon, sombre comme la mer.
Soudain, joyeux, il dit : "Grouchy !"—C'était Blucher !
L'espoir changea de camp, le combat changea d'âme.
La mêlée en hurlant grandit comme une flamme. 90
La batterie anglaise écrasa nos carrés.
La plaine où frissonnaient les drapeaux déchirés
Ne fut plus, dans les cris des mourants qu'on égorge,
Qu'un gouffre flamboyant, rouge comme une forge ;
Gouffre où les régiments, comme des pans de murs, 95
Tombaient, où se couchaient comme des épis mûrs
Les hauts tambours-majors aux panaches énormes,
Où l'on entrevoyait des blessures difformes !
Carnage affreux ! moment fatal ! l'Homme inquiet
Sentit que la bataille entre ses mains pliait. 100
Derrière un mamelon la garde était massée,
La garde, espoir suprême et suprême pensée !
—"Allons ! faites donner la garde !" cria-t-il ;
Et Lanciers, Grenadiers aux guêtres de coutil,
Dragons que Rome eût pris pour des légionnaires, 105
Cuirassiers, Canonniers qui traînaient des tonnerres,
Portant le noir colback ou le casque poli,
Tous, ceux de Friedland et ceux de Rivoli,
Comprenant qu'ils allaient mourir dans cette fête,
Saluèrent leur dieu, debout dans la tempête. 110
Leur bouche, d'un seul cri, dit : "Vive l'empereur !"

Puis, à pas lents, musique en tête, sans fureur,
Tranquille, souriant à la mitraille anglaise,
La Garde impériale entra dans la fournaise.
Hélas! Napoléon, sur sa garde penché, 115
Regardait, et sitôt qu'ils avaient débouché,
Sous les sombres canons crachant des jets de soufre,
Voyait, l'un après l'autre, en cet horrible gouffre,
Fondre ces régiments de granit et d'acier,
Comme fond une cire au souffle d'un brasier. 120
Ils allaient, l'arme au bras, front haut, graves, stoïques.
Pas un ne recula. Dormez, morts héroïques!
Le reste de l'armée hésitait sur leurs corps,
Et regardait mourir la Garde.—C'est alors
Qu'élevant tout à coup sa voix désespérée, 125
La Déroute, géante à la face effarée,
Qui, pâle, épouvantant les plus fiers bataillons,
Changeant subitement les drapeaux en haillons,
A de certains moments, spectre fait de fumées,
Se lève grandissante au milieu des armées, 130
La Déroute apparut au soldat qui s'émeut,
Et se tordant les bras, cria: "Sauve qui peut!"
Sauve qui peut! affront! horreur! Toutes les bouches
Criaient; à travers champs, fous, éperdus, farouches,
Comme si quelque souffle avait passé sur eux, 135
Parmi les lourds caissons et les fourgons poudreux,
Roulant dans les fossés, se cachant dans les seigles,
Jetant shakos, manteaux, fusils, jetant les aigles,
Sous les sabres prussiens, ces vétérans, ô deuil!
Tremblaient, hurlaient, pleuraient, couraient!—En un
    clin d'œil 140
Comme s'envole au vent une paille enflammée,
S'évanouit ce bruit qui fut la grande armée,
Et cette plaine, hélas! où l'on rêve aujourd'hui,
Vit fuir ceux devant qui l'univers avait fui!
Quarante ans sont passés, et ce coin de la terre, 145
Waterloo! ce plateau funèbre et solitaire,

Ce champ sinistre où Dieu mêla tant de néants,
Tremble encor d'avoir vu la fuite des géants !
Napoléon les vit s'écouler comme un fleuve ;
Hommes, chevaux, tambours, drapeaux ; — et dans l'épreuve   150
Sentant confusément revenir son remords,
Levant les mains au ciel, il dit : "Mes soldats morts,
Moi vaincu ! mon empire est brisé comme verre.
Est-ce le châtiment cette fois, Dieu sévère ?"
Alors parmi les cris, les rumeurs, le canon,   155
Il entendit la voix qui lui répondait : "Non."
(*Les châtiments.*)

LA CONSCIENCE

LORSQUE avec ses enfants vêtus de peaux de bêtes,
Échevelé, livide au milieu des tempêtes,
Caïn se fut enfui de devant Jéhovah,
Comme le soir tombait, l'homme sombre arriva
Au bas d'une montagne en une grande plaine ;   5
Sa femme fatiguée et ses fils hors d'haleine
Lui dirent : "Couchons-nous sur la terre et dormons."
Caïn, ne dormant pas, songeait, au pied des monts.
Ayant levé la tête, au fond des cieux funèbres,
Il vit un œil tout grand ouvert dans les ténèbres   10
Et qui le regardait dans l'ombre fixement.
—"Je suis trop près," dit-il avec un tremblement.
Il réveilla ses fils dormant, sa femme lasse,
Et se remit à fuir sinistre dans l'espace.
Il marcha trente jours, il marcha trente nuits.   15
Il allait, muet, pâle et frémissant aux bruits,
Furtif, sans regarder derrière lui, sans trêve,
Sans repos, sans sommeil ; il atteignit la grève
Des mers dans le pays qui fut depuis Assur.

—“Arrêtons-nous, dit-il, car cet asile est sûr.
Restons-y. Nous avons du monde atteint les bornes !”
Et, comme il s'asseyait, il vit dans les cieux mornes
L'œil à la même place au fond de l'horizon.
Alors il tressaillit en proie au noir frisson.
—“Cachez-moi !” cria-t-il ; et, le doigt sur la bouche,
Tous ses fils regardaient trembler l'aïeul farouche.
Caïn dit à Jabel, père de ceux qui vont
Sous des tentes de poil dans le désert profond :
“Étends de ce côté la toile de la tente.”
Et l'on développa la muraille flottante ;
Et quand on l'eut fixée avec des poids de plomb :
—“Vous ne voyez plus rien ?” dit Tsilla, l'enfant blond,
La fille de ses fils, douce comme l'aurore ;
Et Caïn répondit : “Je vois cet œil encore !”
Jubal, père de ceux qui passent dans les bourgs
Soufflant dans des clairons et frappant des tambours,
Cria : “Je saurai bien construire une barrière.”
Il fit un mur de bronze et mit Caïn derrière.
Et Caïn dit : “Cet œil me regarde toujours !”
Hénoch dit : “Il faut faire une enceinte de tours
Si terrible que rien ne puisse approcher d'elle.
Bâtissons une ville avec sa citadelle,
Bâtissons une ville, et nous la fermerons.”
Alors Tubalcaïn, père des forgerons,
Construisit une ville énorme et surhumaine.
Pendant qu'il travaillait, ses frères, dans la plaine,
Chassaient les fils d'Énos et les enfants de Seth ;
Et l'on crevait les yeux à quiconque passait ;
Et le soir on lançait des flèches aux étoiles.
Le granit remplaça la tente aux murs de toiles,
On lia chaque bloc avec des nœuds de fer,
Et la ville semblait une ville d'enfer ;
L'ombre des tours faisait la nuit dans les campagnes.
Ils donnèrent aux murs l'épaisseur des montagnes ;
Quand ils eurent fini de clore et de murer,

Sur la porte on grava : " Défense à Dieu d'entrer."
On mit l'aïeul au centre en une tour de pierre ;
Et lui restait lugubre et hagard.—" Ô mon père !
L'œil a-t-il disparu ? " dit en tremblant Tsilla.
Et Caïn répondit : " Non, il est toujours là." 60
Alors il dit : " Je veux habiter sous la terre,
Comme dans son sépulcre un homme solitaire ;
Rien ne me verra plus, je ne verrai plus rien."
On fit donc une fosse et Caïn dit : " C'est bien ! "
Puis il descendit seul sous cette voûte sombre ; 65
Quand il se fut assis sur sa chaise dans l'ombre
Et qu'on eut sur son front fermé le souterrain,
L'œil était dans la tombe et regardait Caïn.

      (*La légende des siècles.*)

BOOZ ENDORMI

Booz s'était couché, de fatigue accablé ;
Il avait tout le jour travaillé dans son aire,
Puis avait fait son lit à sa place ordinaire ;
Booz dormait auprès des boisseaux pleins de blé.

Ce vieillard possédait des champs de blés et d'orge ; 5
Il était, quoique riche, à la justice enclin ;
Il n'avait pas de fange en l'eau de son moulin ;
Il n'avait pas d'enfer dans le feu de sa forge.

Sa barbe était d'argent comme un ruisseau d'avril.
Sa gerbe n'était point avare ni haineuse ; 10
Quand il voyait passer quelque pauvre glaneuse :
" Laissez tomber exprès des épis," disait-il.

Cet homme marchait pur loin des sentiers obliques,
Vêtu de probité candide et de lin blanc ;
Et, toujours du côté des pauvres ruisselant, 15
Ses sacs de grains semblaient des fontaines publiques.

Booz était bon maître et fidèle parent ;
Il était généreux, quoiqu'il fût économe ;
Les femmes regardaient Booz plus qu'un jeune homme,
Car le jeune homme est beau, mais le vieillard est grand.

Le vieillard, qui revient vers la source première, 21
Entre aux jours éternels et sort des jours changeants ;
Et l'on voit de la flamme aux yeux des jeunes gens,
Mais dans l'œil du vieillard on voit de la lumière.

Donc, Booz dans la nuit dormait parmi les siens ; 25
Près des meules, qu'on eût prises pour des décombres,
Les moissonneurs couchés faisaient des groupes sombres.
Et ceci se passait dans des temps très anciens.

Les tribus d'Israël avaient pour chef un juge ;
La terre, où l'homme errait sous la tente, inquiet 30
Des empreintes de pieds de géants qu'il voyait,
Était encor mouillée et molle du déluge.

Comme dormait Jacob, comme dormait Judith,
Booz, les yeux fermés, gisait sous la feuillée ;
Or, la porte du ciel s'étant entre-bâillée 35
Au-dessus de sa tête, un songe en descendit.

Et ce songe était tel, que Booz vit un chêne
Qui, sorti de son ventre, allait jusqu'au ciel bleu ;
Une race y montait comme une longue chaîne ;
Un roi chantait en bas, en haut mourait un Dieu. 40

Et Booz murmurait avec la voix de l'âme :
"Comment se pourrait-il que de moi ceci vînt ?
Le chiffre de mes ans a passé quatre-vingt,
Et je n'ai pas de fils, et je n'ai plus de femme.

" Voilà longtemps que celle avec qui j'ai dormi, 45
Ô Seigneur ! a quitté ma couche pour la vôtre ;
Et nous sommes encor tout mêlés l'un à l'autre,
Elle à demi vivante, et moi mort à demi.

"Une race naîtrait de moi ! Comment le croire ?
Comment se pourrait-il que j'eusse des enfants ? 50
Quand on est jeune, on a des matins triomphants,
Le jour sort de la nuit comme d'une victoire ;

" Mais, vieux, on tremble ainsi qu'en hiver le bouleau ;
Je suis veuf, je suis seul, et sur moi le soir tombe,
Et je courbe, ô mon Dieu ! mon âme vers la tombe, 55
Comme un bœuf ayant soif penche son front vers l'eau."

Ainsi parlait Booz dans le rêve et l'extase,
Tournant vers Dieu ses yeux par le sommeil noyés ;
Le cèdre ne sent pas une rose à sa base,
Et lui ne sentait pas une femme à ses pieds. 60

Pendant qu'il sommeillait, Ruth, une Moabite,
S'était couchée aux pieds de Booz, le sein nu,
Espérant on ne sait quel rayon inconnu,
Quand viendrait du réveil la lumière subite.

Booz ne savait point qu'une femme était là, 65
Et Ruth ne savait point ce que Dieu voulait d'elle.
Un frais parfum sortait des touffes d'asphodèle ;
Les souffles de la nuit flottaient sur Galgala.

L'ombre était nuptiale, auguste et solennelle ;
Les anges y volaient sans doute obscurément, 70
Car on voyait passer dans la nuit, par moment,
Quelque chose de bleu qui paraissait une aile.

La respiration de Booz qui dormait
Se mêlait au bruit sourd des ruisseaux sur la mousse.
On était dans le mois où la nature est douce, 75
Les collines ayant des lis sur leur sommet.

Ruth songeait, et Booz dormait ; l'herbe était noire ;
Les grelots des troupeaux palpitaient vaguement ;
Une immense bonté tombait du firmament ;
C'était l'heure tranquille où les lions vont boire. 80

Tout reposait dans Ur et dans Jérimadeth ;
Les astres émaillaient le ciel profond et sombre ;
Le croissant fin et clair parmi ces fleurs de l'ombre
Brillait à l'occident, et Ruth se demandait,

Immobile, ouvrant l'œil à moitié sous ses voiles, 85
Quel dieu, quel moissonneur de l'éternel été
Avait, en s'en allant, négligemment jeté
Cette faucille d'or dans le champ des étoiles.
(*La légende des siècles.*)

LES PAUVRES GENS

I

Il est nuit.   La cabane est pauvre, mais bien close.
Le logis est plein d'ombre, et l'on sent quelque chose
Qui rayonne à travers ce crépuscule obscur.
Des filets de pêcheur sont accrochés au mur.

Au fond, dans l'encoignure où quelque humble vaisselle
Aux planches d'un bahut vaguement étincelle,
On distingue un grand lit aux longs rideaux tombants.
Tout près, un matelas s'étend sur de vieux bancs,
Et cinq petits enfants, nid d'âmes, y sommeillent.
La haute cheminée où quelques flammes veillent
Rougit le plafond sombre, et, le front sur le lit,
Une femme à genoux prie, et songe, et pâlit.
C'est la mère. Elle est seule. Et dehors, blanc d'écume,
Au ciel, aux vents, aux rocs, à la nuit, à la brume,
Le sinistre Océan jette son noir sanglot.

II

L'homme est en mer. Depuis l'enfance matelot,
Il livre au hasard sombre une rude bataille.
Pluie ou bourrasque, il faut qu'il sorte, il faut qu'il aille.
Car les petits enfants ont faim. Il part le soir
Quand l'eau profonde monte aux marches du musoir.
Il gouverne à lui seul sa barque à quatre voiles.
La femme est au logis, cousant les vieilles toiles,
Remaillant les filets, préparant l'hameçon,
Surveillant l'âtre où bout la soupe de poisson ;
Puis priant Dieu sitôt que les cinq enfants dorment.
Lui, seul, battu des flots qui toujours se reforment,
Il s'en va dans l'abîme et s'en va dans la nuit.
Dur labeur ! tout est noir, tout est froid : rien ne luit.
Dans les brisants, parmi les lames en démence,
L'endroit bon à la pêche, et, sur la mer immense,
Le lieu mobile, obscur, capricieux, changeant,
Où se plait le poisson aux nageoires d'argent,
Ce n'est qu'un point ; c'est deux fois grand comme la
   chambre.
Or, la nuit, dans l'ondée et la brume, en décembre,
Pour rencontrer ce point sur le désert mouvant,

Comme il faut calculer la marée et le vent !
Comme il faut combiner sûrement les manœuvres !
Les flots le long du bord glissent, vertes couleuvres ;
Le Gouffre roule et tord ses plis démesurés,
Et fait râler d'horreur les agrès effarés. 40
Lui, songe à sa Jeannie, au sein des mers glacées,
Et Jeannie en pleurant l'appelle ; et leurs pensées
Se croisent dans la nuit, divins oiseaux du cœur.

III

Elle prie, et la mauve au cri rauque et moqueur
L'importune, et, parmi les écueils en décombres, 45
L'Océan l'épouvante, et toutes sortes d'ombres
Passent dans son esprit : la mer, les matelots
Emportés à travers la colère des flots.
Et dans sa gaine, ainsi que le sang dans l'artère,
La froide horloge bat, jetant, dans le mystère, 50
Goutte à goutte, le temps, saisons, printemps, hivers ;
Et chaque battement, dans l'énorme univers,
Ouvre aux âmes, essaims d'autours et de colombes,
D'un côté les berceaux et de l'autre les tombes.

Elle songe, elle rêve,—et tant de pauvreté ! 55
Ses petits vont pieds nus l'hiver comme l'été.
Pas de pain de froment.   On mange du pain d'orge.
Ô Dieu ! le vent rugit comme un soufflet de forge.
La côte fait le bruit d'une enclume, on croit voir
Les constellations fuir dans l'ouragan noir, 60
Comme les tourbillons d'étincelles de l'âtre.
C'est l'heure où, gai danseur, minuit rit et folâtre
Sous le loup de satin qu'illuminent ses yeux,
Et c'est l'heure où minuit, brigand mystérieux,
Voilé d'ombre et de pluie et le front dans la bise, 65
Prend un pauvre marin frissonnant et le brise
Aux rochers monstrueux apparus brusquement.

Horreur ! l'homme dont l'onde éteint le hurlement,
Sent fondre et s'enfoncer le bâtiment qui plonge ;
Il sent s'ouvrir sous lui l'ombre et l'abîme, et songe 70
Au vieil anneau de fer du quai plein de soleil !

Ces mornes visions troublent son cœur, pareil
A la nuit.   Elle tremble et pleure.

IV

Ô pauvres femmes
De pêcheurs ! c'est affreux de se dire : "Mes âmes,
Père, amant, frères, fils, tout ce que j'ai de cher, 75
C'est là, dans ce chaos ! . . . mon cœur, mon sang, ma chair."
Ciel ! être en proie aux flots, c'est être en proie aux bêtes.
Oh ! songer que l'eau joue avec toutes ces têtes,
Depuis le mousse enfant jusqu'au mari patron,
Et que le vent hagard, soufflant dans son clairon, 80
Dénoue au-dessus d'eux sa longue et folle tresse,
Et que peut-être ils sont à cette heure en détresse,
Et qu'on ne sait jamais au juste ce qu'ils font,
Et que, pour tenir tête à cette mer sans fond,
A tous ces gouffres d'ombre où ne luit nulle étoile, 85
Ils n'ont qu'un bout de planche avec un bout de toile !
Souci lugubre ! on court à travers les galets,
Le flot monte, on lui parle, on crie : "Oh ! rends-nous-
  les !"
Mais, hélas ! que veut-on que dise à la pensée
Toujours sombre, la mer toujours bouleversée ! 90

Jeannie est bien plus triste encor.   Son homme est seul !
Seul dans cette âpre nuit ! seul sous ce noir linceul !
Pas d'aide.   Ses enfants sont trop petits ! . . . Ô mère !
Tu dis : "S'ils étaient grands !   Leur père est seul !"
     Chimère !

Plus tard, quand ils seront près du père et partis, 95
Tu diras en pleurant : "Oh ! s'ils étaient petits !"

V

Elle prend sa lanterne et sa cape.—" C'est l'heure
D'aller voir s'il revient, si la mer est meilleure,
S'il fait jour, si la flamme est au mât du signal.
Allons ! " Et la voilà qui part. L'air matinal 100
Ne souffle pas encore. Rien. Pas de ligne blanche
Dans l'espace où le flot des ténèbres s'épanche.
Il pleut. Rien n'est plus noir que la pluie au matin ;
On dirait que le jour tremble et doute, incertain,
Et qu'ainsi que l'enfant, l'aube pleure de naitre. 105
Elle va. L'on ne voit luire aucune fenêtre.
Tout à coup à ses yeux qui cherchent le chemin
Avec je ne sais quoi de lugubre et d'humain
Une sombre masure apparaît décrépite,
Ni lumière, ni feu ; la porte au vent palpite ; 110
Sur les murs vermoulus branle un toit hasardeux ;
La bise sur ce toit tord des chaumes hideux,
Jaunes, sales, pareils aux grosses eaux d'un fleuve.

"Tiens ! je ne pensais plus à cette pauvre veuve,
Dit-elle ; mon mari, l'autre jour, la trouva 115
Malade et seule ; il faut voir comment elle va."

Elle frappe à la porte, elle écoute ; personne
Ne répond. Et Jeannie au vent de mer frissonne.
"Malade ! et ses enfants ! Comme c'est mal nourri !
Elle n'en a que deux, mais elle est sans mari." 120
Puis, elle frappe encore. "Hé ! voisine !" elle appelle.
Et la maison se tait toujours. "Ah ! Dieu ! dit-elle,
Comme elle dort, qu'il faut l'appeler si longtemps !"
La porte, cette fois, comme si, par instants,

Les objets étaient pris d'une pitié suprême, 125
Morne, tourna dans l'ombre et s'ouvrit d'elle-même.

VI

Elle entra. Sa lanterne éclaira le dedans
Du noir logis muet au bord des flots grondants.
L'eau tombait du plafond comme des trous d'un crible.

Au fond était couchée une forme terrible ; 130
Une femme immobile et renversée, ayant
Les pieds nus, le regard obscur, l'air effrayant ;
Un cadavre,—autrefois, mère joyeuse et forte ;—
Le spectre échevelé de la misère morte ;
Ce qui reste du pauvre après un long combat. 135
Elle laissait, parmi la paille du grabat,
Son bras livide et froid et sa main déjà verte
Pendre, et l'horreur sortait de cette bouche ouverte,
D'où l'âme en s'enfuyant, sinistre, avait jeté
Ce grand cri de la mort qu'entend l'éternité ! 140

Près du lit où gisait la mère de famille,
Deux tout petits enfants, le garçon et la fille,
Dans le même berceau souriaient endormis.

La mère, se sentant mourir, leur avait mis
Sa mante sur les pieds et sur le corps sa robe, 145
Afin que, dans cette ombre où la mort nous dérobe,
Ils ne sentissent plus la tiédeur qui décroît,
Et pour qu'ils eussent chaud pendant qu'elle aurait froid.

VII

Comme ils dorment tous deux dans le berceau qui
    tremble ! 149
Leur haleine est paisible et leur front calme. Il semble

Que rien n'éveillerait ces orphelins dormant,
Pas même le clairon du dernier jugement ;
Car, étant innocents, ils n'ont pas peur du juge.

Et la pluie au dehors gronde comme un déluge.
Du vieux toit crevassé, d'où la rafale sort, 155
Une goutte parfois tombe sur ce front mort,
Glisse sur cette joue et devient une larme.
La vague sonne ainsi qu'une cloche d'alarme.
La morte écoute l'ombre avec stupidité.
Car le corps, quand l'esprit radieux l'a quitté, 160
A l'air de chercher l'âme et de rappeler l'ange ;
Il semble qu'on entend ce dialogue étrange
Entre la bouche pâle et l'œil triste et hagard :
"Qu'as-tu fait de ton souffle?—Et toi, de ton regard?"

Hélas ! aimez, vivez, cueillez les primevères, 165
Dansez, riez, brûlez vos cœurs, videz vos verres.
Comme au sombre Océan arrive tout ruisseau,
Le sort donne pour but au festin, au berceau,
Aux mères adorant l'enfance épanouie,
Aux baisers de la chair dont l'âme est éblouie, 170
Aux chansons, au sourire, à l'amour frais et beau,
Le refroidissement lugubre du tombeau !

VIII

Qu'est-ce donc que Jeannie a fait chez cette morte ?
Sous sa cape aux longs plis qu'est-ce donc qu'elle emporte?
Qu'est-ce donc que Jeannie emporte en s'en allant ? 175
Pourquoi son cœur bat-il ? Pourquoi son pas tremblant
Se hâte-t-il ainsi ? D'où vient qu'en la ruelle
Elle court, sans oser regarder derrière elle ?
Qu'est-ce donc qu'elle cache avec un air troublé
Dans l'ombre, sur son lit ? Qu'a-t-elle donc volé ? 180

F

IX

Quand elle fut rentrée au logis, la falaise
Blanchissait ; près du lit elle prit une chaise
Et s'assit toute pâle ! on eût dit qu'elle avait
Un remords, et son front tomba sur le chevet,
Et, par instants, à mots entrecoupés, sa bouche   185
Parlait, pendant qu'au loin grondait la mer farouche.

"Mon pauvre homme ! ah ! mon Dieu ! que va-t-il dire ? il a
Déjà tant de souci ! Qu'est-ce que j'ai fait là ?
Cinq enfants sur les bras ! ce père qui travaille !
Il n'avait pas assez de peine ; il faut que j'aille   190
Lui donner celle-là de plus.—C'est lui ?—Non. Rien.
—J'ai mal fait.—S'il me bat, je dirai : Tu fais bien.
—Est-ce lui ?—Non. Tant mieux.—La porte bouge comme
Si l'on entrait.—Mais non. Voilà-t-il pas, pauvre homme,
Que j'ai peur de le voir rentrer, moi, maintenant !"   195
Puis elle demeura pensive et frissonnant,
S'enfonçant par degrés dans son angoisse intime,
Perdue en son souci comme dans un abîme,
N'entendant même plus les bruits extérieurs,
Les cormorans qui vont comme de noirs crieurs,   200
Et l'onde et la marée et le vent en colère.

La porte tout à coup s'ouvrit, bruyante et claire,
Et fit dans la cabane entrer un rayon blanc,
Et le pêcheur, traînant son filet ruisselant,
Joyeux, parut au seuil, et dit : "C'est la marine !"   205

"C'est toi !" cria Jeannie, et, contre sa poitrine,
Elle prit son mari comme on prend un amant,
Et lui baisa sa veste avec emportement,

Tandis que le marin disait : "Me voici, femme!"   209
Et montrait sur son front, qu'éclairait l'âtre en flamme,
Son cœur bon et content que Jeannie éclairait.
"Je suis volé, dit-il ; la mer, c'est la forêt.
—Quel temps a-t-il fait?—Dur.—Et la pêche?—Mauvaise.
Mais, vois-tu, je t'embrasse, et me voilà bien aise.
Je n'ai rien pris du tout. J'ai troué mon filet.   215
Le diable était caché dans le vent qui soufflait.
Quelle nuit !   Un moment, dans tout ce tintamarre,
J'ai cru que le bateau se couchait, et l'amarre
A cassé. Qu'as-tu fait, toi, pendant ce temps-là?"
Jeannie eut un frisson dans l'ombre et se troubla.   220
"Moi? dit-elle.   Ah ! mon Dieu ! rien, comme à l'ordinaire,
J'ai cousu. J'écoutais la mer comme un tonnerre,
J'avais peur.—Oui, l'hiver est dur, mais c'est égal."
Alors, tremblante ainsi que ceux qui font le mal,
Elle dit : "A propos, notre voisine est morte.   225
C'est hier qu'elle a dû mourir, enfin, n'importe,
Dans la soirée, après que vous fûtes partis.
Elle laisse ses deux enfants, qui sont petits.
L'un s'appelle Guillaume et l'autre Madeleine ;
L'un qui ne marche pas, l'autre qui parle à peine.   230
La pauvre bonne femme était dans le besoin."

L'homme prit un air grave, et, jetant dans un coin
Son bonnet de forçat mouillé par la tempête :
"Diable ! diable ! dit-il, en se grattant la tête,
Nous avions cinq enfants, cela va faire sept.   235
Déjà, dans la saison mauvaise, on se passait
De souper quelquefois. Comment allons-nous faire ?
Bah ! tant pis, ce n'est pas ma faute. C'est l'affaire
Du bon Dieu. Ce sont là des accidents profonds.
Pourquoi donc a-t-il pris leur mère à ces chiffons ?   240
C'est gros comme le poing. Ces choses-là sont rudes.
Il faut pour les comprendre avoir fait ses études.

Si petits ! on ne peut leur dire : Travaillez.
Femme, va les chercher.   S'ils se sont réveillés,
Ils doivent avoir peur tout seuls avec la morte.   245
C'est la mère, vois-tu, qui frappe à notre porte ;
Ouvrons aux deux enfants.   Nous les mêlerons tous.
Cela nous grimpera le soir sur les genoux.
Ils vivront, ils seront frère et sœur des cinq autres.
Quand il verra qu'il faut nourrir avec les nôtres   250
Cette petite fille et ce petit garçon,
Le bon Dieu nous fera prendre plus de poisson.
Moi, je boirai de l'eau, je ferai double tâche.
C'est dit.   Va les chercher.   Mais qu'as-tu ?   Ça te fâche !
D'ordinaire, tu cours plus vite que cela.   255

—Tiens, dit-elle en ouvrant les rideaux, les voilà !"

(*La légende des siècles.*)

By kind permission of Mademoiselle Adèle Hugo and M. L. Trébuchet.

VI

AUGUSTE BARBIER

1805-1882

L'IDOLE

Ô Corse à cheveux plats ! que ta France était belle
   Au grand soleil de messidor !
C'était une cavale indomptable et rebelle,
   Sans frein d'acier ni rênes d'or ;
Une jument sauvage à la croupe rustique,   5
   Fumante encor du sang des rois,
Mais fière, et d'un pied fort heurtant le sol antique,
   Libre pour la première fois.
Jamais aucune main n'avait passé sur elle
   Pour la flétrir et l'outrager ;   10
Jamais ses larges flancs n'avaient porté la selle
   Et le harnais de l'étranger ;
Tout son poil était vierge, et, belle vagabonde,
   L'œil haut, la croupe en mouvement,
Sur ses jarrets dressée, elle effrayait le monde   15
   Du bruit de son hennissement.
Tu parus, et sitôt que tu vis son allure,
   Ses reins si souples et dispos,

Centaure impétueux, tu pris sa chevelure,
    Tu montas botté sur son dos. 20
Alors, comme elle aimait les rumeurs de la guerre,
    La poudre, les tambours battants,
Pour champ de course, alors, tu lui donnas la terre
    Et des combats pour passe-temps :
Alors, plus de repos, plus de nuits, plus de sommes ; 25
    Toujours l'air, toujours le travail,
Toujours comme du sable écraser des corps d'hommes,
    Toujours du sang jusqu'au poitrail.
Quinze ans son dur sabot, dans sa course rapide,
    Broya les générations ; 30
Quinze ans elle passa, fumante, à toute bride,
    Sur le ventre des nations ;
Enfin, lasse d'aller sans finir sa carrière,
    D'aller sans user son chemin,
De pétrir l'univers, et comme une poussière 35
    De soulever le genre humain ;
Les jarrets épuisés, haletante et sans force,
    Et fléchissant à chaque pas,
Elle demanda grâce à son cavalier corse ;
    Mais, bourreau, tu n'écoutas pas ! 40
Tu la pressas plus fort de ta cuisse nerveuse ;
    Pour étouffer ses cris ardents,
Tu retournas le mors dans sa bouche baveuse,
    De fureur tu brisas ses dents.
Elle se releva ; mais un jour de bataille, 45
    Ne pouvant plus mordre ses freins,
Mourante, elle tomba sur un lit de mitraille
    Et du coup te cassa les reins.

LA CURÉE

Oh ! lorsqu'un lourd soleil chauffait les grandes dalles
    Des ponts et de nos quais déserts,
Que les cloches hurlaient, que la grêle des balles
    Sifflait et pleuvait par les airs ;
Que dans Paris entier, comme la mer qui monte,
    Le peuple soulevé grondait,
Et qu'au lugubre accent des vieux canons de fonte
    La Marseillaise répondait,
Certe, on ne voyait pas, comme au jour où nous sommes,
    Tant d'uniformes à la fois ;
C'était sous des haillons que battaient les cœurs d'hommes,
    C'étaient alors de sales doigts
Qui chargeaient les mousquets et renvoyaient la foudre ;
    C'était la bouche aux vils jurons
Qui mâchait la cartouche, et qui, noire de poudre,
    Criait aux citoyens : Mourons !

*

Quant à tous ces beaux fils aux tricolores flammes,
    Au beau linge, au frac élégant,
Ces hommes en corset, ces visages de femmes,
    Héros du boulevard de Gand,
Que faisaient-ils, tandis qu'à travers la mitraille,
    Et sous le sabre détesté,
La grande populace et la sainte canaille
    Se ruaient à l'immortalité ?
Tandis que tout Paris se jonchait de merveilles
    Ces messieurs tremblaient dans leur peau,
Pâles, suant la peur, et la main aux oreilles,
    Accroupis derrière un rideau.

*

Mais, ô honte ! Paris, si beau dans sa colère,
    Paris, si plein de majesté
Dans ce jour de tempête où le vent populaire
    Déracina la royauté ;
Paris, si magnifique avec ses funérailles,
    Ses débris d'hommes, ses tombeaux,
Ses chemins dépavés et ses pans de murailles
    Troués comme de vieux drapeaux ;
Paris, cette cité de lauriers toute ceinte,
    Dont le monde entier est jaloux,
Que les peuples émus appellent tous la sainte,
    Et qu'ils ne nomment qu'à genoux,
Paris n'est maintenant qu'une sentine impure,
    Un égout sordide et boueux,
Où mille noirs courants de limon et d'ordure
    Viennent traîner leurs flots honteux ;
Un taudis regorgeant de faquins sans courage,
    D'effrontés coureurs de salons,
Qui vont de porte en porte, et d'étage en étage,
    Gueusant quelque bout de galons :
Une halle cynique aux clameurs insolentes,
    Où chacun cherche à déchirer
Un miserable coin des guenilles sanglantes
    Du pouvoir qui vient d'expirer.

*

Ainsi, quand désertant sa bauge solitaire,
    Le sanglier, frappé de mort,
Est là, tout palpitant, étendu sur la terre,
    Et sous le soleil qui le mord ;
Lorsque, blanchi de bave et la langue tirée,
    Ne bougeant plus en ses liens,
Il meurt, et que la trompe a sonné la curée
    A toute la meute des chiens,

Toute la meute, alors, comme une vague immense,
    Bondit ; alors chaque mâtin
Hurle en signe de joie, et prépare d'avance
    Ses larges crocs pour le festin ;
Et puis vient la cohue, et les abois féroces 65
    Roulent de vallons en vallons ;
Chiens courants et limiers, et dogues, et molosses,
    Tout s'élance, et tout crie : Allons !
Quand le sanglier tombe et roule sur l'arène,
    Allons ! allons ! les chiens sont rois ! 70
Le cadavre est à nous : payons-nous notre peine,
    Nos coups de dents et nos abois.
Allons ! nous n'avons plus de valet qui nous fouaille
    Et qui se pende à notre cou :
Du sang chaud, de la chair, allons, faisons ripaille, 75
    Et gorgeons-nous tout notre soûl !
Et tous, comme ouvriers que l'on met à la tâche,
    Fouillent ces flancs à plein museau,
Et de l'ongle et des dents travaillent sans relâche,
    Car chacun en veut un morceau ; 80
Car il faut au chenil que chacun d'eux revienne
    Avec un os demi-rongé,
Et que, trouvant au seuil son orgueilleuse chienne,
    Jalouse et le poil allongé,
Il lui montre sa gueule encor rouge, et qui grogne, 85
    Son os dans les dents arrêté,
Et lui crie, en jetant son quartier de charogne :
    "Voici ma part de royauté !"

                          (*Les Iambes.*)

MICHEL-ANGE

Que ton visage est triste et ton front amaigri,
Sublime Michel-Ange, ô vieux tailleur de pierre !
Nulle larme jamais n'a mouillé ta paupière :
Comme Dante, on dirait que tu n'as jamais ri.

Hélas ! d'un lait trop fort la Muse t'a nourri, 5
L'art fut ton seul amour et prit ta vie entière ;
Soixante ans tu courus une triple carrière
Sans reposer ton cœur sur un cœur attendri.

Pauvre Buonarotti ! ton seul bonheur au monde
Fut d'imprimer au marbre une grandeur profonde, 10
Et, puissant comme Dieu, d'effrayer comme lui :

Aussi, quand tu parvins à ta saison dernière,
Vieux lion fatigué, sous ta blanche crinière,
Tu mourus longuement plein de gloire et d'ennui.

(Il Pianto.)

VII

ALFRED DE MUSSET

1810-1857

LA NUIT DE MAI

La Muse

Poète, prends ton luth, et me donne un baiser !
La fleur de l'églantier sent ses bourgeons éclore.
Le printemps naît ce soir, les vents vont s'embraser,
Et la bergeronnette, en attendant l'aurore,
Aux premiers buissons verts commence à se poser.　　5
Poète, prends ton luth, et me donne un baiser !

Le Poète

　　Comme il fait noir dans la vallée !
　　J'ai cru qu'une forme voilée
　　Flottait là-bas sur la forêt.
　　Elle sortait de la prairie ;　　10
　　Son pied rasait l'herbe fleurie.
　　C'est une étrange rêverie !
　　Elle s'efface et disparaît.

La Muse

Poète, prends ton luth ! La nuit, sur la pelouse,
Balance le zéphyr dans son voile odorant ;
La rose, vierge encor, se referme jalouse
Sur le frelon nacré qu'elle enivre en mourant.
Écoute ! tout se tait ; songe à ta bien-aimée.
Ce soir, sous les tilleuls, à la sombre ramée
Le rayon du couchant laisse un adieu plus doux ;
Ce soir, tout va fleurir : l'immortelle nature
Se remplit de parfums, d'amour et de murmure,
Comme le lit joyeux de deux jeunes époux.

Le Poète

Pourquoi mon cœur bat-il si vite ?
Qu'ai-je donc en moi qui s'agite,
Dont je me sens épouvanté ?
Ne frappe-t-on pas à ma porte ?
Pourquoi ma lampe à demi morte
M'éblouit-elle de clarté ?
Dieu puissant ! tout mon corps frissonne.
Qui vient ? qui m'appelle ?... Personne.
Je suis seul ; c'est l'heure qui sonne.
Ô solitude ! ô pauvreté !

La Muse

Poète, prends ton luth ! Le vin de la jeunesse
Fermente, cette nuit, dans les veines de Dieu.
Mon sein est inquiet ; la volupté l'oppresse,
Et les vents altérés m'ont mis la lèvre en feu.
Ô paresseux enfant, regarde ! je suis belle.
Notre premier baiser, ne t'en souviens-tu pas,
Quand je te vis si pâle au toucher de mon aile,
Et que, les yeux en pleurs, tu tombas dans mes bras ?

Ah ! je t'ai consolé d'une amère souffrance :
Hélas ! bien jeune encor, tu te mourais d'amour.
Console-moi ce soir, je me meurs d'espérance :
J'ai besoin de prier pour vivre jusqu'au jour.

Le Poète

Est-ce toi dont la voix m'appelle,
Ô ma pauvre Muse, est-ce toi ?
Ô ma fleur, ô mon immortelle,
Seul être pudique et fidèle
Où vive encor l'amour de moi,
Oui, te voilà, c'est toi, ma blonde,
C'est toi, ma maîtresse et ma sœur !
Et je sens, dans la nuit profonde,
De ta robe d'or qui m'inonde
Les rayons glisser dans mon cœur.

La Muse

Poète, prends ton luth !   C'est moi, ton immortelle,
Qui t'ai vu, cette nuit, triste et silencieux,
Et qui, comme un oiseau que sa couvée appelle,
Pour pleurer avec toi descends du haut des cieux.
Viens ! tu souffres, ami.   Quelque ennui solitaire
Te ronge ; quelque chose a gémi dans ton cœur ;
Quelque amour t'est venu, comme on en voit sur terre,
Une ombre de plaisir, un semblant de bonheur.
Viens ! chantons devant Dieu ; chantons dans tes pensées,
Dans tes plaisirs perdus, dans tes peines passées !
Partons, dans un baiser, pour un monde inconnu.
Éveillons au hasard les échos de ta vie ;
Parlons-nous de bonheur, de gloire et de folie,
Et que ce soit un rêve, et le premier venu !
Inventons quelque part des lieux où l'on oublie !
Partons ! nous sommes seuls, l'univers est à nous.

Voici la verte Écosse et la brune Italie,
Et la Grèce, ma mère, où le miel est si doux,
Argos, et Ptéléon, ville des hécatombes,
Et Messa la divine, agréable aux colombes, 75
Et le front chevelu du Pélion changeant,
Et le bleu Titarèse, et le golfe d'argent
Qui montre dans ses eaux, où le cygne se mire,
La blanche Oloossone à la blanche Camyre.
Dis-moi! quel songe d'or nos chants vont-ils bercer? 80
D'où vont venir les pleurs que nous allons verser?
Ce matin, quand le jour a frappé ta paupière,
Quel séraphin pensif, courbé sur ton chevet,
Secouait des lilas dans sa robe légère,
Et te contait tout bas les amours qu'il rêvait? 85
Chanterons-nous l'espoir, la tristesse ou la joie?
Tremperons-nous de sang les bataillons d'acier?
Suspendrons-nous l'amant sur l'échelle de soie?
Jetterons-nous au vent l'écume du coursier?
Dirons-nous quelle main, dans les lampes sans nombre 90
De la maison céleste, allume, nuit et jour,
L'huile sainte de vie et d'éternel amour?
Crierons-nous à Tarquin : "Il est temps, voici l'ombre!"
Descendrons-nous cueillir la perle au fond des mers?
Mènerons-nous la chèvre aux ébéniers amers? 95
Montrerons-nous le ciel à la Mélancolie?
Suivrons-nous le chasseur sur les monts escarpés?
La biche le regarde ; elle pleure et supplie ;
Sa bruyère l'attend ; ses faons sont nouveau-nés ;
Il se baisse, il l'égorge, il jette à la curée 100
Sur les chiens en sueur son cœur encor vivant.
Peindrons-nous une vierge à la joue empourprée,
S'en allant à la messe, un page la suivant,
Et d'un regard distrait, à côté de sa mère,
Sur sa lèvre entr'ouverte oubliant sa prière? 105
Elle écoute en tremblant, dans l'écho du pilier,
Résonner l'éperon du hardi cavalier.

Dirons-nous aux héros des vieux temps de la France
De monter tout armés aux créneaux de leurs tours,
Et de ressusciter la naïve romance
Que leur gloire oubliée apprit aux troubadours ?
Vêtirons-nous de blanc une molle Élégie ?
L'homme de Waterloo nous dira-t-il sa vie,
Et ce qu'il a fauché du troupeau des humains
Avant que l'envoyé de la nuit éternelle
Vint sur son tertre vert l'abattre d'un coup d'aile,
Et sur son cœur de fer lui croiser les deux mains ?
Clouerons-nous au poteau d'une satire altière
Le nom sept fois vendu d'un pâle pamphlétaire,
Qui, poussé par la faim, du fond de son oubli
S'en vient, tout grelottant d'envie et d'impuissance,
Sur le front du génie insulter l'espérance
Et mordre le laurier que son souffle a sali ?
Prends ton luth ! prends ton luth ! Je ne peux plus me taire.
Mon aile me soulève au souffle du printemps,
Le vent va m'emporter, je vais quitter la terre.
Une larme de toi ! Dieu m'écoute. Il est temps.

Le Poète

S'il ne te faut, ma sœur chérie,
Qu'un baiser d'une lèvre amie
Et qu'une larme de mes yeux,
Je te les donnerai sans peine.
De nos amours qu'il te souvienne,
Si tu remontes dans les cieux !
Je ne chante ni l'espérance,
Ni la gloire, ni le bonheur,
Hélas ! pas même la souffrance.
La bouche garde le silence
Pour écouter parler le cœur.

La Muse

Crois-tu donc que je sois comme le vent d'automne,
Qui se nourrit de pleurs jusque sur un tombeau,   140
Et pour qui la douleur n'est qu'une goutte d'eau ?
Ô poète ! un baiser.   C'est moi qui te le donne.
L'herbe que je voulais arracher de ce lieu,
C'est ton oisiveté ; ta douleur est à Dieu.
Quel que soit le souci que ta jeunesse endure,   145
Laisse-la s'élargir, cette sainte blessure
Que les noirs séraphins t'ont faite au fond du cœur :
Rien ne nous rend si grands qu'une grande douleur.
Mais, pour en être atteint, ne crois pas, ô poète,
Que ta voix ici-bas doive rester muette.   150
Les plus désespérés sont les chants les plus beaux,
Et j'en sais d'immortels qui sont de purs sanglots.
Lorsque le pélican, lassé d'un long voyage,
Dans les brouillards du soir retourne à ses roseaux,
Ses petits affamés courent sur le rivage,   155
En le voyant au loin s'abattre sur les eaux ;
Déjà, croyant saisir et partager leur proie,
Ils courent à leur père avec des cris de joie,
En secouant leurs becs sur leurs goitres hideux.
Lui, gagnant à pas lents une roche élevée,   160
De son aile pendante abritant sa couvée,
Pêcheur mélancolique, il regarde les cieux.
Le sang coule à longs flots de sa poitrine ouverte ;
En vain il a des mers sondé la profondeur :
L'Océan était vide, et la plage déserte ;   165
Pour toute nourriture il apporte son cœur.
Sombre et silencieux, étendu sur la pierre,
Partageant à ses fils ses entrailles de père,
Dans son amour sublime il berce sa douleur,
Et regardant couler sa sanglante mamelle,   170
Sur son festin de mort il s'affaisse et chancelle,

Ivre de volupté, de tendresse et d'horreur.
Mais parfois, au milieu du divin sacrifice,
Fatigué de mourir dans un trop long supplice,
Il craint que ses enfants ne le laissent vivant ;
Alors il se soulève, ouvre son aile au vent,
Et, se frappant le cœur avec un cri sauvage,
Il pousse dans la nuit un si funèbre adieu,
Que les oiseaux des mers désertent le rivage,
Et que le voyageur attardé sur la plage,
Sentant passer la Mort, se recommande à Dieu.

Poète, c'est ainsi que font les grands poètes.
Ils laissent s'égayer ceux qui vivent un temps ;
Mais les festins humains qu'ils servent à leurs fêtes
Ressemblent la plupart à ceux des pélicans.
Quand ils parlent ainsi d'espérances trompées,
De tristesse et d'oubli, d'amour et de malheur,
Ce n'est pas un concert à dilater le cœur.
Leurs déclamations sont comme des épées :
Elles tracent dans l'air un cercle éblouissant,
Mais il y pend toujours quelque goutte de sang.

Le Poète

Ô Muse ! spectre insatiable,
Ne m'en demande pas si long :
L'homme n'écrit rien sur le sable
A l'heure où passe l'aquilon.
J'ai vu le temps où ma jeunesse
Sur mes lèvres était sans cesse
Prête à chanter comme un oiseau ;
Mais j'ai souffert un dur martyre,
Et le moins que j'en pourrais dire,
Si je l'essayais sur ma lyre,
La briserait comme un roseau.

L'ESPOIR EN DIEU

Tant que mon faible cœur, encor plein de jeunesse,
A ses illusions n'aura pas dit adieu,
Je voudrais m'en tenir à l'antique sagesse
Qui du sobre Épicure a fait un demi-dieu.
Je voudrais vivre, aimer, m'accoutumer aux hommes,   5
Chercher un peu de joie et n'y pas trop compter,
Faire ce qu'on a fait, être ce que nous sommes,
Et regarder le ciel sans m'en inquiéter.

Je ne puis ! Malgré moi l'infini me tourmente.
Je n'y saurais songer sans crainte et sans espoir ;   10
Et, quoi qu'on en ait dit, ma raison s'épouvante
De ne pas le comprendre, et pourtant de le voir.
Qu'est-ce donc que ce monde, et qu'y venons-nous faire,
Si, pour qu'on vive en paix, il faut voiler les Cieux ?
Passer comme un troupeau, les yeux fixés à terre,   15
Et renier le reste, est-ce donc être heureux ?
Non ! c'est cesser d'être homme et dégrader son âme.
Dans la création le hasard m'a jeté ;
Heureux ou malheureux, je suis né d'une femme,
Et je ne puis m'enfuir hors de l'humanité.   20
Que faire donc ?—" Jouis, dit la raison païenne ;
Jouis et meurs ; les dieux ne songent qu'à dormir.
—Espère seulement, répond la foi chrétienne ;
Le Ciel veille sans cesse, et tu ne peux mourir."
Entre ces deux chemins j'hésite et je m'arrête.   25
Je voudrais, à l'écart, suivre un plus doux sentier.
" Il n'en existe pas, dit une voix secrète ;
En présence du Ciel, il faut croire ou nier."
Je le pense en effet ; les âmes tourmentées
Dans l'un et l'autre excès se jettent tour à tour.   30

Mais les indifférents ne sont que des athées ;
Ils ne dormiraient plus s'ils doutaient un seul jour.
Je me résigne donc, et, puisque la matière
Me laisse dans le cœur un désir plein d'effroi,
Mes genoux fléchiront ; je veux croire, et j'espère.   35
Que vais-je devenir, et que veut-on de moi ?
Me voilà dans les mains d'un Dieu plus redoutable
Que ne sont à la fois tous les maux d'ici-bas ;
Me voilà seul, errant, fragile et misérable,
Sous les yeux d'un témoin qui ne me quitte pas :   40
Il m'observe, il me suit. Si mon cœur bat trop vite,
J'offense sa grandeur et sa divinité.
Un gouffre est sous mes pas ; si je m'y précipite,
Pour expier une heure il faut l'éternité.
Mon juge est un bourreau qui trompe sa victime.   45
Pour moi, tout devient piège et tout change de nom :
L'amour est un péché, le bonheur est un crime,
Et l'œuvre des sept jours n'est que tentation.
Je ne garde plus rien de la nature humaine ;
Il n'existe pour moi ni vertu ni remord.   50
J'attends la récompense, et j'évite la peine ;
Mon seul guide est la peur, et mon seul but la mort.

On me dit cependant qu'une joie infinie
Attend quelques élus.—Où sont-ils, ces heureux ?
Si vous m'avez trompé, me rendrez-vous la vie ?   55
Si vous m'avez dit vrai, m'ouvrirez-vous les Cieux ?
Hélas ! ce beau pays dont parlaient vos prophètes,
S'il existe là-haut, ce doit être un désert.
Vous les voulez trop purs, les heureux que vous faites,
Et quand leur joie arrive, ils en ont trop souffert.   60
Je suis seulement homme, et ne veux pas moins être,
Ni tenter davantage.—A quoi donc m'arrêter ?
Puisque je ne puis croire aux promesses du prêtre,
Est-ce l'indifférent que je vais consulter ?

Si mon cœur, fatigué du rêve qui l'obsède, 65
A la réalité revient pour s'assouvir,
Au fond des vains plaisirs que j'appelle à mon aide
Je trouve un tel dégoût, que je me sens mourir.
Aux jours même où parfois la pensée est impie,
Où l'on voudrait nier pour cesser de douter, 70
Quand je posséderais tout ce qu'en cette vie
Dans ses vastes désirs l'homme peut convoiter ;
Donnez-moi le pouvoir, la santé, la richesse,
L'amour même, l'amour, le seul bien d'ici-bas !
Que la blonde Astarté, qu'idolâtrait la Grèce, 75
De ses îles d'azur sorte en m'ouvrant les bras !
Quand je pourrais saisir dans le sein de la terre
Les secrets éléments de sa fécondité,
Transformer à mon gré la vivace matière,
Et créer pour moi seul une unique beauté ; 80
Quand Horace, Lucrèce et le vieil Épicure,
Assis à mes côtés, m'appelleraient heureux,
Et quand ces grands amants de l'antique nature
Me chanteraient la joie et le mépris des dieux,
Je leur dirais à tous : " Quoi que nous puissions faire, 85
Je souffre ; il est trop tard ; le monde s'est fait vieux ;
Une immense espérance a traversé la terre :
Malgré nous vers le Ciel il faut lever les yeux ! "

Que me reste-t-il donc ?   Ma raison révoltée
Essaye en vain de croire, et mon cœur de douter. 90
Le chrétien m'épouvante, et ce que dit l'athée,
En dépit de mes sens, je ne puis l'écouter.
Les vrais religieux me trouveront impie,
Et les indifférents me croiront insensé.
A qui m'adresserai-je, et quelle voix amie 95
Consolera ce cœur que le doute a blessé ?

Il existe, dit-on, une philosophie
Qui nous explique tout sans révélation,

Et qui peut nous guider à travers cette vie
Entre l'indifférence et la religion.　　　　　　　　　100
J'y consens.—Où sont-ils, ces faiseurs de systèmes,
Qui savent, sans la foi, trouver la vérité,
Sophistes impuissants qui ne croient qu'en eux-mêmes ?
Quels sont leurs arguments, et leur autorité ?
L'un me montre ici-bas deux principes en guerre,　　105
Qui, vaincus tour à tour, sont tous deux immortels ;
L'autre découvre au loin, dans le Ciel solitaire,
Un inutile Dieu qui ne veut pas d'autels.
Je vois rêver Platon et penser Aristote ;
J'écoute, j'applaudis et poursuis mon chemin.　　　　110
Sous les rois absolus je trouve un Dieu despote,
On nous parle aujourd'hui d'un Dieu républicain.
Pythagore et Leibnitz transfigurent mon être.
Descartes m'abandonne au sein des tourbillons.
Montaigne s'examine, et ne peut se connaître.　　　　115
Pascal fuit en tremblant ses propres visions.
Pyrrhon me rend aveugle, et Zénon insensible.
Voltaire jette à bas tout ce qu'il voit debout.
Spinosa, fatigué de tenter l'impossible,
Cherchant en vain son Dieu, croit le trouver partout.　120
Pour le sophiste anglais l'homme est une machine.
Enfin sort des brouillards un rhéteur allemand
Qui, du philosophisme achevant la ruine,
Déclare le Ciel vide, et conclut au néant.

Voilà donc les débris de l'humaine science !　　　　　125
Et, depuis cinq mille ans qu'on a toujours douté,
Après tant de fatigue et de persévérance,
C'est là le dernier mot qui nous en est resté !
Ah ! pauvres insensés, misérables cervelles,
Qui de tant de façons avez tout expliqué,　　　　　　130
Pour aller jusqu'aux Cieux il vous fallait des ailes ;
Vous aviez le désir, la foi vous a manqué.
Je vous plains ; votre orgueil part d'une âme blessée.

Vous sentiez les tourments dont mon cœur est rempli,
Et vous la connaissiez, cette amère pensée 135
Qui fait frissonner l'homme en voyant l'infini.
Eh bien ! prions ensemble,—abjurons la misère
De vos calculs d'enfants, de tant de vains travaux.
Maintenant que vos corps sont réduits en poussière,
J'irai m'agenouiller pour vous sur vos tombeaux. 140

Venez, rhéteurs païens, maîtres de la science,
Chrétiens des temps passés, et rêveurs d'aujourd'hui ;
Croyez-moi, la prière est un cri d'espérance !
Pour que Dieu nous réponde, adressons-nous à lui :
Il est juste, il est bon ; sans doute il vous pardonne. 145
Tous vous avez souffert, le reste est oublié ;
Si le Ciel est désert, nous n'offensons personne ;
Si quelqu'un nous entend, qu'il nous prenne en pitié !

  Ô toi que nul n'a pu connaître,
  Et n'a renié sans mentir, 150
  Reponds-moi, toi qui m'as fait naître,
  Et demain me feras mourir !

  Puisque tu te laisses comprendre,
  Pourquoi fais-tu douter de toi ?
  Quel triste plaisir peux-tu prendre 155
  A tenter notre bonne foi ?

  Dès que l'homme lève la tête,
  Il croit t'entrevoir dans les cieux ;
  La création, sa conquête,
  N'est qu'un vaste temple à ses yeux. 160

  Dès qu'il redescend en lui-même,
  Il t'y trouve ; tu vis en lui.
  S'il souffre, s'il pleure, s'il aime,
  C'est son Dieu qui le veut ainsi.

De la plus noble intelligence 165
La plus sublime ambition
Est de prouver ton existence,
Et de faire épeler ton nom.

De quelque façon qu'on t'appelle,
Brahma, Jupiter, ou Jésus, 170
Vérité, Justice éternelle,
Vers toi tous les bras sont tendus.

Le dernier des fils de la terre
Te rend grâce du fond du cœur
Dès qu'il se mêle à sa misère 175
Une apparence de bonheur.

Le monde entier te glorifie,
L'oiseau te chante sur son nid,
Et pour une goutte de pluie
Des milliers d'êtres t'ont béni. 180

Tu n'as rien fait qu'on ne l'admire ;
Rien de toi n'est perdu pour nous ;
Tout prie ; et tu ne peux sourire,
Que nous ne tombions à genoux.

Pourquoi donc, ô Maître suprême, 185
As-tu créé le mal si grand
Que la raison, la vertu même,
S'épouvantent en le voyant ?

Lorsque tant de choses sur terre
Proclament la Divinité 190
Et semblent attester d'un père
L'amour, la force et la bonté,

Comment, sous la sainte lumière,
Voit-on des actes si hideux
Qu'ils font expirer la prière 195
Sur les lèvres du malheureux ?

Pourquoi dans ton œuvre céleste
Tant d'éléments si peu d'accord ?
A quoi bon le crime et la peste ?
Ô Dieu juste ! pourquoi la mort ? 200

Ta pitié dut être profonde,
Lorsque avec ses biens et ses maux
Cet admirable et pauvre monde
Sortit en pleurant du chaos !

Puisque tu voulais le soumettre 205
Aux douleurs dont il est rempli,
Tu n'aurais pas dû lui permettre
De t'entrevoir dans l'infini.

Pourquoi laisser notre misère
Rêver et deviner un Dieu ? 210
Le doute a désolé la terre ;
Nous en voyons trop ou trop peu.

Si ta chétive créature
Est indigne de t'approcher,
Il fallait laisser la nature 215
T'envelopper et te cacher ;

Il te resterait ta puissance,
Et nous en sentirions les coups ;
Mais le repos et l'ignorance
Auraient rendu nos maux plus doux. 220

Si la souffrance et la prière
N'atteignent pas ta majesté,
Garde ta grandeur solitaire,
Ferme à jamais l'immensité.

Mais si nos angoisses mortelles
Jusqu'à toi peuvent parvenir,
Si dans les plaines éternelles
Parfois tu nous entends gémir,

Brise cette voûte profonde
Qui couvre la création,
Soulève les voiles du monde,
Et montre-toi, Dieu juste et bon !

Tu n'apercevras sur la terre
Qu'un ardent amour de la foi,
Et l'humanité tout entière
Se prosternera devant toi.

Les larmes qui l'ont épuisée
Et qui ruissellent de ses yeux,
Comme une légère rosée,
S'évanouiront dans les cieux.

Tu n'entendras que tes louanges,
Qu'un concert de joie et d'amour,
Pareil à celui dont tes anges
Remplissent l'éternel séjour ;

Et dans cet hosanna suprême
Tu verras, au bruit de nos chants,
S'enfuir le doute et le blasphème,
Tandis que la Mort elle-même
Y joindra ses derniers accents.

VIII

THÉOPHILE GAUTIER

1810-1872

A ZURBARAN

Moines de Zurbaran, blancs chartreux qui, dans l'ombre,
Glissez silencieux sur les dalles des morts,
Murmurant des Pater et des Avé sans nombre,

Quel crime expiez-vous par de si grands remords ?
Fantômes tonsurés, bourreaux à face blême,   5
Pour le traiter ainsi, qu'a donc fait votre corps ?

Votre corps modelé par le doigt de Dieu même,
Que Jésus-Christ, son fils, a daigné revêtir,
Vous n'avez pas le droit de lui dire : "Anathème ! "

Je conçois les tourments et la foi du martyr,   10
Les jets de plomb fondu, les bains de poix liquide,
La gueule des lions prête à vous engloutir ;

Sur un rouet de fer les boyaux qu'on dévide,
Toutes les cruautés des empereurs romains ;
Mais je ne comprends pas ce morne suicide !   15

Pourquoi donc, chaque nuit, pour vous seuls inhumains,
Déchirer votre épaule à coups de discipline,
Jusqu'à ce que le sang ruisselle sur vos reins ?

Pourquoi ceindre toujours la couronne d'épine
Que Jésus sur son front ne mit que pour mourir,
Et frapper à plein poing votre maigre poitrine ?

Croyez-vous donc que Dieu s'amuse à voir souffrir,
Et que ce meurtre lent, cette froide agonie,
Fassent pour vous le ciel plus facile à s'ouvrir ?

Cette tête de mort, entre vos doigts jaunie,
Pour ne plus en sortir, qu'elle rentre au charnier !
Que votre fosse soit pour un autre finie !

L'esprit est immortel, on ne peut le nier ;
Mais dire, comme vous, que la chair est infâme,
Statuaire divin, c'est te calomnier.

Pourtant quelle énergie et quelle force d'âme
Ils avaient, ces chartreux, sous leur pâle linceul,
Pour vivre sans amis, sans famille et sans femme,

Tout jeunes et déjà plus glacés qu'un aïeul,
N'ayant pour horizon qu'un long cloître en arcades,
Avec une pensée, en face de Dieu seul !

Tes moines, Lesueur, près de ceux-là sont fades.
Zurbaran de Séville a mieux rendu que toi
Leurs yeux plombés d'extase et leurs têtes malades,

Le vertige divin, l'enivrement de foi,
Qui les fait rayonner d'une clarté fiévreuse,
Et leur aspect étrange à vous donner l'effroi.

Comme son dur pinceau les laboure et les creuse !
Aux pleurs du repentir comme il ouvre des lits
Dans les rides sans fond de leur face terreuse ! 45

Comme du froc sinistre il allonge les plis !
Comme il sait lui donner les pâleurs du suaire,
Si bien que l'on dirait des morts ensevelis !

Qu'il vous peigne en extase au fond du sanctuaire,
Du cadavre divin baisant les pieds sanglants, 50
Fouettant votre dos bleu comme un fléau bat l'aire,

Vous promenant rêveurs, le long des cloîtres blancs,
Par file assis à table au frugal réfectoire,
Toujours il fait de vous des portraits ressemblants.

Deux teintes seulement, clair livide, ombre noire, 55
Deux poses, l'une droite, et l'autre à deux genoux,
A l'artiste ont suffi pour peindre votre histoire.

Forme, rayon, couleur, rien n'existe pour vous ;
A tout objet réel vous êtes insensibles,
Car le ciel vous enivre et la croix vous rend fous ; 60

Et vous vivez muets, inclinés sur vos bibles,
Croyant toujours entendre aux plafonds entr'ouverts
Éclater brusquement les trompettes terribles !

Ô moines ! maintenant, en tapis frais et verts,
Sur les fosses par vous à vous-mêmes creusées, 65
L'herbe s'étend : Eh bien ! que dites-vous aux vers ?

Quels rêves faites-vous ? quelles sont vos pensées ?
Ne regrettez-vous pas d'avoir usé vos jours
Entre ces murs étroits, sous ces voûtes glacées ?

Ce que vous avez fait, le feriez-vous toujours ? 70

LA LIBELLULE

Sur la bruyère arrosée
    De rosée ;
Sur le buisson d'églantier ;
Sur les ombreuses futaies ;
    Sur les haies
Croissant au bord du sentier ;

Sur la modeste et petite
    Marguerite,
Qui penche son front rêvant ;
Sur le seigle, verte houle
    Que déroule
Le caprice ailé du vent ;

Sur les prés, sur la colline
    Qui s'incline
Vers le champ bariolé
De pittoresques guirlandes ;
    Sur les landes,
Sur le grand orme isolé ;

La demoiselle se berce ;
    Et s'il perce
Dans la brume, au bord du ciel,
Un rayon d'or qui scintille,
    Elle brille
Comme un regard d'Ariel.

Traversant près des charmilles,
    Les familles
Des bourdonnants moucherons,
Elle se mêle à leur ronde
    Vagabonde,
Et comme eux décrit des ronds.

Bientôt elle vole et joue
    Sous la roue
Du jet d'eau qui, s'élançant
Dans les airs, retombe, roule
    Et s'écoule   35
En un ruisseau bruissant.

Plus rapide que la brise,
    Elle frise,
Dans son vol capricieux,
L'eau transparente où se mire   40
    Et s'admire
Le saule au front soucieux ;

Où, s'entr'ouvrant blancs et jaunes,
    Près des aunes,
Les doux nénuphars en fleurs,   45
Au gré du flot qui gazouille
    Et les mouille,
Étalent leurs deux couleurs ;

Où se baigne le nuage,
    Où voyage   50
Le ciel d'été souriant ;
Où le soleil plonge, tremble,
    Et ressemble
Au beau soleil d'Orient.

Et quand la grise hirondelle   55
    Auprès d'elle
Passe, et ride à plis d'azur,
Dans sa chasse circulaire,
    L'onde claire,
Elle s'enfuit d'un vol sûr.   60

Bois qui chantent, fraîches plaines
    D'odeurs pleines,
Lacs de moire, coteaux bleus,
Ciel où le nuage passe,
    Large espace, 65
Monts aux rochers anguleux ;

Voilà l'immense domaine
    Où promène
Ses caprices, fleurs des airs,
La demoiselle nacrée, 70
    Diaprée
De reflets roses et verts.

Dans son étroite famille,
    Quelle fille
N'a pas vingt fois souhaité, 75
Rêveuse, d'être comme elle
    Demoiselle,
Demoiselle en liberté ?

PENSÉE DE MINUIT

Une minute encor, madame, et cette année,
Commencée avec vous, avec vous terminée,
    Ne sera plus qu'un souvenir.
Minuit : voilà son glas que la pendule sonne,
Elle s'en est allée en un lieu d'où personne 5
    Ne peut la faire revenir :

Quelque part, loin, bien loin, par delà les étoiles,
Dans un pays sans nom, ombreux et plein de voiles,
    Sur le bord du néant jeté ;

Limbes de l'impalpable, invisible royaume, 10
Où va ce qui n'a pas de corps ni de fantôme,
    Ce qui n'est rien ayant été ;

Où va le son, où va le souffle, où va la flamme,
La vision qu'en rêve on perçoit avec l'âme,
    L'amour de notre cœur chassé ; 15
La pensée inconnue éclose en notre tête ;
L'ombre qu'en s'y mirant dans la glace on projette,
    Le présent qui se fait passé ;

Un acompte d'un an pris sur les ans qu'à vivre
Dieu veut bien nous prêter ; une feuille du livre 20
    Tournée avec le doigt du temps ;
Une scène nouvelle à rajouter au drame ;
Un chapitre de plus au roman dont la trame
    S'embrouille d'instants en instants ;

Un autre pas de fait dans cette route morne, 25
De la vie et du temps, dont la dernière borne,
    Proche ou lointaine, est un tombeau ;
Où l'on ne peut poser le pied qu'il ne s'enfonce,
Où de votre bonheur toujours à chaque ronce
    Derrière vous reste un lambeau. 30

Du haut de cette année avec labeur gravie,
Me tournant vers ce moi qui n'est plus dans ma vie
    Qu'un souvenir presque effacé,
Avant qu'il ne se plonge au sein de l'ombre noire,
Je contemple un moment, des yeux de la mémoire, 35
    Le vaste horizon du passé.

Ainsi le voyageur, du haut de la colline,
Avant que tout à fait le versant qui s'incline
    Ne les dérobe à son regard,

Jette un dernier coup d'œil sur les campagnes bleues 40
Qu'il vient de parcourir, comptant combien de lieues
    Il a fait depuis son départ.

Mes ans évanouis à mes pieds se déploient
Comme une plaine obscure où quelques points chatoient
    D'un rayon de soleil frappés ; 45
Sur les plans éloignés qu'un brouillard d'oubli cache,
Une époque, un détail nettement se détache
    Et revit à mes yeux trompés.

Ce qui fut moi jadis m'apparait : silhouette
Qui ne ressemble plus au moi qu'elle répète ; 50
    Portrait sans modèle aujourd'hui ;
Spectre dont le cadavre est vivant ; ombre morte
Que le passé ravit au présent qu'il emporte ;
    Reflet dont le corps s'est enfui.

J'hésite en me voyant devant moi reparaître, 55
Hélas ! et j'ai souvent peine à me reconnaître
    Sous ma figure d'autrefois.
Comme un homme qu'on met tout à coup en présence
De quelque ancien ami dont l'âge et dont l'absence
    Ont changé les traits et la voix. 60

Tant de choses depuis, par cette pauvre tête,
Ont passé ! dans cette âme et ce cœur de poète,
    Comme dans l'aire des aiglons,
Tant d'œuvres que couva l'aile de ma pensée
Se débattent, heurtant leur coquille brisée 65
    Avec leurs ongles déjà longs !

Je ne suis plus le même : âme et corps, tout diffère ;
Hors le nom, rien de moi n'est resté ; mais qu'y faire ?
    Marcher en avant, oublier.

On ne peut sur le temps reprendre une minute, 70
Ni faire remonter un grain après sa chute
    Au fond du fatal sablier.

La tête de l'enfant n'est plus dans cette tête
Maigre, décolorée, ainsi que me l'ont faite
    L'étude austère et les soucis. 75
Vous n'en trouveriez rien sur ce front qui médite
Et dont quelque tourmente intérieure agite,
    Comme deux serpents, les sourcils.

Ma joue était sans plis, toute rose, et ma lèvre
Aux coins toujours arqués riait ; jamais la fièvre 80
    N'en avait noirci le corail.
Mes yeux, vierges de pleurs, avaient des étincelles
Qu'ils n'ont plus maintenant, et leurs claires prunelles
    Doublaient le ciel dans leur émail ;

Mon cœur avait mon âge ; il ignorait la vie ; 85
Aucune illusion, amèrement ravie,
    Jeune, ne l'avait rendu vieux ;
Il s'épanouissait à toute chose belle,
Et, dans cette existence encor pour lui nouvelle,
    Le mal était bien, le bien mieux. 90

Ma poésie, enfant à la grâce ingénue,
Les cheveux dénoués, sans corset, jambe nue,
    Un brin de folle avoine en main,
Avec son collier fait de perles de rosée,
Sa robe prismatique au soleil irisée, 95
    Allait chantant par le chemin.

Et puis l'âge est venu qui donne la science,
J'ai lu Werther, René, son frère d'alliance ;
    Ces livres, vrais poisons du cœur,

Qui déflorent la vie et nous dégoûtent d'elle, 100
Dont chaque mot vous porte une atteinte mortelle ;
    Byron et son don Juan moqueur.

Ce fut un dur réveil : ayant vu que les songes
Dont je m'étais bercé n'étaient que des mensonges,
    Les croyances, des hochets creux, 105
Je cherchai la gangrène au fond de tout, et, comme
Je la trouvai toujours, je pris en haine l'homme,
    Et je devins bien malheureux.

La pensée et la forme ont passé comme un rêve.
Mais que fait donc le temps de ce qu'il nous enlève ? 110
    Dans quel coin du chaos met-il
Ces aspects oubliés comme l'habit qu'on change,
Tous ces moi du même homme? et quel royaume étrange
    Leur sert de patrie ou d'exil ?

Dieu seul peut le savoir ; c'est un profond mystère ; 115
Nous le saurons peut-être à la fin, car la terre
    Que la pioche jette au cercueil
Avec sa sombre voix explique bien des choses.
Des effets, dans la tombe, on comprend mieux les causes,
    L'éternité commence au seuil. 120

L'on voit . . . Mais veuillez bien me pardonner, madame,
De vous entretenir de tout cela.   Mon âme,
    Ainsi qu'un vase trop rempli,
Déborde, laissant choir mille vagues pensées,
Et ces ressouvenirs d'illusions passées 125
    Rembrunissent mon front pâli.

Eh ! que vous fait cela, dites-vous, tête folle,
De vous inquiéter d'une ombre qui s'envole ?
    Pourquoi donc vouloir retenir,

Comme un enfant mutin, sa mère par la robe, 130
Ce passé qui s'en va ? De ce qu'il vous dérobe
    Consolez-vous par l'avenir.

Regardez ; devant vous l'horizon est immense.
C'est l'aube de la vie, et votre jour commence
    Le ciel est bleu, le soleil luit. 135
La route de ce monde est pour vous une allée,
Comme celle d'un parc, pleine d'ombre et sablée :
    Marchez où le temps vous conduit.

Que voulez-vous de plus ? tout vous rit, l'on vous aime.
Oh ! vous avez raison, je me le dis moi-même, 140
    L'avenir devrait m'être cher ;
Mais c'est en vain, hélas ! que votre voix m'exhorte :
Je rêve, et mon baiser à votre front avorte,
    Et je me sens le cœur amer.

TERZA RIMA

Quand Michel-Ange eut peint la chapelle Sixtine,
Et que de l'échafaud, sublime et radieux,
Il fut redescendu dans la cité latine,

Il ne pouvait baisser ni les bras ni les yeux ;
Ses pieds ne savaient pas comment marcher sur terre ; 5
Il avait oublié le monde dans les cieux.

Trois grands mois il garda cette attitude austère,
On l'eût pris pour un ange en extase devant
Le saint triangle d'or, au moment du mystère.

Frère, voilà pourquoi les poètes, souvent,
Buttent à chaque pas sur les chemins du monde :
Les yeux fichés au ciel, ils s'en vont en rêvant.

Les anges, secouant leur chevelure blonde,
Penchent leur front sur eux, et leur tendent les bras,
Et les veulent baiser avec leur bouche ronde.   15

Eux marchent au hasard et font mille faux pas ;
Ils cognent les passants, se jettent sous les roues,
Ou tombent dans des puits qu'ils n'aperçoivent pas.

Que leur font les passants, les pierres et les boues ?
Ils cherchent dans le jour le rêve de leurs nuits,   20
Et le feu du désir leur empourpre les joues.

Ils ne comprennent rien aux terrestres ennuis,
Et, quand ils ont fini leur chapelle Sixtine,
Ils sortent rayonnants de leurs obscurs réduits.

Un auguste reflet de leur œuvre divine   25
S'attache à leur personne et leur dore le front,
Et le ciel qu'ils ont vu, dans leurs yeux se devine.

Les nuits suivront les jours et se succéderont,
Avant que leurs regards et leurs bras ne s'abaissent,
Et leurs pieds de longtemps ne se raffermiront.   30

Tous nos palais sous eux s'éteignent et s'affaissent,
Leur âme à la coupole où leur œuvre reluit
Revole, et ce ne sont que leurs corps qu'ils nous laissent.

Notre jour leur paraît plus sombre que la nuit ;
Leur œil cherche toujours le ciel bleu de la fresque,   35
Et le tableau quitté les tourmente et les suit.

Comme Buonarotti, le peintre gigantesque,
Ils ne peuvent plus voir que les choses d'en haut,
Et que le ciel de marbre où leur front touche presque.

Sublime aveuglement ! magnifique défaut !   40

IX

VICTOR DE LAPRADE

1812-1883

A LA JEUNESSE

On dit qu'impatients d'abdiquer la jeunesse,
   Aux sordides calculs vous livrez vos vingt ans ;
Qu'à moins d'un sang nouveau qui du vieux sol renaisse,
   La France et l'avenir ont perdu leur printemps.

A l'âge où nous errions, livre en main, sous la haie,   5
   Tout prêts à dépenser notre cœur et nos jours,
On dit que vous savez ce que vaut en monnaie
   L'heureux temps des chansons, des songes, des amours.

On dit que le franc rire est absent de vos fêtes ;
   Que l'ironie à flots y coule par moments ;   10
Que chez vous le plaisir, pour parer ses conquêtes,
   Rêve, au mépris des fleurs, l'or et les diamants ;

Que vous refuseriez l'amour et le génie,
   Si Dieu vous les offrait avec la pauvreté ;
Que vous n'auriez jamais pour la Muse bannie   15
   Un seul regret, pas plus que pour la liberté !

On dit vos cœurs tout pleins d'ambitions mort-nées ;
   On dit que vos yeux secs se refusent aux pleurs ;
Qu'avec vous le rameau des nouvelles années
   Porte un fruit corrompu, sans avoir eu de fleurs.

Mais je vous connais mieux, malgré votre silence ;
   Le poète a chez vous bien des secrets amis.
D'autres vous ont crus morts et vous pleurent d'avance,
   Frères de Roméo, vous n'êtes qu'endormis.

Qu'importe un jour d'attente, une heure inoccupée !
   Tous vos lauriers d'hier peuvent encor fleurir ;
Vous qui portiez si bien et la lyre et l'épée,
   Vous qui saviez aimer, vous qui saviez mourir !

Hier, une étincelle éveillait tant de flamme !
   Hier, c'était l'espoir et non le doute amer ;
Un seul mot généreux, tombé d'une grande âme,
   Vous soulevait au loin comme une vaste mer.

Aux buissons printaniers tout en cueillant des roses,
   Vous saviez des hauts lieux gravir l'âpre chemin,
Et pour vous y conduire, amants des saintes choses,
   Elvire ou Béatrix vous prenait par la main.

Vous les suivrez encor sur la route choisie !
   Vous gardez pour flambeau leurs regards fiers et doux ;
Celui qui cherchera la fleur de poésie
   Ne la pourra cueillir, s'il n'est pareil à vous.

Aimez votre jeunesse, aimez, gardez-la toute !
   Elle est de vos aînés l'espoir et le trésor ;
Portez-la fièrement, sans en perdre une goutte ;
   Portez-la devant vous comme un calice d'or.

Peut-être on vous dira d'y boire avec largesse, 45
    D'y verser hardiment le vin des passions ;
D'autres vous prêcheront l'égoïste sagesse
    Qui rampe et se réserve à ses ambitions.

Mais aux vils tentateurs vous serez indociles !
    La Muse vous conseille, et vous saurez choisir ; 50
Restez dans le sentier des vertus difficiles ;
    Votre âge a des devoirs plus doux que le plaisir.

A vous de mépriser ce qu'un autre âge envie,
    Tout bien et tout renom qu'on acquiert sans efforts.
Dieu vous a faits si fiers, si purs, si pleins de vie, 55
    Pour les belles amours et pour les belles morts.

Venez donc ! je vous suis, et nous volons ensemble ;
    Nous remontons le cours du temps précipité ;
Vous me faites revoir tout ce qui vous ressemble,
    Toute chose où rayonne un éclair de beauté. 60

Avec vous je suis jeune ; avec vous j'ai des ailes,
    Vos ailes de vingt ans, l'espérance et la foi !
Ces deux vertus des forts, qui vous restent fidèles,
    Me rouvrent votre Éden déjà trop loin de moi :

Non pour nous endormir sur ses tapis de mousse, 65
    Pour y suivre, en rêveurs, dans ces détours charmants,
Sous l'ombre où les oiseaux chantent de leur voix douce,
    Les méandres de l'onde et les pas des amants ;

Non pour cueillir sans fin la fleur d'or sur les landes,
    Pour perdre nos printemps à tresser dans les bois, 70
A nouer de nos mains tant de folles guirlandes
    Qui, l'automne arrivé, nous pèsent quelquefois.

Non ! c'est pour y tenter la cime inaccessible
    Où les héros d'Arthur cherchaient le Saint-Graal.
A vous, audacieux qui pouvez l'impossible,
    A vous d'y découvrir, d'y ravir l'idéal !

Faisons, si vous voulez, ce périlleux voyage,
    Loin du sentier banal où notre ardeur se perd.
Montons, pour respirer la pureté sauvage,
    L'héroïque vigueur qu'on retrouve au désert.

Venez vers ces sommets inondés de lumière ;
    L'extase y descendra sur votre front bruni.
Sous ces chênes, vêtus de leur beauté première,
    Imprégnez-vous là-haut d'un souffle d'infini.

Et, dans votre âme, avec le concert qui s'élève,
    Avec le bruit du vent et l'odeur des ravins,
Quand vous aurez senti couler comme une sève
    Tout ce que la nature a d'éléments divins,

Vous irez moissonner dans un autre domaine,
    Dans un autre infini qu'on n'épuise jamais.
Les œuvres des penseurs vous ouvrent l'âme humaine ;
    Visitez avec eux l'histoire et ses sommets.

Là, vous évoquerez les héros et les sages :
    Vous y respirerez leur âme et leur vertu.
Gravez dans votre cœur leurs augustes images ;
    Haïssez avec eux ce qu'ils ont combattu ;

Mangez un pain vivant pétri de leur exemple,
    Si bien que, nourris d'eux, plus calmes et plus forts,
Les portant comme un dieu dont vous seriez le temple,
    Vous sentiez vivre en vous tous ces illustres morts.

Puis, sans vous arrêter, même à ces temps sublimes,
   Au réel trop étroit par votre essor ravis,
Toujours plus haut, toujours plus avant sur les cimes,
   Lancez dans l'idéal vos cœurs inassouvis,

Plus haut ! toujours plus haut, vers ces hauteurs sereines
   Où nos désirs n'ont pas de flux et de reflux,
Où les bruits de la terre, où le chant des sirènes,
   Où les doutes railleurs ne nous parviennent plus !

Plus haut dans le mépris des faux biens qu'on adore,
   Plus haut dans ces combats dont le ciel est l'enjeu,
Plus haut dans vos amours. Montez, montez encore
   Sur cette échelle d'or qui va se perdre en Dieu.

LE BON CHEVAL GRIS

Bon cheval gris, si doux, si sage,
Toi qui portais, quatre à la fois,
Mes chers petits et leur bagage,
Tandis qu'à pied, le long du bois,
Je suivais l'heureux équipage,
Bon cheval gris, si doux, si sage,
Tu mérites plus d'une page
Dans nos histoires d'autrefois.

.

Bien loin, bien loin, par les vallées,
Sur les hauts plateaux verdoyants,
Que d'heures gaîment écoulées
A l'air vif, sous les cieux brillants,
Et combien d'étapes doublées
Grâce à tes pieds sûrs et vaillants !

Lorsqu'ils trottaient dans la bruyère, 15
Comme jadis les quatre preux,
Sur la monture coutumière,
Aucun n'était las ni peureux.
Celui qui demeurait à terre
Se suspendait à ta crinière 20
Dans les sentiers durs et pierreux.

Quand tu croyais reprendre haleine
Sur un gazon fin et luisant,
A l'ombre, au bord de la fontaine,
Où l'on goûtait en s'amusant, 25
Quelque aîné, désobéissant,
Pour faire, tout seul et sans gêne,
Un temps de galop dans la plaine,
Sautait sur ton dos complaisant ;
Ou bien, durant une heure entière, 30
Chantant, riant d'un rire fou,
Toute la blonde fourmilière,
Qui par devant, qui par derrière,
Grimpait de tes pieds à ton cou.

Aussi, que de mains empressées, 35
Au retour du bon cheval gris,
T'apportaient le foin par brassées,
Et t'offraient, à l'envi dressées,
Ta part de sucre et de pain bis !

Mais Dieu sait tout ce qu'il endure 40
De tous ces démons d'écoliers !
Et jamais une égratignure
N'attrista leurs jeux familiers,
Le grand galop sur la verdure,
Le trot à travers les halliers ; 45
Car tu réglais ta souple allure
Sur l'âge de tes cavaliers.

Tu souffrais, sans te troubler guère,
Leurs bonds et leurs cris argentins ;
Tu semblais, indulgent compère   50
De ces mille tours enfantins,
T'en réjouir à ta manière,
Et comprendre l'émoi du père
Au milieu de tous ces lutins.

Et lui, le distrait, le poète,   55
Écuyer des plus maladroits,
Par ton esprit, ô noble bête !
Combien l'as-tu sauvé de fois,
Quand, vers l'azur levant la tête,
Sans voir les périlleux endroits,   60
Sur ton dos il était en quête
D'une rime au tournant du bois !

Les soirs où je fais ton histoire,
C'est à grand peine, on peut m'en croire,
Que de pleurer je me défends.   65
Va ! tu méritais la victoire
Sur ces vains coureurs triomphants ;
Si je pouvais donner la gloire,
J'éterniserais ta mémoire,
Bon vieil ami de mes enfants !   70

   By kind permission of the publisher, M. A. Lemerre, passage Choiseul, Paris.

PART II

CONTEMPORARY POETS
"LES PARNASSIENS"

L. DE LISLE—CH. BAUDELAIRE—TH. DE BANVILLE
—E. MANUEL—A. THEURIET—A. SILVESTRE—
S. PRUDHOMME—F. COPPÉE—J.-M. DE HÉRÉDIA
— P. VERLAINE — M. ROLLINAT — F. FABIÉ —
P. DÉROULÈDE— J. AICARD—J. RICHEPIN

I
LECONTE DE LISLE

1818-1894

MIDI

Midi, roi des étés, épandu sur la plaine,
    Tombe en nappes d'argent des hauteurs du ciel bleu.
Tout se tait. L'air flamboie et brûle sans haleine ;
    La terre est assoupie en sa robe de feu.

L'étendue est immense, et les champs n'ont point d'ombre,
    Et la source est tarie où buvaient les troupeaux ;   6
La lointaine forêt, dont la lisière est sombre,
    Dort là-bas, immobile, en un pesant repos.

Seuls, les grands blés mûris, tels qu'une mer dorée,
    Se déroulent au loin, dédaigneux du sommeil ;   10
Pacifiques enfants de la terre sacrée,
    Ils épuisent sans peur la coupe du soleil.

Parfois, comme un soupir de leur âme brûlante,
    Du sein des épis lourds qui murmurent entre eux,
Une ondulation majestueuse et lente   15
    S'éveille, et va mourir à l'horizon poudreux.

Non loin, quelques bœufs blancs, couchés parmi les herbes,
    Bavent avec lenteur sur leurs fanons épais,
Et suivent de leurs yeux languissants et superbes
    Le songe intérieur qu'ils n'achèvent jamais.   20

Homme, si, le cœur plein de joie ou d'amertume,
    Tu passais vers midi dans les champs radieux,
Fuis ! La nature est vide et le soleil consume :
    Rien n'est vivant ici, rien n'est triste ou joyeux.

Mais si, désabusé des larmes et du rire,   25
    Altéré de l'oubli de ce monde agité,
Tu veux, ne sachant plus pardonner ou maudire,
    Goûter une suprême et morne volupté,

Viens ! Le soleil te parle en paroles sublimes ;
    Dans sa flamme implacable absorbe-toi sans fin ;   30
Et retourne à pas lents vers les cités infimes,
    Le cœur trempé sept fois dans le néant divin.
                              (*Poèmes antiques.*)

LE CŒUR DE HIALMAR

UNE nuit claire, un vent glacé. La neige est rouge.
    Mille braves sont là qui dorment sans tombeaux,
L'épée au poing, les yeux hagards. Pas un ne bouge.
    Au-dessus tourne et crie un vol de noirs corbeaux.

La lune froide verse au loin sa pâle flamme.   5
    Hialmar se soulève entre les morts sanglants,
Appuyé des deux mains au tronçon de sa lame,
    La pourpre du combat ruisselle de ses flancs.

—" Holà ! Quelqu'un a-t-il encore un peu d'haleine,
   Parmi tant de joyeux et robustes garçons
Qui, ce matin, riaient et chantaient à voix pleine
   Comme des merles dans l'épaisseur des buissons ?

" Tous sont muets. Mon casque est rompu, mon armure
   Est trouée, et la hache a fait sauter ses clous.
Mes yeux saignent. J'entends un immense murmure
   Pareil aux hurlements de la mer ou des loups.

" Viens par ici, corbeau, mon brave mangeur d'hommes ;
   Ouvre-moi la poitrine avec ton bec de fer.
Tu nous retrouveras demain tels que nous sommes.
   Porte mon cœur tout chaud à la fille d'Ylmer.

" Dans Upsal, où les Jarls boivent la bonne bière,
   Et chantent, en heurtant les cruches d'or, en chœur,
A tire-d'aile vole, ô rôdeur de bruyère !
   Cherche ma fiancée et porte-lui mon cœur.

" Au sommet de la tour que hantent les corneilles
   Tu la verras debout, blanche, aux longs cheveux noirs ;
Deux anneaux d'argent fin lui pendent aux oreilles,
   Et ses yeux sont plus clairs que l'astre des beaux soirs.

" Va, sombre messager, dis-lui bien que je l'aime,
   Et que voici mon cœur. Elle reconnaîtra
Qu'il est rouge et solide, et non tremblant et blême,
   Et la fille d'Ylmer, corbeau, te sourira !

" Moi, je meurs. Mon esprit coule par vingt blessures.
   J'ai fait mon temps. Buvez, ô loups, mon sang vermeil.
Jeune, brave, riant, libre et sans flétrissures,
   Je vais m'asseoir parmi les Dieux, dans le soleil."
                              (*Poèmes barbares.*)

LES ÉLÉPHANTS

Le sable rouge est comme une mer sans limite,
   Et qui flambe, muette, affaissée en son lit.
   Une ondulation immobile remplit
L'horizon aux vapeurs de cuivre où l'homme habite.

Nulle vie et nul bruit. Tous les lions repus 5
   Dorment au fond de l'antre éloigné de cent lieues,
   Et la girafe boit dans les fontaines bleues,
Là-bas, sous les dattiers des panthères connus.

Pas un oiseau ne passe en fouettant de son aile
   L'air épais où circule un immense soleil. 10
   Parfois quelque boa, chauffé dans son sommeil,
Fait onduler son dos dont l'écaille étincelle.

Tel l'espace enflammé brûle sous les cieux clairs.
   Mais, tandis que tout dort aux mornes solitudes,
   Les éléphants rugueux, voyageurs lents et rudes, 15
Vont au pays natal à travers les déserts.

D'un point de l'horizon, comme des masses brunes,
   Ils viennent, soulevant la poussière, et l'on voit,
   Pour ne point dévier du chemin le plus droit,
Sous leur pied large et sûr crouler au loin les dunes. 20

Celui qui tient la tête est un vieux chef. Son corps
   Est gercé comme un tronc que le temps ronge et mine;
   Sa tête est comme un roc, et l'arc de son échine
Se voûte puissamment à ses moindres efforts.

Sans ralentir jamais et sans hâter sa marche, 25
   Il guide au but certain ses compagnons poudreux;
   Et, creusant par derrière un sillon sablonneux,
Les pèlerins massifs suivent leur patriarche.

L'oreille en éventail, la trompe entre les dents,
    Ils cheminent, l'œil clos. Leur ventre bat et fume,   30
    Et leur sueur dans l'air embrasé monte en brume ;
Et bourdonnent autour mille insectes ardents.

Mais qu'importent la soif et la mouche vorace,
    Et le soleil cuisant leur dos noir et plissé ?
    Ils rêvent en marchant du pays délaissé,   35
Des forêts de figuiers où s'abrita leur race.

Ils reverront le fleuve échappé des grands monts,
    Où nage en mugissant l'hippopotame énorme,
    Où, blanchis par la lune et projetant leur forme,
Ils descendaient pour boire en écrasant les joncs.   40

Aussi, pleins de courage et de lenteur, ils passent
    Comme une ligne noire, au sable illimité ;
    Et le désert reprend son immobilité
Quand les lourds voyageurs à l'horizon s'effacent.
                            (*Poèmes barbares.*)

SACRA FAMES

L'immense mer sommeille. Elle hausse et balance
    Ses houles où le ciel met d'éclatants îlots.
Une nuit d'or emplit d'un magique silence
    La merveilleuse horreur de l'espace et des flots.

Les deux gouffres ne font qu'un abîme sans borne   5
    De tristesse, de paix et d'éblouissement,
Sanctuaire et tombeau, désert splendide et morne
    Où des millions d'yeux regardent fixement.

Tels, le ciel magnifique et les eaux vénérables
    Dorment dans la lumière et dans la majesté,   10
Comme si la rumeur des vivants misérables
    N'avait troublé jamais leur rêve illimité.

Cependant, plein de faim dans sa peau flasque et rude,
  Le sinistre Rôdeur des steppes de la mer
Vient, va, tourne, et, flairant au loin la solitude,
  Entre-bâille d'ennui ses mâchoires de fer.

Certes, il n'a souci de l'immensité bleue,
  Des Trois Rois, du Triangle ou du long Scorpion
Qui tord dans l'infini sa flamboyante queue,
  Ni de l'Ourse qui plonge au clair Septentrion.

Il ne sait que la chair qu'on broie et qu'on dépèce,
  Et, toujours absorbé dans son désir sanglant,
Au fond des masses d'eau lourdes d'une ombre épaisse
  Il laisse errer son œil terne, impassible et lent.

Tout est vide et muet. Rien qui nage ou qui flotte,
  Qui soit vivant ou mort, qu'il puisse entendre ou voir.
Il reste inerte, aveugle, et son grêle pilote
  Se pose pour dormir sur son aileron noir.

Va, monstre ! tu n'es pas autre que nous ne sommes,
  Plus hideux, plus féroce, ou plus désespéré.
Console-toi ! demain tu mangeras des hommes,
  Demain par l'homme aussi tu seras dévoré.

La Faim sacrée est un long meurtre légitime
  Des profondeurs de l'ombre aux cieux resplendissants,
Et l'homme et le requin, égorgeur ou victime,
  Devant ta face, ô Mort, sont tous deux innocents.

(*Poèmes tragiques.*)

By kind permission of the publisher, M. A. Lemerre, passage Choiseul, Paris.

II

CHARLES BAUDELAIRE

1821-1867

L'ALBATROS

Souvent, pour s'amuser, les hommes d'équipage
   Prennent des albatros, vastes oiseaux des mers,
Qui suivent, indolents compagnons de voyage,
   Le navire glissant sur les gouffres amers.

A peine les ont-ils déposés sur les planches,   5
   Que ces rois de l'azur, maladroits et honteux,
Laissent piteusement leurs grandes ailes blanches
   Comme des avirons traîner à côté d'eux.

Ce voyageur ailé, comme il est gauche et veule !
   Lui, naguère si beau, qu'il est comique et laid !   10
L'un agace son bec avec un brûle-gueule,
   L'autre mime, en boitant, l'infirme qui volait !

Le Poète est semblable au prince des nuées
   Qui hante la tempête et se rit de l'archer ;
Exilé sur le sol au milieu des huées,   15
   Ses ailes de géant l'empêchent de marcher.

(Les fleurs du mal.)

HARMONIE DU SOIR

Voici venir les temps où, vibrant sur sa tige,
   Chaque fleur s'évapore ainsi qu'un encensoir ;
   Les sons et les parfums tournent dans l'air du soir ;
Valse mélancolique et langoureux vertige !

Chaque fleur s'évapore ainsi qu'un encensoir ;   5
   Le violon frémit comme un cœur qu'on afflige ;
   Valse mélancolique et langoureux vertige !
Le ciel est triste et beau comme un grand reposoir.

Le violon frémit comme un cœur qu'on afflige,
   Un cœur tendre, qui hait le néant vaste et noir ! 10
   Le ciel est triste et beau comme un grand reposoir ;
Le soleil s'est noyé dans son sang qui se fige . . .

Un cœur tendre, qui hait le néant vaste et noir,
   Du passé lumineux recueille tout vestige !
   Le soleil s'est noyé dans son sang qui se fige . . . 15
Ton souvenir en moi luit comme un ostensoir !
                   (*Les fleurs du mal.*)

LA CLOCHE FÊLÉE

Il est amer et doux, pendant les nuits d'hiver,
   D'écouter, près du feu qui palpite et qui fume,
Les souvenirs lointains lentement s'élever
   Au bruit des carillons qui chantent dans la brume.

Bienheureuse la cloche au gosier vigoureux   5
   Qui, malgré sa vieillesse, alerte et bien portante,
Jette fidèlement son cri religieux,
   Ainsi qu'un vieux soldat qui veille sous la tente !

Moi, mon âme est fêlée, et lorsqu'en ses ennuis
Elle veut de ses chants peupler l'air froid des nuits,
Il arrive souvent que sa voix affaiblie

Semble le râle épais d'un blessé qu'on oublie
Au bord d'un lac de sang, sous un grand tas de morts,
Et qui meurt, sans bouger, dans d'immenses efforts !
(Les fleurs du mal.)

L'HOMME ET LA MER

Homme libre, toujours tu chériras la mer.
   La mer est ton miroir ; tu contemples ton âme
   Dans le déroulement infini de sa lame,
Et ton esprit n'est pas un gouffre moins amer.

Tu te plais à plonger au sein de ton image ;
   Tu l'embrasses des yeux et des bras, et ton cœur
   Se distrait quelquefois de sa propre rumeur
Au bruit de cette plainte indomptable et sauvage.

Vous êtes tous les deux ténébreux et discrets :
   Homme, nul n'a sondé le fond de tes abîmes,
   Ô mer, nul ne connaît tes richesses intimes,
Tant vous êtes jaloux de garder vos secrets !

Et cependant voilà des siècles innombrables
   Que vous vous combattez sans pitié ni remord,
   Tellement vous aimez le carnage et la mort,
Ô lutteurs éternels, ô frères implacables !
(Les fleurs du mal.)

LES CHATS

Les amoureux fervents et les savants austères
   Aiment également, dans leur mûre saison,
   Les chats puissants et doux, orgueil de la maison,
Qui comme eux sont frileux et comme eux sédentaires.

Amis de la science et de la volupté,
  Ils cherchent le silence et l'horreur des ténèbres ;
  L'Érèbe les eût pris pour ses coursiers funèbres,
S'ils pouvaient au servage incliner leur fierté.

Ils prennent en songeant les nobles attitudes
Des grands sphinx allongés au fond des solitudes,
Qui semblent s'endormir dans un rêve sans fin ;

Leurs reins féconds sont pleins d'étincelles magiques,
Et des parcelles d'or, ainsi qu'un sable fin,
Étoilent vaguement leurs prunelles mystiques.
                 (*Les fleurs du mal.*)

LES HIBOUX

Sous les ifs noirs qui les abritent
  Les hiboux se tiennent rangés,
  Ainsi que des dieux étrangers,
Dardant leur œil rouge.   Ils méditent.

Sans remuer ils se tiendront
  Jusqu'à l'heure mélancolique
  Où, poussant le soleil oblique,
Les ténèbres s'établiront.

Leur attitude au sage enseigne
Qu'il faut en ce monde qu'il craigne
Le tumulte et le mouvement ;

L'homme ivre d'une ombre qui passe
Porte toujours le châtiment
D'avoir voulu changer de place.
                 (*Les fleurs du mal.*)

   By kind permission of the publisher, M. Calmann Lévy,
3 rue Auber, Paris.

III

THÉODORE DE BANVILLE

1823-1891

A MA SŒUR ZÉLIE

Ma sœur, ma sœur, n'est-il pas de défense
   Contre l'affront du temps ?
Qui les a pris, ces jours de notre enfance
   Où, les cheveux flottants,

Beaux, enviés par les mères jalouses,   5
   Couple au regard vermeil,
Tu me suivais à travers les pelouses,
   Malgré le grand soleil ?

Te souvient-il de ce jardin sauvage
   Tout au cœur de Moulins,   10
Où nous courions, ignorant tout servage,
   Sous les arbres câlins ?

Il était triste et rempli de mystères.
   Jamais ses beaux fruits mûrs
N'étaient cueillis, et les pariétaires   15
   Envahissaient les murs.

Sur leur sommet que la mousse inégale
    Peignait de ses couleurs,
Montait superbe un rosier du Bengale
    Écrasé sous les fleurs.

Parfois, bercé dans un songe illusoire
    Dont s'enchantent mes yeux,
Quand je revois au fond de ma mémoire
    Ce lieu mystérieux,

Mon souvenir, empli de ses murmures
    Et de ses floraisons,
Y réunit les diverses parures
    De toutes les saisons,

Et tout se mêle ainsi qu'une famille :
    Les soucis et les lys,
La vigne folle avec la grenadille ;
    Près des volubilis,

Le glaïeul rose et ses feuilles en pointes ;
    Partout le vert lézard
Venait courir sur les pierres disjointes ;
    La liberté sans art

Avait rendu leurs énergiques poses
    Aux vieux arbres fruitiers,
Et sur le mur pendaient, blanches et roses,
    Des touffes d'églantiers.

Les nénufars, dans la mare déserte,
    Fleurissaient sur les eaux,
Où se formait une enveloppe verte
    A l'abri des roseaux.

Dis, nous vois-tu dévastant les groseilles
    Et les grains du cassis ?
Autour de nous voltigeaient les abeilles,
    L'éclatante chrysis,

Et mille oiseaux, en bandes familières,
    Se penchaient tout le jour
Pour boire, au bord des urnes que des lierres
    Tapissaient à l'entour.

La solitude avait pris sa revanche
    Dans ce recueillement.
L'ortie, hélas ! coudoyait la pervenche :
    C'était morne et charmant.

Nous jouions là, gais pour une chimère,
    Courant, ou bien assis
Dans le gazon. Parfois notre grand'mère,
    La veuve aux chers soucis,

Qui fut si belle et qui mourut si jeune,
    Se montrait sur le seuil,
Le front pâli comme par un long jeûne,
    Triste et douce, en grand deuil.

A MÉRY

Plus vite que les autans,
Saqui, l'immortelle, au temps
De sa royauté naissante,
Tourbillonnait d'un pied sûr,
A mille pieds en l'air, sur
Une corde frémissante.

Et l'on craignait que d'un bond
Parfois son vol vagabond
Décrochât, par aventure,
Parmi les cieux étoilés,   10
Les astres échevelés
Fouettés par sa chevelure.

En haut vers elle parfois,
Comme de tremblantes voix,
Montaient les cris de la foule   15
Qu'elle voyait du ciel clair
Confuse comme une mer
Où passe l'ardente houle.

Et, soit qu'en faisant un pas
Elle regardât en bas   20
Ou vers les célestes cimes,
Aux cieux que cherchait son vol,
Comme à ses pieds sur le sol,
Elle voyait deux abîmes.

Dans les nuages vermeils,   25
Au beau milieu des soleils
Qu'elle touchait de la tête,
Et parmi l'éther bravé,
Elle songeait au pavé.
Tel est le sort du poète.   30

Il trône dans la vapeur.
Beau métier, s'il n'avait peur
De tomber sur quelque dalle
Parmi les badauds sereins,
Et de s'y casser les reins   35
Comme le fils de Dédale.

Dans l'azur aérien
Qui le sollicite, ou bien
Sur la terre nue et froide
Qu'il aperçoit par lambeau,   40
Il voit partout son tombeau
Du haut de la corde roide,

Et, sylphe au ventre changeant
Couvert d'écailles d'argent,
Il se penche vers la place   45
Du haut des cieux irisés,
Pour envoyer des baisers
A la vile populace.

LES FORGERONS

Rythmé par le marteau sonore,
Le chant joyeux des forgerons
S'envole à grand bruit vers l'aurore,
Plus fier que la voix des clairons.

Jean et Jacques

La forge mugissante allume   5
Nos fronts par la bise mordus,
Et son reflet parmi la brume
Chasse les corbeaux éperdus.

De la Noël au jour de Pâques,
Nuit et jour, c'est comme un enfer.   10

Jacques
Mon frère Jean,

Jean
Mon frère Jacques.

Jacques

Soufflons le feu !

Jean

Battons le fer !

Jacques

Fer grossier que la cheminée
Couvre ici de son noir manteau,
Jusqu' à la fin de la journée 15
Tremble et gémis sous le marteau !

Jean

Pour subir ta métamorphose,
Tu vas sortir, obscur encor,
De la fournaise ardente et rose,
Au milieu d'une gerbe d'or ! 20

Jacques

Puis tu seras l'âpre charrue !
Tu répandras sur les sillons
La moisson blonde, que salue
Le chœur ailé des papillons.

Jean

Tu seras le coursier de flamme, 25
Le coursier terrible et sans peur
Qui dans ses flancs emporte une âme
De charbon rouge et de vapeur.

Jacques

Tu seras la faux qui moissonne,
Tu courberas le seigle mûr, 30
Cette mer vivante où frissonne
L'écarlate et la fleur d'azur.

####### JEAN

Lumière, d'ombre enveloppée,
Tu renaîtras au grand soleil ;
Tu seras le fer de l'épée
Qui se rougit de sang vermeil.

####### JACQUES

Ton destin vil enfin s'élève !
Tu vas surgir dans la clarté,
Pour te mêler, charrue ou glaive,
A la mouvante humanité !

####### JEAN

Tu frémiras pour la justice !

####### JACQUES

Tu serviras à déchirer
Le sein de la terre nourrice.

####### JEAN

Tu vas combattre

####### JACQUES

        Et labourer !

BALLADE DES REGRETS

Pour L'An Mil Huit Cent Trente

Je veux chanter ma ballade à mon tour !
  Ô Poésie, ô ma mère mourante,
Comme tes fils t'aimaient d'un grand amour
Dans ce Paris, en l'an mil huit cent trente !
Pour eux les docks, l'autrichien, la rente,
Les mots de bourse étaient du pur hébreu ;

Enfant divin, plus beau que Richelieu,
Musset chantait, Hugo tenait la lyre,
Jeune, superbe, écouté comme un dieu.
Mais à présent, c'est bien fini de rire.

C'est chez Nodier que se tenait la cour.
Les deux Deschamps, à la voix enivrante,
Et de Vigny charmaient ce clair séjour.
Dorval en pleurs, tragique et déchirante,
Galvanisait la foule indifférente.
Les diamants foisonnaient au ciel bleu !
Passât la Gloire, avec son char de feu,
On y courait comme un juste au martyre,
Dût-on se voir écrasé sous l'essieu.
Mais à présent, c'est bien fini de rire.

Des joailliers connus dans Visapour
Et des seigneurs arrivés de Tarente
Pour Cidalise ou pour la Pompadour
Se provoquaient de façon conquérante.
La brise en fleur nous venait de Sorrente !
A ce jourd'hui les rimeurs, ventrebleu !
Savent le prix d'un lis et d'un cheveu :
Ils comptent bien ; plus de sacré délire !
Tout est conquis par des fesse-mathieu :
Mais à présent, c'est bien fini de rire.

Envoi

En ce temps-là, moi-même, pour un peu,
Féru d'amour pour celle dont l'aveu
Fait ici-bas les Dante et les Shakspere,
J'aurais baisé son brodequin par jeu !
Mais à présent, c'est bien fini de rire.

By kind permission of the publisher, M. A. Lemerre, passage Choiseul, Paris.

IV

EUGÈNE MANUEL

1823

LA ROBE

Dans l'étroite mansarde où glisse un jour douteux,
La femme et le mari se querellaient tous deux.
Il avait, le matin, dormi, cuvant l'ivresse,
Et s'éveillait brutal, mécontent, sans caresse,
Le regard terne encore, et le geste alourdi, 5
Quand l'honnête ouvrier se repose, à midi.
Il avait faim ; sa femme avait oublié l'heure ;
Tout n'était que désordre aussi dans sa demeure ;
Car le coupable, usant d'un stupide détour,
S'empresse d'accuser, pour s'absoudre à son tour ! 10
"Qu'as-tu fait ? d'où viens-tu ? réponds-moi. Je soupçonne
Une femme qui sort et toujours m'abandonne.
— J'ai cherché du travail : car, tandis que tu bois,
Il faut du pain pour vivre, et, s'il gèle, du bois !
— Je fais ce que je veux !
      — Donc je ferai de même ! 15
— J'aime ce qui me plaît !

        — Moi, j'aimerai qui m'aime !
— Misérable ! . . ."
      Et soudain, des injures, des cris,
Tout ce que la misère inspire aux cœurs aigris ;
Avec des mots affreux mille blessures vives ;
Les regrets du passé, les mornes perspectives,   20
Et l'amer souvenir d'un grand bonheur détruit.
Mais l'homme, tout à coup :
      " A quoi bon tout ce bruit ?
J'en suis las ! Tous les jours, c'est dispute nouvelle,
Et c'est par trop souvent me rompre la cervelle,
Beau ménage vraiment que le nôtre, après tout ! 25
Je prends, à vivre ainsi, l'existence en dégoût.
Rien ne m'attire plus dans cette chambre sombre
Où la chance est mauvaise, où des malheurs sans nombre
M'ont accablé."
    La femme aussitôt :
        " Je t'entends.
Eh bien, séparons-nous ! D'ailleurs, voilà longtemps 30
Que nous nous menaçons.
      — C'est juste !
        — En conscience,
J'ai déjà trop tardé.
     — J'eus trop de patience.
Une vie impossible !
     — Un martyre !
        — Un enfer !
— Va-t'en donc ! dit la femme, ayant assez souffert ;
Garde ta liberté ; moi, je reprends la mienne ! 35
C'est assez travailler pour toi. Quoi qu'il advienne,
J'ai mes doigts, j'ai mes yeux : je saurai me nourrir.
Va boire ! tes amis t'attendent ; va courir
Au cabaret ! Le soir, dors où le vin te porte !
Je ne t'ouvrirai plus, ivrogne, cette porte ! 40
— Soit. Mais supposes-tu que je vais te laisser
Les meubles, les effets, le linge, et renoncer

A ce qui me revient dans le peu qui nous reste,
Emportant, comme un gueux, ma casquette et ma
    veste ?
De tout ce que je vois il me faut la moitié.   45
Partageons.   C'est mon bien.
                    — Ton bien ? quelle pitié !
Qui de nous pour l'avoir montra plus de courage ?
Ô pauvre mobilier, que j'ai cru mon ouvrage !
N'importe ! je consens encore à partager :
Je ne veux rien de toi, qui m'es un étranger ! "   50
Et les voilà prenant les meubles, la vaisselle,
Examinant, pesant ; sur leur front l'eau ruisselle ;
La fièvre du départ a saisi le mari ;
Muet, impatient et sans rien d'attendri,
Ouvrant chaque tiroir, bousculant chaque siège,   55
Il presse ce travail impie et sacrilège.
Tout est bouleversé dans le triste taudis,
Dont leur amour peut-être eût fait un paradis.
Confusion sans nom, spectacle lamentable !
Partout, sur le plancher, sur le lit, sur la table,   60
Pêle-mêle, chacun, d'un rapide regard,
Entasse les objets et se choisit sa part.
" Prends ceci ; moi, cela !
                    — Toi, ce verre ; moi l'autre !
— Ces flambeaux, partageons !
                    — Ces draps, chacun le nôtre ! "
Et tous deux consommaient, en s'arrachant leur bien,   65
Ce divorce du peuple, où la loi n'est pour rien.
Le partage tirait à sa fin ; la journée,
Froide et grise, attristait cette tâche obstinée,
Quand soudain l'ouvrier, dans le fond d'un placard,
Sur une planche haute, aperçoit à l'écart   70
Un vieux paquet noué, qu'il ouvre et qu'il déplie.
" Qu'est-ce cela ? dit-il ; du linge qu'on oublie ?
Voyons !. . . des vêtements ?. . . une robe ?. . . un
    bonnet ?. . ."

Leur regard se rencontre, et chacun reconnaît,
Intactes et dormant sous l'oubli des années, 75
D'une enfant qui n'est plus les reliques fanées.
Ils s'arrêtent tous deux, interdits et sans voix ;
Leur cœur est traversé d'un éclair d'autrefois ;
Leur fille en un instant revit là, tout entière,
Dans sa première robe, hélas ! et sa dernière. 80
"C'est à moi, c'est mon bien ! dit l'homme en la
    pressant.
— Non, tu ne l'auras pas, dit-elle, pâlissant ;
Non ; c'est moi qui l'ai faite et moi qui l'ai brodée . . .
— Je la veux.
              — Non, jamais ! pour moi je l'ai gardée,
Et tu peux prendre tout ! laisse-moi seulement, 85
Pour l'embrasser toujours, ce petit vêtement.
Ô cher amour ! pourquoi Dieu l'a-t-il rappelée,
Depuis trois ans tantôt qu'elle s'en est allée,
Si bonne et si gentille ! . . . Ah, depuis son départ,
Tout a changé pour moi : maintenant, c'est trop
    tard !" 90
Et, d'un pas chancelant, elle prit en silence
Les objets, qu'il lâcha sans faire résistance.
Elle arrêta longtemps sur ces restes sacrés,
Immobile et rêvant, ses yeux désespérés ;
Embrassa lentement l'étroite robe blanche, 95
Le petit tablier, le bonnet du dimanche ;
Puis, dans les mêmes plis, comme ils étaient d'abord,
Sombre, elle enveloppa les vêtements de mort,
En murmurant tout bas :
              "Non ! non ! c'est trop d'injure !
Tu te montres trop tard !
              — Trop tard ? En es-tu sûre ? 100
Dit l'homme en éclatant : et puisque notre enfant
Vient nous parler encore, et qu'elle nous défend
De partager la robe où nous l'avons connue,
Et que pour nous gronder son âme est revenue,

Veux-tu me pardonner ? je ne peux plus partir ! ”   105
Il s'assit.   De ses yeux coulait le repentir.
Elle courut à lui :
           “ Tu pleures ! . . . ta main tremble ? . . .”
Et tous deux, sanglotant, dirent “ Restons ensemble ” !

   By kind permission of the publisher, M. Calmann Lévy,
3 rue Auber, Paris.

V

ANDRÉ THEURIET

1833

LES FOINS

Au clair appel du coq chantant sur son perchoir,
Les faucheurs se sont mis à l'œuvre, et la prairie
Dans la blanche rosée a déjà laissé choir,
Derrière eux, un long pan de sa robe fleurie.

Les bruissantes faux vibrant à l'unisson   5
Ouvrent dans l'herbe mûre une large tranchée ;
Deux robustes faneurs, là-bas, fille et garçon,
Retournent au soleil l'odorante jonchée.

Leurs yeux brillent, l'amour sur le même écheveau
A mêlé les fils d'or de leur double jeunesse,   10
Et le voluptueux parfum du foin nouveau
A leur naissant désir ajoute son ivresse. . . .

Comme eux, j'éprouve aussi ton mol enivrement,
Fenaison ! . . . Je revois la saison bienheureuse
Où j'allais par les prés, cherchant naïvement   15
La fleur qui donne au foin son haleine amoureuse.

Et les herbes tombant au rythme sourd des faux
M'apportent le parfum des lointaines années
Dont le Temps, ce faucheur marchant à pas égaux,
Éparpille après lui les floraisons fanées.

La vie est ainsi faite.   Elle ondule à nos yeux
Comme une plantureuse et profonde prairie,
Dont un magicien tendre et mystérieux
Varie à tout moment l'éclatante féerie.

Nous y courons, ravis, cueillant tout sans choisir,
Fauchant jusqu'aux boutons qui s'entr'ouvrent à peine,
Mais l'éblouissement nous ôte le loisir
De savourer les fleurs dont notre main est pleine.

Nos merveilleux bouquets doivent comme le foin
Se faner pour avoir leur plus suave arome ;
C'est quand l'enchantement d'avril est déjà loin
Que son ressouvenir nous suit et nous embaume.

Le présent est pour nous un jardin défendu,
Et nous n'entrons jamais dans la terre promise ;
Mais l'éternel regret de ce bonheur perdu
Donne à nos souvenirs une senteur exquise. . . .

Peut-être est-ce un regret de leur brève splendeur
Qui donne aux foins coupés ces subtiles haleines ?
Toutes les fleurs des prés s'y mêlent comme un chœur ;
Sauges et mélilots, flouves et marjolaines.

Leur musique voilée a des philtres pour tous.
Elle fait soupirer les pensives aïeules
Assises sous l'auvent le front dans les genoux,
Et les bruns amoureux couchés au pied des meules.

La nuit, avec le chant des sources dans les bois, 45
Quand ce concert d'odeurs monte au ciel pacifique,
Vers le bleu paradis des saisons d'autrefois
Le cœur charmé fait un retour mélancolique.

Dans ce passé limpide il croit se rajeunir ;
Il y plonge, il y goûte une paix endormante, 50
Mollement enfoncé dans le doux souvenir
Comme en un tas de foin vert et sentant la menthe.

Puissé-je pour mourir avoir un lit pareil,
Et que ce soit au temps des fenaisons joyeuses,
Quand les grands chars pleins d'herbe, au coucher du soleil,
Ramèneront des prés la troupe des faneuses ! 56

Au soir tombant, leurs voix fraîches éveilleront
L'écho des jours lointains dormant dans ma mémoire ;
Je verrai s'allumer les astres sur mon front
Comme des lampes d'or au fond d'un oratoire ; 60

Et lorsque peu à peu les funèbres pavots
Sur mes yeux lourds seront tombés comme des voiles,
Mon dernier souffle, avec l'odeur des foins nouveaux,
S'en ira lentement vers le ciel plein d'étoiles.

By kind permission of the publisher, M. A. Lemerre, passage Choiseul, Paris.

VI

ARMAND SILVESTRE

1837

LES NUAGES

I

Du front des sources qui, sans trêve,
Se lamentent sous les gazons,
Vers le ciel bleu des horizons
Ils sont remontés, comme un rêve :

Fils des terrestres éléments,   5
Nés des pleurs éternels de l'onde,
Plus haut que ses gémissements
Ils ont fui par delà le monde !

Et, sous leurs ailes obscurci,
L'azur attristé les emporte,   10
Les Nuages, blanche cohorte. . . .
—Les Morts légers passent ainsi.—

II

S'il est vrai que les morts vont vite,
D'où viennent-ils, où s'en vont-ils,
Ces souffles errants et subtils   15
Qu'une âme vagabonde habite ?

Oh ! si vous vivez sans remords,
Votre douleur fut éphémère,
Vous qui laissez errer vos morts
Ainsi que des enfants sans mère !   20

Les miens ! j'ai su les retenir
Dans mon cœur, jalouse demeure
Où chaque matin je les pleure
Pour les empêcher de partir.

III

Pour les empêcher de partir   25
Je leur parle avec vigilance,
Je les écoute, et leur silence
Ne lasse pas mon souvenir !

Car l'oubli seul donne des ailes
Aux morts que nous avons pleurés,   30
Et, si vous êtes immortelles,
Âmes, mes sœurs, vous m'attendrez !

La même fange nous rassemble ;
Le même azur, Dieu nous le doit !
—Quand le nid devient trop étroit,   35
Tous les oiseaux partent ensemble.

IV

Aux oiseaux vagabonds pareils,
Les nuages, blanche cohorte,
Plus haut que l'azur qui les porte,
Montent-ils vers d'autres soleils ?

Par delà les sphères mortelles,
Rencontrent-ils des cieux plus beaux ?
—Où vont ces Icares nouveaux
Fondre la neige de leurs ailes ?

Tristes de l'éternel souci
Que font les choses inconnues,
Nous poursuivons le vol des nues . . .
—Les Morts légers passent ainsi !

PATRIA

Sonnets Héroïques

I

Ô gloire des soldats mourant dans les batailles,
Seule gloire restée et qui tente l'effort,
Je t'envie à qui meurt pour le droit du moins fort,
Et mon âme te suit parmi les funérailles !

Prêt d'oublier l'horreur de ces grands champs de mort,
Où le vol des chevaux disperse vos entrailles,
Où, couchés sous le vent des lointaines mitrailles,
Vous reposez en paix, meurtriers sans remord ;

Je pense que, du moins, seuls, au temps où nous sommes,
L'instinct du sacrifice a fait de vous des hommes ;
Qu'insoucieux du but, du devoir convaincus,

Vous le servez quand même et d'une âme aguerrie ;
Ô gloire de tous ceux qu'a pleurés la patrie,
Je t'envie à qui meurt pour le droit des vaincus !

II

Alors je pense au temps où, d'un bond héroïque, 15
Des enfants de seize ans, sous leurs fusils ployés,
Couraient à la frontière et déchiraient leurs pieds
Aux chemins, en criant : Vive la République !

Quand le courage était une vertu civique
A ce peuple naissant de martyrs oubliés, 20
Quand de leur propre sang tes fils multipliés,
France, te saluaient comme une mère antique,

Et, légitime orgueil de ta fécondité,
Tombaient en s'écriant : Vive la liberté !
—Apprenons à nos fils la gloire de nos pères, 25

De leur nom plus encor que du nôtre jaloux :
Si grands que vous soyez, ô soldats, ô mes frères,
Ceux qui mouraient alors étaient plus grands que vous !

III

Immuable splendeur du Beau ! gloire du Juste !
Derniers autels de ceux qu'ont trahis leurs autels ! 30
Vous gardez, comme on garde un héritage auguste,
Le secret de la mort qui nous fait immortels.

Ainsi qu'aux flots du bronze une image s'incruste,
Des âges ont passé que vos sceaux éternels
Ont marqués, pour le Temps, d'une empreinte robuste 35
Et que notre mémoire a rendus solennels ;

Des âges où la force, éprise de lumière,
Demandait à l'Esprit son ennoblissement,
Où la pensée était l'âme du dévouement,

Où la Patrie était, dans tout cœur, tout entière,
Où vingt ans reliaient la tombe et le berceau
Par un sillon de gloire, et se nommaient Marceau !

IV

Marceau !—Quand l'âme eut fui de sa poitrine ouverte,
Souffle ardent qui passa sur les fronts éperdus,
Ce fut comme un remords immense de sa perte
Qui prit tous ces soldats ensemble confondus,

Comme une horreur secrète envahissant la plaine
Où la moisson guerrière ondoyait au tambour ;
Le vent chargé de fer suspendit son haleine,
Et, mornes, les canons se turent tout un jour.

Les vainqueurs oubliant d'achever la victoire,
Librement, dans l'azur, vers sa grande mémoire
Le pardon des vaincus monta religieux.

Et ces deux flots humains qu'un peu de sang sépare,
—Tels les flots Égéens, linceul du doux Icare,—
Pleurèrent cet enfant qui tombait glorieux !

V

Les Titans sont tombés ; dans l'air silencieux
Leur sang pur monte encore et, comme une fumée,
Emporte dans les cieux leur âme consumée
Des rêves éternels qu'ils avaient pris aux cieux.

La Terre, maternelle aux cœurs audacieux,
Sur ses enfants meurtris lentement s'est fermée ;
Mais, pour longtemps tari, son flanc capricieux
Tira de leur semence une race pygmée,

Du corps de ces lions un peuple de fourmis ;
Et nous n'osons nommer nos pères endormis,
Plus prêts d'être des dieux que nous d'être des hommes !

Et nous traînons si bas leur souvenir puissant
Qu'à nous voir le porter, on ne sait si nous sommes
Les vers de leurs tombeaux ou les fils de leur sang.

VI

Si, pour faire une place à leur grand souvenir,
Il faut meurtrir beaucoup nos cœurs étroits, qu'importe !
Ils se refermeront, élargis de la sorte
Qu'un mâle sentiment s'y puisse contenir,

Que la pensée y germe et s'y fasse assez forte
Pour que la liberté nous puisse revenir,
Et que fleurisse enfin sur cette gloire morte
La semaille que l'heure apporte à l'avenir.

Comme un ferment sacré qui soulève les gerbes
Et pousse vers l'azur l'honneur des blés superbes,
Leur mémoire contient tous nos biens enfermés :

Le courage et la foi vivace, inviolée,
Y creusent leur racine, et, dans l'ombre voilée,
La Justice y mûrit l'espoir des opprimés.

VII

Le temps est sans pitié qui fait naître après l'heure
Ceux dont l'heure eût servi les aspirations,
Ridicules débris de générations
Dont la gloire, pour eux, n'est que regret et leurre.

Rendez-moi les grands jours des grandes passions,
Les combats dont toujours le souvenir demeure ;
Rendez-moi les périls, que j'en vive ou j'en meure !
—A la frontière encor faut-il que nous courions ?

Le temps est sans pitié pour nous de rendre vaines
Les ardeurs du sang pur qui consume nos veines,
Et d'emplir nos esprits de ce doute jaloux :

Quatre-vingts ans plus tôt, peut-être, parmi vous,
Comme vous j'aurais fait ma mémoire fameuse,
Ô peuple de héros, soldats de Sambre-et-Meuse !

By kind permission of the publisher, M. A. Lemerre, passage Choiseul, Paris.

VII

SULLY-PRUDHOMME

1839

LE VASE BRISÉ

Le vase où meurt cette verveine
   D'un coup d'éventail fut fêlé :
Le coup dut l'effleurer à peine :
   Aucun bruit ne l'a révélé.

Mais la légère meurtrissure,   5
   Mordant le cristal chaque jour,
D'une marche invisible et sûre
   En a fait lentement le tour.

Son eau fraîche a fui goutte à goutte,
   Le suc des fleurs s'est épuisé ;   10
Personne encore ne s'en doute ;
   N'y touchez pas, il est brisé.

Souvent aussi la main qu'on aime,
   Effleurant le cœur, le meurtrit ;
Puis le cœur se fend de lui-même,   15
   La fleur de son amour périt ;

Toujours intact aux yeux du monde,
Il sent croître et pleurer tout bas
Sa blessure fine et profonde ;
Il est brisé, n'y touchez pas.

L'AGONIE

Vous qui m'aiderez dans mon agonie,
    Ne me dites rien ;
Faites que j'entende un peu d'harmonie,
    Et je mourrai bien.

La musique apaise, enchante et délie
    Des choses d'en bas :
Bercez ma douleur ; je vous en supplie,
    Ne lui parlez pas.

Je suis las des mots, je suis las d'entendre
    Ce qui peut mentir ;
J'aime mieux les sons qu'au lieu de comprendre
    Je n'ai qu'à sentir :

Une mélodie où l'âme se plonge
    Et qui, sans effort,
Me fera passer du délire au songe,
    Du songe à la mort.

Vous qui m'aiderez dans mon agonie,
    Ne me dites rien.
Pour allégement un peu d'harmonie
    Me fera grand bien.

Vous irez chercher ma pauvre nourrice,
    Qui mène un troupeau,
Et vous lui direz que c'est un caprice,
    Au bord du tombeau,

D'entendre chanter, tout bas, de sa bouche, 25
    Un air d'autrefois,
Simple et monotone, un doux air qui touche
    Avec peu de voix.

Vous la trouverez : les gens des chaumières
    Vivent très longtemps ; 30
Et je suis d'un monde où l'on ne vit guères
    Plusieurs fois vingt ans.

Vous nous laisserez tous les deux ensemble :
    Nos cœurs s'uniront ;
Elle chantera d'un accent qui tremble, 35
    La main sur mon front.

Lors elle sera peut-être la seule
    Qui m'aime toujours,
Et je m'en irai dans son chant d'aïeule
    Vers mes premiers jours, 40

Pour ne pas sentir, à ma dernière heure,
    Que mon cœur se fend,
Pour ne plus penser, pour que l'homme meure
    Comme est né l'enfant.

Vous qui m'aiderez dans mon agonie, 45
    Ne me dites rien ;
Faites que j'entende un peu d'harmonie,
    Et je mourrai bien.

PREMIÈRE SOLITUDE

On voit dans les sombres écoles
    Des petits qui pleurent toujours ;
Les autres font leurs cabrioles,
    Eux, ils restent au fond des cours.

Leurs blouses sont très bien tirées,
    Leurs pantalons en bon état,
Leurs chaussures toujours cirées ;
    Ils ont l'air sage et délicat.

Les forts les appellent des filles,
    Et les malins des innocents :
Ils sont doux, ils donnent leurs billes,
    Ils ne seront pas commerçants.

Les plus poltrons leur font des niches,
    Et les gourmands sont leurs copains ;
Leurs camarades les croient riches,
    Parce qu'ils se lavent les mains.

Ils frissonnent sous l'œil du maître,
    Son ombre les rend malheureux.
Ces enfants n'auraient pas dû naître,
    L'enfance est trop dure pour eux !

Oh ! la leçon qui n'est pas sue,
    Le devoir qui n'est pas fini !
Une réprimande reçue,
    Le déshonneur d'être puni !

Tout leur est terreur et martyre ;
    Le jour, c'est la cloche, et, le soir,
Quand le maître enfin se retire,
    C'est le désert du grand dortoir :

La lueur des lampes y tremble
    Sur les linceuls des lits de fer ;
Le sifflet des dormeurs ressemble
    Au vent sur les tombes l'hiver.

Pendant que les autres sommeillent,
    Faits au coucher de la prison,
Ils pensent au dimanche, ils veillent   35
    Pour se rappeler la maison ;

Ils songent qu'ils dormaient naguères
    Douillettement ensevelis
Dans les berceaux, et que les mères
    Les prenaient parfois dans leurs lits.   40

Ô mères, coupables absentes,
    Qu'alors vous leur paraissez loin !
A ces créatures naissantes
    Il manque un indicible soin ;

On leur a donné les chemises,   45
    Les couvertures qu'il leur faut :
D'autres que vous les leur ont mises,
    Elles ne leur tiennent pas chaud.

Mais, tout ingrates que vous êtes,
    Ils ne peuvent vous oublier,   50
Et cachent leurs petites têtes,
    En sanglotant, sous l'oreiller.

LES VIEILLES MAISONS

JE n'aime pas les maisons neuves,
    Leur visage est indifférent ;
Les anciennes ont l'air de veuves
    Qui se souviennent en pleurant.

Les lézardes de leur vieux plâtre   5
    Semblent les rides d'un vieillard ;
Leurs vitres au reflet verdâtre
    Ont comme un triste et bon regard !

Leurs portes sont hospitalières,
   Car ces barrières ont vieilli ;
Leurs murailles sont familières
   A force d'avoir accueilli.

Les clés s'y rouillent aux serrures,
   Car les cœurs n'ont plus de secrets ;
Le temps y ternit les dorures,
   Mais fait ressembler les portraits.

Des voix chères dorment en elles,
   Et dans les rideaux des grands lits
Un souffle d'âmes paternelles
   Remue encor les anciens plis ;

J'aime les âtres noirs de suie
   D'où l'on entend bruire en l'air
Les hirondelles ou la pluie
   Avec le printemps ou l'hiver ;

Les escaliers que le pied monte
   Par des degrés larges et bas,
Dont il connaît si bien le compte,
   Les ayant creusés de ses pas ;

Le toit dont fléchissent les pentes ;
   Le grenier aux ais vermoulus,
Qui fait rêver sous ses charpentes
   A des forêts qui ne sont plus.

J'aime surtout dans la grand'salle
   Où la famille a son foyer,
La poutre unique, transversale,
   Portant le logis tout entier :

Immobile et laborieuse,
   Elle soutient, comme autrefois,
La race inquiète et rieuse
   Qui se fie encore à son bois.   40

Elle ne rompt pas sous la charge,
   Bien que déjà ses flancs ouverts
Sentent leur blessure plus large
   Et soient tout criblés par les vers ;

Par une force qu'on ignore   45
   Rassemblant ses derniers morceaux,
Le chêne au grand cœur tient encore
   Sous la cadence des berceaux.

Mais les enfants croissent en âge,
   Déjà la poutre plie un peu ;   50
Elle cédera davantage ;
   Les ingrats la mettront au feu. . . .

Et, quand ils l'auront consumée,
   Le souvenir de son bienfait
S'envolera dans sa fumée.   55
   Elle aura péri tout à fait,

Dans ses restes de toutes sortes
   Éparse sous mille autres noms ;
Bien morte, car les choses mortes
   Ne laissent pas de rejetons.   60

Comme les servantes usées
   S'éteignent dans l'isolement,
Les choses tombent méprisées
   Et finissent entièrement.

C'est pourquoi, lorsqu'on livre aux flammes 65
  Les débris des vieilles maisons,
Le rêveur sent brûler des âmes
  Dans les bleus éclairs des tisons.

LE JOUG

Quand un jeune cheval vient de quitter sa mère,
  Parce qu'il a senti l'horizon l'appeler,
Qu'il entend sous ses pieds le beau son de la terre,
  Et qu'on voit au soleil ses crins étinceler,
Dans le vent qui lui parle il agite la tête 5
  Et son hennissement trahit sa puberté :
C'est son premier beau jour, c'est la première fête
  De sa vigueur naissante et de sa liberté !
Fils indiscipliné, seul devant la nature,
  Il éprouve un orgueil qu'il ne connaissait pas, 10
Et, l'œil tout ébloui de jour et de verdure,
  Il ne sait où porter la fougue de ses pas.
Va-t-il dans l'Océan braver les flots superbes
  Sous son poitrail blanchi sans cesse reformés,
Ou lutter dans la plaine avec les hautes herbes, 15
  Se rouler et dormir dans les foins embaumés ?
Va-t-il gravir là-bas les montagnes vermeilles ?
  Pour sauter les ravins ployer ses forts jarrets ?
Ou, se fouettant les flancs pour chasser les abeilles,
  Sur la bruyère en fleurs courir dans les forêts ? 20
Va-t-il, sur les gazons poursuivant sa compagne,
  Répandre sa jeunesse en généreux ébats ?
Ou, l'ami d'un guerrier que la mort accompagne,
  Respirer l'air bruyant et poudreux des combats ?
Quels seront ses plaisirs ? Pendant qu'il délibère 25
  Et que sur la campagne il promène les yeux,

Il sent derrière lui comme une aile légère
  D'un toucher caressant flatter ses crins soyeux,
Puis un poignet soudain les saisir et les tordre. . . .
  Oh ! ce n'étaient donc pas les vents ou les oi-
    seaux ? . . . 30
Il se tourne, il voit l'homme; il trépigne et veut mordre :
  Et l'homme audacieux l'a pris pas les naseaux.
Le quadrupède altier se rassemble et recule,
  Il se cabre, il bondit, se jette par côté,
Et secouant la main que son haleine brûle, 35
  Au roi majestueux résiste épouvanté.
En fatigants transports il s'use et se consume,
  Car il est contenu par un lutteur adroit
Qui de son bras nerveux tout arrosé d'écume
  Oppose à sa fureur un obstiné sang-froid. 40
Le cheval par ses bonds lui fait fléchir le torse,
  Dans le sable foulé lui fait mettre un genou ;
Puis par le poing du maître il est courbé de force,
  Et touche par moments sa croupe avec son cou :
Enfin, blanc de sueur et le sang à la bouche, 45
  Le rebelle a compris qu'il fallait composer :
"Je t'appartiens, tyran, dit le poulain farouche ;
  Quel joug déshonorant veux-tu donc m'imposer ?
Crois-moi ; je ne suis point un serviteur vulgaire :
  Quand on les a sanglés, tous mes pareils sont morts ; 50
Tu me peux librement, à la chasse, à la guerre,
  Conduire par la voix sans cravache et sans mors.
J'ai la fidélité si l'homme a la prudence,
  Dans tes regards divins je lirai tes désirs ;
Laisse-moi partager avec indépendence 55
  Tes glorieux travaux et tes fougueux plaisirs ;
Respecte ma beauté, car ma prunelle brille
  Et ma robe luisante a la couleur du blé ;
Et respecte mon sang, car j'ai dans ma famille
  Des coursiers d'Abydos dont Homère a parlé !" 60
Mais l'homme a répondu : "Non, je me civilise,

Et toute la nature est soumise à ma loi ;
L'injustice envers elle est à moi seul permise,
   J'ai besoin d'un esclave et je m'adresse à toi."

Jeune homme de vingt ans, voilà bien ta fortune !   65
   Tu cherchais simplement ton naturel milieu ;
Le pacte humain te pèse, et sa loi t'importune :
   Tu voulais rester seul avec ton âme et Dieu.
Et tu disais : "La terre au bonheur me convie,
   Ce bonheur est un droit, et ce droit est sacré ;   70
Je n'ai ni demandé ni désiré la vie :
   Il est juste, il est beau que j'en use à mon gré !"
Tes courses dans les champs, par les oiseaux guidées,
   Te montraient les blés d'or mûris par un Dieu bon ;
Tes rêves exploraient le palais des idées   75
   Sur la trace d'Homère et du divin Platon.
Alors, tu t'es épris des bois et des montagnes ;
   Les vents réjouissaient ta sauvage fierté,
Ton regard possédait les immenses campagnes,
   Et ton cœur proclamait l'antique Liberté :   80
Non pas la Liberté comme Barbier l'a peinte,
   La reine des faubourgs trônant sur le pavé,
Qui fait périr le droit dans sa brutale étreinte,
   Les bras rouges d'un sang qu'on n'a jamais lavé ;
Mais la Liberté pure, aux ailes grandioses,   85
   Qui porte l'espérance et l'amour dans ses yeux,
Et chante, le front ceint de moissons et de roses,
   Un pied dans les sillons, la chevelure aux cieux !
Et devant cette vierge offerte à ta caresse
   Dans le ravissement tu t'étais arrêté,   90
Comme un adolescent contemple sa maîtresse
   Et ne peut croire encore à sa félicité.
Inquiété d'un sang que la jeunesse embrase,
   Tu palpitais ; debout, au seuil de l'avenir,
Tu laissais déborder dans les pleurs de l'extase   95
   L'infini que ton cœur ne pouvait contenir.

Mais, un jour, tu frémis ; une secrète gêne
    A de tous tes désirs noué l'avide essor :
On t'apprend que tout homme est l'anneau d'une chaîne,
    Et que la liberté n'est qu'un bienfait de l'or ;   100
On t'apprend qu'au sortir du ventre de sa mère
    L'enfant signe ce pacte avec l'humanité ;
Que sans avoir de droit sur un pouce de terre,
    Il donne sur lui-même un droit illimité ;
Qu'elle n'est pas à toi la fleur que tu veux prendre :   105
    Paye et vends si tu peux ; paye et vends le bonheur :
La terre voit tous ceux qui n'ont jamais su vendre
    Pâlir sur sa mamelle, une main sur le cœur.
Soumets-toi ; car le monde, en sa marche pressée,
    Entraîne le plus fort, trouble le plus hardi,   110
Étend son lourd niveau sur l'homme de pensée
    Qui fléchit à son tour, servile et refroidi.
Tel un dur laminoir, qui hurle et s'accélère,
    Dévore le barreau brut, intraitable, ardent,
L'écrase, le façonne en sa terrible serre   115
    Et n'en fait bientôt plus qu'un tiède et noir serpent.
Tu croyais, pour sauver ta liberté chérie,
    Qu'il suffirait de dire à tes concitoyens
"Je ne vous connais pas ; la terre est ma patrie ;
    Trafiquez de vos droits, moi je garde les miens !"   120
Mais en vain tu fuyais leur froide tyrannie :
    Ils t'ont traîné soudain dans le commun torrent.
En vain, leur alléguant ton cœur et ton génie,
    Tu réclamais l'honneur d'un destin différent ;
Sache que leur faveur est un bruit d'une année,   125
    Qu'un rêveur n'est plus rien quand son front a pâli,
Et que le plus fameux, cherchant un Prytanée,
    Ne trouve que l'insulte, et le rire, et l'oubli ;
Qu'on pourra t'accuser de tendre des mains viles
    Pour n'avoir pas vendu le toit de tes aïeux,   130
Car un peuple à ses rois fait des listes civiles,
    Mais il ne sait plus faire une offrande à ses dieux.

Et tu diras en vain que tes chants sont utiles,
　　Que nul œuvre n'est grand sans l'inspiration :
Ce n'est plus aujourd'hui que surgissent les villes　135
　　A la puissante voix d'un sublime Amphion.
Le monde répondra : "Non, je me civilise.
　　Je veux des ouvriers et surtout des soldats :
Le trafic enrichit et la guerre est permise ;
　　Tu me dois ton amour, ton génie et ton bras !"　140

By kind permission of the publisher, M. A. Lemerre, passage Choiseul, Paris.

VIII

FRANÇOIS COPPÉE

1842

PETITS BOURGEOIS

Je n'ai jamais compris l'ambition. Je pense
Que l'homme simple trouve en lui sa récompense ;
Et le modeste sort dont je suis envieux,
Si je travaille bien et si je deviens vieux,
Sans que mon cœur de luxe ou de gloire s'affame, 5
C'est celui d'un vieil homme avec sa vieille femme,
Aujourd'hui bons rentiers, hier petits marchands,
Retirés tout au bout du faubourg, près des champs.
Oui, cette vie intime est digne du poète.
Voyez : Le toit pointu porte une girouette, 10
Les roses sentent bon dans leurs carrés de buis,
Et l'ornement de fer fait bien sur le vieux puits.
Près du seuil, dont les trois degrés forment terrasse,
Un paisible chien noir, qui n'est guère de race,
Au soleil de midi, dort, couché sur le flanc. 15
Le maître, en vieux chapeau de paille, en habit blanc,
Avec un sécateur qui lui sort de la poche,
Marche dans le sentier principal et s'approche

Quelquefois d'un certain rosier de sa façon
Pour le débarrasser d'un gros colimaçon.
Sous le bosquet sa femme est à l'ombre et tricote,
Auprès d'elle le chat joue avec la pelote.
La treille est faite avec des cercles de tonneaux,
Et sur le sable fin sautillent les moineaux.
Par la porte, on peut voir, dans la maison commode,
Un vieux salon meublé selon l'ancienne mode,
Même quelques détails vaguement aperçus :
Une pendule avec Napoléon dessus,
Et des têtes de sphinx à tous les bras de chaise.
Mais ne souriez pas, car on doit être à l'aise,
Heureux du jour présent et sûr du lendemain,
Dans ce logis de sage observé du chemin.
Là sont des gens de bien, sans regret, sans envie,
Et qui font comme ont fait leurs pères. Dans leur vie,
Tout est patriarcal et traditionnel.
Ils mettent de côté la bûche de Noël,
Ils songent à l'avance aux lessives futures,
Et, vers le temps des fruits, ils font des confitures.
Ils boivent du cassis, innocente liqueur !
Et chez eux tout est vieux, tout, excepté le cœur.
Ont-ils tort, après tout, de trouver nécessaires
Le premier jour de l'an et les anniversaires,
D'observer le carême et de tirer les Rois,
De faire, quand il tonne, un grand signe de croix,
D'être heureux que la fleur embaume et l'herbe croisse,
Et de rendre le pain bénit à leur paroisse ?
— Ceux-là seuls ont raison qui, dans ce monde-ci,
Calmes et dédaigneux du hasard, ont choisi
Les douces voluptés que l'habitude engendre.—
Chaque dimanche, ils ont leur fille avec leur gendre ;
Le jardinet s'emplit du rire des enfants,
Et, bien que les après-midi soient étouffants,
L'on puise et l'on arrose, et la journée est courte.
Puis, quand le pâtissier survient avec la tourte,

On s'attable au jardin, déjà moins échauffé, 55
Et la lune se lève au moment du café.
Quand le petit garçon s'endort, on le secoue,
Et tous s'en vont alors, baisés sur chaque joue,
Monter dans l'omnibus voisin, contents et las,
Et chargés de bouquets énormes de lilas. 60

— Merci bien, bonnes gens, merci bien, maisonnette,
Pour m'avoir, l'autre jour, donné ce rêve honnête,
Qu'en m'éloignant de vous mon esprit prolongeait
Avec la jouissance exquise du projet.

LA BÉNÉDICTION

Or, en mil huit cent neuf, nous prîmes Saragosse.
J'étais sergent.   Ce fut une journée atroce.
La ville prise, on fit le siège des maisons,
Qui, bien closes, avec des airs de trahisons,
Faisaient pleuvoir les coups de feu par leurs fenêtres. 5
On se disait tout bas : " C'est la faute des prêtres."
Et, quand on en voyait s'enfuir dans le lointain,
Bien qu'on eût combattu dès le petit matin,
Avec les yeux brûlés de poussière et la bouche
Amère du baiser sombre de la cartouche, 10
On fusillait gaîment et soudain plus dispos
Tous ces longs manteaux noirs et tous ces grands chapeaux.
Mon bataillon suivait une ruelle étroite.
Je marchais, observant les toits à gauche, à droite,
A mon rang de sergent, avec les voltigeurs, 15
Et je voyais au ciel de subites rougeurs,
Haletantes ainsi qu'une haleine de forge.
On entendait des cris de femmes qu'on égorge,
Au loin, dans le funèbre et sourd bourdonnement.
Il fallait enjamber des morts à tout moment. 20

Nos hommes se baissaient pour entrer dans les bouges,
Puis en sortaient avec leurs baïonnettes rouges,
Et du sang de leurs mains faisaient des croix au mur ;
Car dans ces défilés il fallait être sûr
De ne pas oublier un ennemi derrière. 25
Nous allions sans tambour et sans marche guerrière,
Nos officiers étaient pensifs. Les vétérans,
Inquiets, se serraient les coudes dans les rangs
Et se sentaient le cœur faible d'une recrue.

Tout à coup, au détour d'une petite rue, 30
On nous crie en français : "A l'aide !" En quelques bonds
Nous joignons nos amis en danger, et tombons
Au milieu d'une belle et brave compagnie
De grenadiers chassée avec ignominie
Du parvis d'un couvent seulement défendu 35
Par vingt moines, démons noirs au crâne tondu,
Qui sur la robe avaient la croix de laine blanche,
Et qui, pieds nus, le bras sanglant hors de la manche,
Les assommaient à coups d'énormes crucifix.
Ce fut tragique : avec tous les autres je fis 40
Un feu de peloton qui balaya la place.
Froidement, méchamment, car la troupe était lasse
Et tous nous nous sentions des âmes de bourreaux,
Nous tuâmes ce groupe horrible de héros.
Et cette action vile une fois consommée, 45
Lorsque se dissipa la compacte fumée,
Nous vîmes, de dessous les corps enchevêtrés,
De longs ruisseaux de sang descendre les degrés.
— Et, derrière, s'ouvrait l'église, immense et sombre.

Les cierges étoilaient de points d'or toute l'ombre ; 50
L'encens y répandait son parfum de langueur ;
Et, tout au fond, tourné vers l'autel, dans le chœur,
Comme s'il n'avait pas entendu la bataille,
Un prêtre en cheveux blancs et de très haute taille
Terminait son office avec tranquillité. 55

Ce mauvais souvenir si présent m'est resté
Qu'en vous le racontant je crois tout revoir presque :
Le vieux couvent avec sa façade moresque,
Les grands cadavres bruns des moines, le soleil
Faisant sur les pavés fumer le sang vermeil, 60
Et dans l'encadrement noir de la porte basse,
Ce prêtre et cet autel brillant comme une châsse,
Et nous autres cloués au sol, presque poltrons.
Certes ! j'étais alors un vrai sac à jurons,
Un impie ; et plus d'un encore se rappelle 65
Qu'on me vit une fois, au sac d'une chapelle,
Pour faire le gentil et le spirituel,
Allumer une pipe aux cierges de l'autel.
Déjà j'étais un vieux traîneur de sabretache ;
Et le pli que donnait ma lèvre à ma moustache 70
Annonçait un blasphème et n'était pas trompeur.
— Mais ce vieil homme était si blanc qu'il me fit peur.

"Feu !" dit un officier.

                         Nul ne bougea. Le prêtre
Entendit, à coup sûr, mais n'en fit rien paraître,
Et nous fit face avec son grand saint sacrement ; 75
Car sa messe en était arrivée au moment
Où le prêtre se tourne et bénit les fidèles.
Ses bras levés avaient une envergure d'ailes.
Et chacun recula, lorsque avec l'ostensoir
Il décrivit la croix dans l'air et qu'on put voir 80
Qu'il ne tremblait pas plus que devant les dévotes.
Et quand sa belle voix, psalmodiant les notes,
Comme font les curés dans tous leurs *Oremus*
Dit

       "*Benedicat vos omnipotens Deus,*"

"Feu !—répéta la voix féroce,—ou je me fâche." 85

Alors un d'entre nous, un soldat, mais un lâche,
Abaissa son fusil et fit feu.   Le vieillard
Devint très pâle, mais, sans baisser son regard
Étincelant d'un sombre et farouche courage :

"*Pater et Filius*," reprit-il.

                                       Quelle rage 90
Ou quel voile de sang affolant un cerveau
Fit partir de nos rangs un coup de feu nouveau ?
Je ne sais ; mais pourtant cette action fut faite.
Le moine, d'une main s'appuyant sur le faîte
De l'autel et tâchant de nous bénir encor 95
De l'autre, souleva le lourd ostensoir d'or.
Pour la troisième fois il traça dans l'espace
Le signe du pardon, et, d'une voix très basse,
Mais qu'on entendit bien, car tous bruits s'étaient tus,
Il dit, les yeux fermés :

                    "*Et Spiritus sanctus.*" 100

Puis tomba mort, ayant achevé sa prière.

L'ostensoir rebondit par trois fois sur la pierre.
Et, comme nous restions, même les vieux troupiers,
Sombres, l'horreur vivante au cœur et l'arme aux pieds,
Devant ce meurtre infâme et devant ce martyre : 105

"*Amen !*" dit un tambour en éclatant de rire.

LA GRÈVE DES FORGERONS

Mon histoire, messieurs les juges, sera brève.
Voilà : Les forgerons s'étaient tous mis en grève.
C'était leur droit.   L'hiver était très dur.   Enfin
Le faubourg, cette fois, était las d'avoir faim

Le samedi, le soir du payement de semaine,
On me prend doucement par le bras, on m'emmène
Au cabaret et, là, les plus vieux compagnons
— J'ai déjà refusé de vous livrer leurs noms —
Me disent :

        — Père Jean, nous manquons de courage.
Qu'on augmente la paye ou, sinon, plus d'ouvrage.
On nous exploite, et c'est notre unique moyen.
Donc nous vous choisissons, comme étant le doyen,
Pour aller prévenir le patron, sans colère,
Que, s'il n'augmente pas notre pauvre salaire,
Dès demain, tous les jours sont autant de lundis.
Père Jean, êtes-vous notre homme ?

        Moi, je dis :

— Je veux bien, puisque c'est utile aux camarades.

Mon président, je n'ai pas fait de barricades ;
Je suis un vieux paisible et me méfie un peu
Des habits noirs pour qui l'on fait le coup de feu.
Mais je ne pouvais pas leur refuser, peut-être.
Je prends donc la corvée et me rends chez le maître ;
J'arrive et je le trouve à table ; on m'introduit ;
Je lui dis notre gêne et tout ce qui s'ensuit,
Le pain trop cher, le prix des loyers. Je lui conte
Que nous n'en pouvons plus ; j'établis un long compte
De son gain et du nôtre, et conclus poliment
Qu'il pourrait, sans ruine, augmenter le payement.
Il m'écouta, tranquille, en cassant des noisettes,
Et me dit à la fin :

        — Vous, père Jean, vous êtes
Un honnête homme, et ceux qui vous poussent ici
Savaient ce qu'ils faisaient quand ils vous ont choisi.

Pour vous, j'aurai toujours une place à ma forge.
Mais sachez que le prix qu'ils demandent m'égorge,
Que je ferme demain l'atelier, et que ceux 35
Qui font les turbulents sont tous des paresseux.
C'est là mon dernier mot ; vous pouvez le leur dire.

Moi, je réponds :

— C'est bien, monsieur.

Je me retire,
Le cœur sombre, et m'en vais rapporter aux amis
Cette réponse, ainsi que je l'avais promis. 40
Là-dessus, grand tumulte. On parle politique,
On jure de ne pas rentrer à la boutique,
Et dam, je jure aussi, moi, comme les anciens.

Ah ! plus d'un, ce soir-là, lorsque devant les siens
Il jeta sur un coin de table sa monnaie, 45
Ne dut pas, j'en réponds, se sentir l'âme gaie
Ni sommeiller sa nuit tout entière en songeant
Que de longtemps peut-être on n'aurait plus d'argent,
Et qu'il allait falloir s'accoutumer au jeûne.
— Pour moi le coup fut dur, car je ne suis plus jeune 50
Et je ne suis pas seul. Lorsque, rentré chez nous,
Je pris mes deux petits-enfants sur mes genoux,
— Mon gendre a mal tourné, ma fille est morte en couches —
Je regardai, pensif, ces deux petites bouches
Qui bientôt connaîtraient la faim, et je rougis 55
D'avoir ainsi juré de rester au logis.
Mais je n'étais pas plus à plaindre que les autres ;
Et, comme on sait tenir un serment chez les nôtres,
Je me promis encor de faire mon devoir.
Ma vieille femme alors rentra de son lavoir, 60
Ployant sous un paquet de linge tout humide,

Et je lui dis la chose avec un air timide.
La pauvre n'avait pas le cœur à se fâcher ;
Elle resta, les yeux fixés sur le plancher,
Immobile longtemps et répondit :

         — Mon homme, 65
Tu sais bien que je suis une femme économe.
Je ferai ce qu'il faut, mais les temps sont bien lourds
Et nous avons du pain au plus pour quinze jours.

Moi, je repris :

      — Cela s'arrangera peut-être.
Quand je savais qu'à moins de devenir un traître 70
Je n'y pouvais plus rien, et que les mécontents,
Afin de maintenir la grève plus longtemps,
Sauraient bien surveiller et punir les transfuges.

Et la misère vint.— Ô mes juges, mes juges,
Vous croyez bien que, même au comble du malheur, 75
Je n'aurais jamais pu devenir un voleur,
Que rien que d'y songer, je serais mort de honte,
Et je ne prétends pas qu'il faille tenir compte,
Même au désespéré qui du matin au soir
Regarde dans les yeux son propre désespoir, 80
De n'avoir jamais eu de coupable pensée.
Pourtant, lorsqu'au plus fort de la saison glacée
Ma vieille honnêteté voyait — vivants défis —
Ma vaillante compagne et mes deux petits-fils
Grelotter tous les trois près du foyer sans flamme, 85
Devant ces cris d'enfants, devant ces pleurs de femme,
Devant ce groupe affreux de froid pétrifié,
Jamais — j'en jure ici par ce Crucifié —
Jamais dans mon cerveau sombre n'est apparue
Cette action furtive et vile de la rue, 90
Où le cœur tremble, où l'œil guette, où la main saisit.

— Hélas ! si mon orgueil à présent s'adoucit,
Si je plie un moment devant vous, si je pleure,
C'est que je les revois, ceux de qui tout à l'heure
J'ai parlé, ceux pour qui j'ai fait ce que j'ai fait.   95

Donc on se conduisit d'abord comme on devait.
On mangea du pain sec et l'on mit tout en gage.
Je souffrais bien.   Pour nous, la chambre c'est la cage,
Et nous ne savons pas rester à la maison,
Voyez-vous.   J'ai tâté depuis de la prison,   100
Et je n'ai pas trouvé de grande différence.
Puis ne rien faire, c'est encore une souffrance.
On ne le croirait pas, eh bien, il faut qu'on soit
Les bras croisés par force ; alors on s'aperçoit
Qu'on aime l'atelier et que cette atmosphère   105
De limaille et de feu, c'est celle qu'on préfère.

Au bout de quinze jours, nous étions sans un sou.
— J'avais passé ce temps à marcher comme un fou,
Seul, allant devant moi, tout droit, parmi la foule.
Car le bruit des cités vous endort et vous soûle,   110
Et, mieux que l'alcool, fait oublier la faim.
Mais, comme je rentrais, une fois, vers la fin
D'une après-midi froide et grise de décembre,
Je vis ma femme assise en un coin de la chambre
Avec les deux petits serrés contre son sein,   115
Et je pensais :

        — C'est moi qui suis leur assassin,

Quand la vieille me dit, douce et presque confuse :

— Mon pauvre homme, le Mont-de-Piété refuse
Le dernier matelas comme étant trop mauvais.
Où vas-tu maintenant trouver du pain ?

          — J'y vais,
Répondis-je, et, prenant à deux mains mon courage,
Je résolus d'aller me remettre à l'ouvrage ;
Et, quoique me doutant qu'on me repousserait,
Je me rendis d'abord dans le vieux cabaret
Où se tenaient toujours les meneurs de la grève.
— Lorsque j'entrai, je crus, sur ma foi, faire un rêve.
On buvait là, tandis que d'autres avaient faim ;
On buvait ! — Oh ! ceux-là qui leur payaient ce vin
Et prolongeaient ainsi notre horrible martyre,
Qu'ils entendent encore un vieillard les maudire !
— Dès que vers les buveurs je me fus avancé
Et qu'ils virent mes yeux rouges, mon front baissé,
Ils comprirent un peu ce que je venais faire ;
Mais, malgré leur air sombre et leur accueil sévère,
Je leur parlai.
     — Je viens pour vous dire ceci :
C'est que j'ai soixante ans passés, ma femme aussi,
Que mes deux petits-fils sont restés à ma charge
Et que dans la mansarde où nous vivons au large
Tous nos meubles étant vendus — on est sans pain.
Un lit à l'hôpital, mon corps au carabin,
C'est un sort pour un gueux comme moi, je suppose ;
Mais pour ma femme et mes petits, c'est autre chose.
Donc je veux retourner tout seul sur les chantiers.
Mais, avant tout, il faut que vous le permettiez
Pour qu'on ne puisse pas sur moi faire d'histoires.
Voyez. J'ai les cheveux tout blancs et les mains noires,
Et voilà quarante ans que je suis forgeron.
Laissez-moi retourner tout seul chez le patron.
J'ai voulu mendier, je n'ai pas pu. Mon âge
Est mon excuse. On fait un triste personnage
Lorsqu'on porte à son front le sillon qu'a gravé
L'effort continuel du marteau soulevé
Et qu'on veut au passant tendre une main robuste.
Je vous prie à deux mains. Ce n'est pas trop injuste

Que ce soit le plus vieux qui cède le premier. 155
Laissez-moi retourner tout seul à l'atelier.
Voilà tout. Maintenant dites si ça vous fâche.

Un d'entre eux fit vers moi trois pas et me dit :

— Lâche !

Alors j'eus froid au cœur et le sang m'aveugla.
Je regardai celui qui m'avait dit cela. 160
C'était un grand garçon, blême aux reflets des lampes,
Un malin, un coureur de bals, qui sur les tempes,
Comme une fille, avait deux gros accroche-cœurs.
Il ricanait, fixant sur moi ses yeux moqueurs ;
Et les autres gardaient un si profond silence 165
Que j'entendais mon cœur battre avec violence.

Tout à coup j'étreignis dans mes deux mains mon front
Et m'écriai :

— Ma femme et mes petits mourront.
Soit. Et je n'irai pas travailler. — Mais je jure
Que, toi, tu me rendras raison de cette injure, 170
Et que nous nous battrons, tout comme des bourgeois.
Mon heure ? Sur-le-champ. Mon arme ? J'ai le choix,
Et, parbleu ! ce sera le lourd marteau d'enclume
Plus léger pour nos bras que l'épée ou la plume ;
Et vous, les compagnons, vous serez les témoins. 175
Or çà, faites le cercle et cherchez dans les coins
Deux de ces bons frappeurs de fer couverts de rouille.
Et toi, vil insulteur de vieux, allons, dépouille
Ta blouse et ta chemise, et crache dans ta main !

Farouche et me frayant des coudes un chemin 180
Parmi les ouvriers, dans un coin des murailles,
Je choisis deux marteaux sur un tas de ferrailles,

Et, les ayant jugés d'un coup d'œil, je jetai
Le meilleur à celui qui m'avait insulté.
Il ricanait encor, mais à toute aventure,
Il prit l'arme et gardant toujours cette posture
Défensive :

— Allons, vieux, ne fais pas le méchant.

Mais je ne répondis au drôle qu'en marchant
Contre lui, le gênant de mon regard honnête
Et faisant tournoyer au-dessus de ma tête
Mon outil de travail, mon arme de combat.
Jamais le chien couché sous le fouet qui le bat,
Dans ses yeux effarés et qui demandent grâce,
N'eut une expression de prière aussi basse
Que celle que je vis alors dans le regard
De ce louche poltron qui reculait, hagard,
Et qui vint s'acculer contre le mur du bouge.
Mais il était trop tard, hélas ! — Un voile rouge,
Une brume de sang descendit entre moi
Et cet être pourtant terrassé par l'effroi ;
Et d'un seul coup, d'un seul, je lui brisai le crâne !

Je sais que c'est un meurtre et que tout me condamne,
Et je ne voudrais pas vraiment qu'on chicanât
Et qu'on prît comme duel un simple assassinat.
Il était à mes pieds, mort, perdant sa cervelle,
Et, comme un homme à qui tout à coup se révèle
Toute l'immensité du remords de Caïn,
Je restai là, cachant mes deux yeux sous ma main,
Lorsque les compagnons de moi se rapprochèrent
Et, voulant me saisir, en tremblant me touchèrent.
Mais je les écartai d'un geste, sans effort,
Et leur dis :

— Laissez-moi. Je me condamne à mort.

Ils comprirent. Alors, retirant ma casquette,
Je la leur présentai, disant, comme à la quête :
— Pour la femme et pour les enfants, mes bons amis. 215
Et cela fit dix francs qu'un vieux leur a remis.
— Puis j'allai me livrer moi-même au commissaire.

A présent, vous avez un récit très sincère
De mon crime et pouvez ne pas faire grand cas
De ce que vous diront messieurs les avocats. 220
Je n'ai même conté le détail de la chose
Que pour bien vous prouver que quelquefois la cause
D'un fait vient d'un concours d'événements fatal.
Les mioches maintenant sont au même hôpital
Où le chagrin tua ma vaillante compagne. 225
Donc, pour moi, que ce soit la prison ou le bagne,
Ou même le pardon, je n'en ai plus souci ;
— Et, si vous m'envoyez à l'échafaud, merci !

By kind permission of the publisher, M. A. Lemerre, passage Choiseul, Paris.

IX

JOSÉ-MARIA DE HÉRÉDIA

1842

ANTOINE ET CLÉOPÂTRE

I.—Le Cydnus

Sous l'azur triomphal, au soleil qui flamboie,
La trirème d'argent blanchit le fleuve noir,
Et son sillage y laisse un parfum d'encensoir
Avec des chants de flûte et des frissons de soie.

A la proue éclatante où l'épervier s'éploie, 5
Hors de son dais royal se penchant pour mieux voir,
Cléopâtre, debout dans la splendeur du soir,
Semble un grand oiseau d'or qui guette au loin sa proie.

Voici Tarse où l'attend le guerrier désarmé ;
Et la brune Lagide ouvre dans l'air charmé 10
Ses bras d'ambre où la pourpre a mis des reflets roses ;

Et ses yeux n'ont pas vu, présages de son sort,
Auprès d'elle, effeuillant sur l'eau sombre des roses,
Les deux Enfants divins, le Désir et la Mort.

II.—Soir de Bataille

Le choc avait été très rude. Les tribuns 15
Et les centurions, ralliant les cohortes,
Humaient encor, dans l'air où vibraient leurs voix fortes,
La chaleur du carnage et ses âcres parfums.

D'un œil morne, comptant leurs compagnons défunts,
Les soldats regardaient, comme les feuilles mortes, 20
Tourbillonner au loin les archers de Phraortes ;
Et la sueur coulait de leurs visages bruns.

C'est alors qu'apparut, tout hérissé de flèches,
Rouge du flux vermeil de ses blessures fraîches,
Sous la pourpre flottante et l'airain rutilant, 25

Au fracas des buccins qui sonnaient leur fanfare,
Superbe, maitrisant son cheval qui s'effare,
Sur le ciel enflammé, l'Imperator sanglant !

III.—Antoine et Cléopâtre

Tous deux, ils regardaient, de la haute terrasse,
L'Égypte s'endormir sous un ciel étouffant 30
Et le Fleuve, à travers le Delta noir qu'il fend,
Vers Bubaste ou Saïs rouler son onde grasse.

Et le Romain sentait sous la lourde cuirasse,
Soldat captif berçant le sommeil d'un enfant,
Ployer et défaillir sur son cœur triomphant 35
Le corps voluptueux que son étreinte embrasse.

Tournant sa tête pâle entre ses cheveux bruns,
Vers celui qu'enivraient d'invincibles parfums,
Elle tendit sa bouche et ses prunelles claires ;

Et, sur elle courbé, l'ardent Imperator 40
Vit dans ses larges yeux étoilés de points d'or
Toute une mer immense où fuyaient des galères.

NÉMÉE

Depuis que le Dompteur entra dans la forêt
En suivant sur le sol la formidable empreinte,
Seul, un rugissement a trahi leur étreinte.
Tout s'est tu. Le soleil s'abîme et disparaît.

A travers le hallier, la ronce et le guéret, 5
Le pâtre épouvanté qui s'enfuit vers Tirynthe
Se tourne et voit, d'un œil élargi par la crainte,
Surgir au bord des bois le grand fauve en arrêt.

Il s'écrie ! Il a vu la terreur de Némée,
Qui sur le ciel sanglant ouvre sa gueule armée 10
Et la crinière éparse et les sinistres crocs ;

Car l'ombre grandissante avec le crépuscule
Fait, sous l'horrible peau qui flotte autour d'Hercule,
Mêlant l'homme à la bête, un monstrueux héros.

LE RÉCIF DE CORAIL

Le soleil sous la mer, mystérieuse aurore,
Éclaire la forêt des coraux Abyssins
Qui mêle, aux profondeurs de ses tièdes bassins,
La bête épanouie et la vivante flore.

Et tout ce que le sel ou l'iode colore, 5
Mousse, algue chevelue, anémones, oursins,
Couvre de pourpre sombre, en somptueux dessins,
Le fond vermiculé du pâle madrépore.

De sa splendide écaille éteignant les émaux
Un grand poisson navigue à travers les rameaux ; 10
Dans l'ombre transparente indolemment il rôde ;

Et brusquement, d'un coup de sa nageoire en feu,
Il fait, par le cristal morne, immobile et bleu,
Courir un frisson d'or, de nacre et d'émeraude.

LE LIT

Qu'il soit encourtiné de brocart ou de serge,
Triste comme une tombe ou joyeux comme un nid,
C'est là que l'homme naît, se repose et s'unit,
Enfant, époux, vieillard, aïeule, femme ou vierge.

Funèbre ou nuptial, que l'eau sainte l'asperge 5
Sous le noir crucifix ou le rameau bénit,
C'est là que tout commence et là que tout finit
De la première aurore au feu du dernier cierge.

Humble, rustique et clos, ou fier du pavillon
Triomphalement peint d'or et de vermillon, 10
Qu'il soit de chêne brut, de cyprès ou d'érable ;

Heureux qui peut dormir sans peur et sans remords
Dans le Lit paternel, massif et vénérable,
Où tous les siens sont nés aussi bien qu'ils sont morts.

Reprinted, by kind permission. from M. A. Lemerre's
"Anthologie des Poètes français du 16ème siècle."

X

PAUL VERLAINE

1844-1896

BOURNEMOUTH

Le long bois de sapins se tord jusqu'au rivage,
L'étroit bois de sapins, de lauriers et de pins,
Avec la ville autour déguisée en village :
Châlets éparpillés rouges dans le feuillage
Et les blanches villas des stations de bains.   5

Il fait un de ces temps ainsi que je les aime,
Ni brume ni soleil ! le soleil deviné,
Pressenti, du brouillard mourant dansant à même
Le ciel très haut qui tourne et fuit, rose de crème ;
L'atmosphère est de perle et la mer d'or fané.   10

Du sommet de la tour il part un chant de cloche,
Puis deux et trois et quatre, et puis huit à la fois,
Instinctive harmonie allant de proche en proche,
Enthousiasme, joie, appel, douleur, reproche,
Avec de l'or, du bronze et du feu dans la voix.   15

Bruit immense et bien doux que le long bois écoute !
La Musique n'est pas plus belle. Cela vient
Lentement sur la mer qui chante et frémit toute,
Comme sous une armée au pas sonne une route
Dans l'écho qu'un combat d'avant-garde retient.   20

La Sonnerie est morte. Une rouge trainée
De grands sanglots palpite et s'éteint sur la mer,
L'éclair froid d'un couchant de la nouvelle année
Ensanglante là-bas la ville couronnée
De nuit tombante, et vibre à l'ouest encore clair.   25

MON RÊVE FAMILIER

Je fais souvent ce rêve étrange et pénétrant
D'une femme inconnue, et que j'aime, et qui m'aime,
Et qui n'est, chaque fois, ni tout à fait la même
Ni tout à fait une autre, et m'aime et me comprend.

Car elle me comprend, et mon cœur, transparent   5
Pour elle seule, hélas ! cesse d'être un problème
Pour elle seule, et les moiteurs de mon front blême,
Elle seule les sait rafraîchir, en pleurant.

Est-elle brune, blonde ou rousse ? Je l'ignore.
Son nom ? Je me souviens qu'il est doux et sonore   10
Comme ceux des aimés que la Vie exila.

Son regard est pareil au regard des statues,
Et, pour sa voix, lointaine, et calme, et grave, elle a
L'inflexion des voix chères qui se sont tues.

PARABOLE

Soyez béni, Seigneur, qui m'avez fait chrétien
Dans ces temps de féroce ignorance et de haine ;
Mais donnez-moi la force et l'audace sereine
De vous être à toujours fidèle comme un chien,

De vous être l'agneau destiné qui suit bien
Sa mère et ne sait faire au pâtre aucune peine,
Sentant qu'il doit sa vie encore, après sa laine,
Au maître, quand il veut utiliser ce bien,

Le poisson, pour servir au Fils de monogramme,
L'ânon obscur qu'un jour en triomphe il monta,
Et, dans ma chair, les porcs qu'à l'abîme il jeta.

Car l'animal, meilleur que l'homme et que la femme,
En ces temps de révolte et de duplicité,
Fait son humble devoir avec simplicité.

ART POÉTIQUE

De la musique avant toute chose,
    Et pour cela préfère l'Impair
    Plus vague et plus soluble dans l'air,
Sans rien en lui qui pèse ou qui pose.

Il faut aussi que tu n'ailles point
    Choisir tes mots sans quelque méprise :
    Rien de plus cher que la chanson grise
Où l'Indécis au Précis se joint.

C'est des beaux yeux derrière des voiles,
   C'est le grand jour tremblant de midi,
   C'est, par un ciel d'automne attiédi,
Le bleu fouillis des claires étoiles !

Car nous voulons la Nuance encor,
   Pas la Couleur, rien que la nuance !
   Oh ! la nuance seule fiance
Le rêve au rêve et la flûte au cor !

Fuis du plus loin la Pointe assassine,
   L'Esprit cruel et le Rire impur,
   Qui font pleurer les yeux de l'Azur,
Et tout cet ail de basse cuisine !

Prends l'Éloquence et tords-lui son cou !
   Tu feras bien, en train d'énergie,
   De rendre un peu la Rime assagie.
Si l'on n'y veille, elle ira jusqu'où ?

Ô qui dira les torts de la Rime ?
   Quel enfant sourd ou quel nègre fou
   Nous a forgé ce bijou d'un sou
Qui sonne creux et faux sous la lime ?

De la musique encore et toujours !
   Que ton vers soit la chose envolée
   Qu'on sent qui fuit d'une âme en allée
Vers d'autres cieux, à d'autres amours.

Que ton vers soit la bonne aventure
   Éparse au vent crispé du matin
   Qui va fleurant la menthe et le thym . . .
Et tout le reste est littérature.

  Reprinted, by kind permission, from M. A. Lemerre's
' Anthologie des Poètes français du 19ème siècle."

XI

MAURICE ROLLINAT

1846

LA MARE AUX GRENOUILLES

Cette mare, l'hiver, devient inquiétante,
    Elle s'étale au loin sous le ciel bas et gris,
Sorte de poix aqueuse, horrible et clapotante,
    Où trempent les cheveux des saules rabougris.

La lande tout autour fourmille de crevasses,
    L'herbe rare y languit dans des terrains mouvants,
D'étranges végétaux s'y convulsent, vivaces,
    Sous le fouet invisible et féroce des vents ;

Les animaux transis, que la rafale assiège,
    Y râlent sur des lits de fange et de verglas,
Et les corbeaux—milliers de points noirs sur la neige—
    Les effleurent du bec en croassant leur glas.

Mais la lande, l'été, comme une tôle ardente,
    Rutile en ondoyant sous un tel brasier bleu,
Que l'arbre, la bergère et la bête rôdante
    Aspirent dans l'air lourd des effluves de feu.

Pourtant, jamais la mare aux ajoncs fantastiques
　　Ne tarit. Vert miroir tout encadré de fleurs
Et d'un fourmillement de plantes aquatiques,
　　Elle est rasée alors par les merles siffleurs.

Aux saules, aux gazons que la chaleur tourmente,
　　Elle offre l'éventail de son humidité,
Et, riant à l'azur,—limpidité dormante,—
　　Elle s'épanouit comme un lac enchanté.

Or, plus que les brebis, vaguant toutes fluettes
　　Dans la profondeur chaude et claire du lointain,
Plus que les papillons, fleurs aux ailes muettes,
　　Qui s'envolent dans l'air au lever du matin,

Plus que l'Ève des champs, fileuse de quenouilles,
　　Ce qui m'attire alors sur le vallon joyeux,
C'est que la grande mare est pleine de grenouilles,
　　—Bon petit peuple vert qui réjouit mes yeux.—

Les unes ; père, mère, enfant mâle et femelle,
　　Lasses de l'eau vaseuse à force de plongeons,
Par sauts précipités, grouillantes, pêle-mêle,
　　Friandes de soleil, s'élancent hors des joncs ;

Elles s'en vont au loin s'accroupir sur les pierres,
　　Sur les champignons plats, sur les bosses des troncs,
Et clignotent bientôt leurs petites paupières
　　Dans un nimbe endormeur et bleu de moucherons.

Émeraude vivante au sein des herbes rousses,
　　Chacune luit en paix sous le midi brûlant ;
Leur respiration a des lenteurs si douces
　　Qu'à peine on voit bouger leur petit goître blanc.

Elles sont là, sans bruit rêvassant par centaines, 45
    S'enivrant au soleil de leur sécurité ;
Un scarabée errant du bout de ses antennes
    Fait tressaillir parfois leur immobilité.

La vipère et l'enfant—deux venins !—sont pour elles
    Un plus mortel danger que le pied lourd des bœufs : 50
A leur approche, avec des bonds de sauterelles,
    Je les vois se ruer à leurs gîtes bourbeux ;

Les autres que sur l'herbe un bruit laisse éperdues,
    Ou qui préfèrent l'onde au sol poudreux et dur,
A la surface, aux bords, les pattes étendues, 55
    Inertes, hument l'air, le soleil et l'azur.

Ces reptiles mignons qui sont, malgré leur forme,
    Poissons dans les marais, et sur la terre oiseaux,
Sautillent à mes pieds, que j'erre ou que je dorme,
    Sur le bord de l'étang troué par leurs museaux. 60

Je suis le familier de ces bêtes peureuses
    A ce point que, sur l'herbe et dans l'eau, sans émoi,
Dans la saison du frai qui les rend langoureuses,
    Elles viennent s'unir et s'aimer devant moi.

Et près d'elles, toujours, le mal qui me torture, 65
    L'ennui,—sombre veilleur,—dans la mare s'endort ;
Et, ravi, je savoure une ode à la nature
    Dans l'humble fixité de leurs yeux cerclés d'or.

Et tout rit : ce n'est plus le corbeau qui croasse
    Son hymne sépulcral aux charognes d'hiver ; 70
Sur la lande aujourd'hui la grenouille coasse,
    Bruit monotone et gai claquant sous le ciel clair.

                      (*Dans les Brandes.*)

LES POULICHES

Frissonnantes, ridant leur peau gris-pommelé
  Au moindre frôlement des zéphyrs et des mouches,
  Les pouliches, non loin des grands taureaux farouches,
Trottinent sur les bords du pacage isolé.

Dans ce vallon tranquille où les ronces végètent   5
  Et qu'embrume l'horreur des joncs appesantis,
  La sauterelle joint son aigre cliquetis
Aux hennissements courts et stridents qu'elles jettent.

Dressant leur jarrets fins et leur cou chevelu,
  Elles tremblent de peur au bruit du train qui passe,
  Et leurs yeux inquiets interrogent l'espace   11
Depuis l'arbre lépreux jusqu'au rocher velu.

Et tandis qu'on entend prononcer des syllabes
  Aux échos du ravin plein d'ombre et de fracas,
  Elles enflent au vent leurs naseaux délicats,   15
Fiers comme ceux du zèbre et des juments arabes.

L'averse dont le sol s'embaume, et qui dans l'eau
  Crépite en dessinant des ronds qui s'entrelacent ;
  Les lames d'argent blanc qui polissent et glacent
Le tronc du jeune chêne et celui du bouleau ;   20

Un lièvre qui s'assied sur les mousses crépues ;
  Des chariots plaintifs dans un chemin profond :
  Autant de visions douces qui satisfont
La curiosité des pouliches repues.

Même en considérant les margots et les geais   25
  Qui viennent en amis leur conter des histoires,
  Elles ont tout l'éclat de leurs prunelles noires :
C'est du feu pétillant sous des globes de jais !

Elles mêlent souvent à leurs douces querelles
   Le friand souvenir de leurs mères juments,   30
   Et vont avec de vifs et gentils mouvements
Se mordiller le ventre et se téter entre elles.

Leur croupe se pavane, et leur toupet joyeux,
   S'échappant du licol en cuir qui les attache,
   Parfois sur leur front plat laisse voir une tache   35
Ovale de poils blancs lisses comme des yeux.

Autour des châtaigniers qui perdent leur écorce,
   Elles ont dû passer la nuit à l'air brutal,
   Car la rosée, avec ses gouttes de cristal,
Diamante les bouts de leur crinière torse.   40

Mais bientôt le soleil flambant comme un enfer
   Réveillera leur queue aux battements superbes
   Et fourbira parmi les mouillures des herbes
Leurs petits sabots blonds encor vierges du fer.

                      (*Les Névroses.*)

   By kind permission of the publishers, MM. Charpentier et Fasquelle, 11 rue de Grenelle, Paris.

XII
FRANÇOIS FABIÉ
1846

LES GENÊTS

Les genêts, doucement balancés par la brise,
  Sur les vastes plateaux font une houle d'or ;
  Et, tandis que le pâtre à leur ombre s'endort,
Son troupeau va broutant cette fleur qui le grise ;

Cette fleur qui le fait bêler d'amour, le soir,   5
  Quand il roule du haut des monts vers les étables,
  Et qu'il croise en chemin les grands bœufs vénérables
Dont les doux beuglements appellent l'abreuvoir ;

Cette fleur toute d'or, de lumière et de soie,
  En papillons posée au bout des brins menus,   10
  Et dont les lourds parfums semblent être venus
De la plage lointaine où le soleil se noie . . .

Certes, j'aime les prés où chantent les grillons,
  Et la vigne pendue aux flancs de la colline,
  Et les champs de bleuets sur qui le blé s'incline,   15
Comme sur des yeux bleus tombent des cheveux blonds.

Mais je préfère aux prés fleuris, aux grasses plaines,
   Aux coteaux où la vigne étend ses pampres verts,
   Les sauvages sommets, de genêts recouverts,
Qui font au vent d'été de si fauves haleines.   20

     *   *   *   *   *

Vous en souvenez-vous, genêts de mon pays,
   Des petits écoliers aux cheveux en broussailles
   Qui s'enfonçaient sous vos rameaux comme des cailles,
Troublant dans leur sommeil les lapins ébahis ?

Comme l'herbe était fraîche à l'abri de vos tiges !   25
   Comme on s'y trouvait bien, sur le dos allongé,
   Dans le thym qui faisait, aux sauges mélangé,
Un parfum enivrant à donner des vertiges !

Et quelle émotion lorsqu'un léger frou-frou
   Annonçait la fauvette apportant la pâture,   30
   Et qu'en bien l'épiant on trouvait d'aventure
Son nid plein d'oiseaux nus et qui tendaient le cou !

Quel bonheur, quand le givre avait garni de perles
   Vos fins rameaux émus qui sifflaient dans le vent,
   — Précoces braconniers,— de revenir souvent   35
Tendre en vos corridors des lacets pour les merles !

     *   *   *   *   *

Mais il fallut quitter les genêts et les monts,
   S'en aller au collège étudier des livres,
   Et sentir, loin de l'air natal qui vous rend ivres,
S'engourdir ses jarrets et siffler ses poumons ;   40

Passer de longs hivers, dans des salles bien closes,
   A regarder la neige à travers les carreaux,
   Éternuant dans des auteurs petits et gros,
Et soupirant après les oiseaux et les roses ;

Et, l'été, se haussant sur son banc d'écolier, 45
  Comme un forçat qui, tout en ramant, tend sa chaîne,
  Pour sentir si le vent de la lande prochaine
Ne vous apporte pas le parfum familier . . .

* * * * *

Enfin, la grille s'ouvre ! On retourne au village ;
  Ainsi que les genêts, notre âme est tout en fleurs, 50
  Et dans les houx remplis de vieux merles siffleurs
On sent un air plus pur qui vous souffle au visage.

On retrouve l'enfant blonde avec qui, cent fois,
  On a jadis couru la forêt et la lande ;
  Elle n'a point changé,—sinon qu'elle est plus grande, 55
Que ses yeux sont plus doux et plus douce sa voix.

— "Revenons aux genêts !—Je le veux bien !" dit-elle.
  Et l'on va côte à côte, en causant, tout troublés
  Par le souffle inconnu qui passe sur les blés,
Par le chant d'une source, ou par le bruit d'une aile. 60

Les genêts ont grandi, mais pourtant moins que nous :
  Il faut nous bien baisser pour passer sous leurs branches,
  Encore accroche-t-elle un peu ses coiffes blanches ;
Quant à moi, je me mets simplement à genoux.

Et nous parlons des temps lointains, des courses folles, 65
  Des nids ravis ensemble, et de ces riens charmants
  Qui paraissent toujours sublimes aux amants,
Parce que leurs regards soulignent leurs paroles.

Puis, le silence ; puis, la rougeur des aveux,
  Et le sein qui palpite, et la main qui tressaille, 70
  Et le bras amoureux qui fait ployer la taille . . .
Comme le serpolet sent bon dans les cheveux !

Et les fleurs des genêts nous font un diadème ;
   Et, par l'écartement des branches,—haut dans l'air,—
   Paraît comme un point noir l'alouette au chant clair 75
Qui, de l'azur, bénit le coin d'ombre où l'on aime !

Ah ! de ces jours lointains,—si lointains et si doux !—
   De ces jours dont un seul vaut une vie entière,
   — Et de la blonde enfant qui dort au cimetière,
Genêts de mon pays, vous en souvenez-vous ? 80

By kind permission of the publisher, M. A. Lemerre, passage Choiseul, Paris.

XIII

PAUL DÉROULÈDE

1846

LE SERGENT

Ah ! c'était un fameux sergent que Maître-Jacque ! . . .
Ses officiers l'avaient doté de ce surnom
Pour avoir, certain jour et dans certaine attaque,
Joué de tout un peu, fusil, sabre et canon.

En Italie, en Chine, en Crimée, au Mexique, 5
Il avait guerroyé partout, partout vainqueur,
Et médailles et croix chamarraient sa tunique,
"Que,—comme il le disait,—c'en était séducteur !"
Il n'était ni petit ni grand, la tête rase,
Avec une balafre allant du front au cou, 10
Bien planté sur ses pieds, bien campé sur sa base,
Souple comme une épée et maigre comme un clou.
Ses dents blanches riaient sous ses grosses moustaches ;
Le nez brusque et hardi s'arrêtait coupé court,
Et sous ses noirs sourcils, deux points, deux trous, deux
    taches 15
Flamboyaient comme deux sarments au fond d'un four.

Qu'il eût connu la peur à sa première affaire,
Ses chefs disaient que non ; lui, prétendait que si,
Mais qu'ayant sur-le-champ eu l'art de s'en défaire
En la passant à ceux qu'il effrayait ainsi, 20
Il n'en avait dès lors gardé pour sa personne
Que juste ce qu'il faut pour ne pas se blaser,
Un brin de peur, de quoi sentir que l'on frissonne,
Histoire de frémir, comme sous un baiser !

Car Maître-Jacque aimait l'image à haute dose ; 25
Il était quelquefois homérique en ce point,
Sans être nullement plagiaire . . . et pour cause
L'imprimerie et lui ne se fréquentant point.
"Ce n'est pas, disait-il, qu'on n'ait pas eu de maîtres,
On a tout comme un autre appris son ABC, 30
Seulement, quant à faire un mot avec des lettres
Ça m'a paru frivole, et je m'en suis passé !
Et puis le livre au fond est bon pour ces cervelles
Qui sont en un clin d'œil au bout de leur rouleau,
Qui n'ayant rien à soi, ne trouvant rien en elles, 35
Puisent là de l'esprit comme on tire de l'eau.
Mais moi qui sais penser, qui sais voir, qui sais vivre,
Observateur toujours et toujours curieux,
Je n'ai qu'à feuilleter ma tête, c'est mon livre :
Mon crâne est un recueil imprimé par mes yeux." 40

Et quand on lui disait que c'était grand dommage
Qu'un sergent comme lui restât toujours sergent :
"Eh bien, quoi ? si l'oiseau vaut mieux que son plumage
Ça ne vous suffit pas ? . . . le monde est exigeant !"
D'ailleurs grand connaisseur, et grand artiste en guerre,
Sachant, comme pas un, vous fouiller un pays, 46
Entraîner les soldats, culbuter l'adversaire,
Donner des ordres nets, nettement obéis.
Avec ça, prévoyant comme trois majordomes,
Prodiguant au *frichti* ses soins intelligents, 50

Adorant son métier, adoré de ses hommes :
Bref le dieu des troupiers et le roi des sergents.

II

Or, ce jour-là, le vieux vainqueur était en fête.
Son régiment devait marcher au Prussien.
Et comme on lui parlait du bruit d'une défaite : 55
"Ça n'est pas vrai d'abord, et puis ça n'y fait rien !
Possible ! ajoutait-il d'un ton de confidence,
Qu'à triompher sans nous on ait eu quelque mal,
C'étaient nos violons qui manquaient à la danse,
Mais ça marchera bien quand nous serons du bal." 60

Le régiment, placé tout d'abord en réserve
Au revers d'une crête, attendait là son tour ;
Et le cœur tout en joie et l'esprit tout en verve,
Le sergent contemplait sa troupe avec amour.
Presque tous ses soldats étaient des vieux d'Afrique, 65
Tenaces, Dieu sait comme ! ardents, Dieu sait combien !
Et leur clignant de l'œil pour toute rhétorique,
Maître-Jacques joyeux se disait : "Ça va bien !"
Quand, s'étant reculé pour juger de l'ensemble,
Il fronça les sourcils et, de sa grosse voix : 70
"Mais nom de nom ! fit-il, mon numéro trois tremble !
Numéro trois, sortez ! venez, numéro trois !"
Et ce fut un petit paysan triste et blême
Qui, tout tremblant, sortit des rangs et s'avança.
"Nous avons peur, dit Jacque, extrêmement peur même…
Qui diable m'a donné des conscrits comme ça !" 76

Mais l'autre avait rougi jusqu'aux yeux : "Sauf excuse,
Mon sergent, je n'ai pas si peur que j'en ai l'air."
Et Jacques, souriant de sa mine confuse :
"C'est jeune, c'est craintif ; mais c'est Français, c'est fier."

Et lui prenant l'oreille avec un air paterne : 81
"Ben ! non ! Tu n'as pas peur, dit-il, ça n'est pas vrai,
"Seulement il te manque au fond de ta giberne
"Deux grains de diable au corps, je te les y mettrai !

" — S'il vous plaisait, sergent, les mettre tout de suite, 85
"Je sens que j'attendrais plus gaîment le signal . . .
"Ils font là-bas un bruit de canon qui m'agite.

" — Je suis sûr que tu crois qu'on va te faire mal ?

" — Mais je ne le crois pas, sergent, je le suppose.

" — Les suppositions ne valent rien jamais. 90
"La bataille a bien ses dangers comme autre chose,
"Plus nombreux, j'en conviens, mais gais, je te promets.

" — Oh ! gais, sergent ?

" — Mais oui, très gais ! Rien n'est maussade
"Comme d'aller traîner ses guêtres sans efforts ;
"Marcher, contremarcher, sans la moindre gambade, 95
"Un petit tour de feu, c'est la santé du corps !

" — Ça dépend des santés, sergent, je vous assure.
"Puis . . . ça ne vous a pas toujours tant réussi . . .

" — Parce que tu me vois au front une blessure ?
"Eh bien, et celle-là, petit, et celle-ci ?" 100
Et le petit conscrit ouvrait des yeux immenses.
"Tu vois qu'on n'en meurt pas à tous les coups, mon cher.

" — Non, mais à tous les coups, je vois qu'on a des chances.

"Ah ! ce n'est plus la pêche à la ligne, c'est clair.
"Mais si nous revenons du feu levant la tête, 105
"C'est qu'il faut un certain toupet pour y courir ;

" Et l'orgueil qu'on en garde a pour cause secrète,
" Non d'avoir su tuer, mais d'avoir pu mourir.
" Qu'on donne à ça le nom qu'on voudra, peu m'importe !
" Amour de la patrie ou culte du drapeau,   110
" Ce qui rend l'homme fort est chose vraiment forte.
" C'est très-joli la paix ! . . . la guerre c'est très-beau !
" Aussi, vois-tu, petit, je ris quand j'entends dire :
" La guerre est un fléau ! la guerre est une horreur !
" La bataille est l'instinct de brutes en délire . . .   115

" La brute, c'est le lâche, et l'instinct, c'est la peur.
" La peur qui fait crier la bête au cœur de l'homme,
" La peur qui le fait fuir en troupeaux éperdus,
" Qui, dégradante au fond, est maladroite, en somme,
" Car l'ennemi vous vise et vous ne visez plus.   120

" Et puis, petiot, sais-tu ce que c'est que la fuite ?
" Ce n'est pas seulement,—ce qui serait assez !—
" La défaite et son train, la debâcle et sa suite,
" C'est l'abandon des morts et l'oubli des blessés.

" Oui, ceux que le vainqueur rencontre il les assiste,   125
" Mais comment irait-il chercher tous les débris ?
" L'appel, tu le sais bien, ne se fait pas sans liste ;
" Il faut les vieux sergents pour compter les conscrits.
" Enfin, si malgré tout, tu fléchis sur ton centre,
" Si tu te sens tourner les talons . . . pense encor :   130
" La balle dans le dos tue aussi bien qu'au ventre,
" Pour être moins longtemps tapés, tapons plus fort !
" Est-ce compris ?

    " — Mon Dieu, sergent, ça l'est sans l'être.
" Vous dites que la peur est idiote, quoi !
" Qu'une fois qu'on s'y met, eh bien ! il faut s'y mettre ;
" Et qu'on doit devenir un homme, qu'on le doit.   136
" Pour le reste . . . parlant, sergent, par révérence,

"Il est des mots qui m'ont échappé dans le tas,
"Pourtant, je me sens mieux, puis j'ai votre assurance
"Que si je suis touché vous ne m'oublirez pas.　140
"Mais . . . hein ? . . . vous avez dû souffrir ?

　　　　　　　　　　　　"— Ça me regarde.
"Si j'ai souffert ou non, aucun n'en a rien su,
"Ça reste entre mon cœur, mon sabre et ma cocarde ;
"C'était pour le Pays, bien donné, bien reçu !

"— Ah ! ce doit être dur, pourtant !

　　　　　　　　　　　"— Bah ! quelle histoire　145
"De ces duretés-là, j'en redemande encor,
"Le sang ne coûte rien qui nous vaut la victoire,
"Et puis ces rubans-là ressuscitent un mort !"

Et le héros montrait du pouce sa poitrine,
Où son vieux cœur de flamme avait de fiers reflets !　150
Et le conscrit, avec une rage mutine :
"Ah ! sergent, je voudrais être brave !

　　　　　　　　　　　　　"— Tu l'es !
"Mais retourne à ton rang, conscrit, on va se battre.
"Tu vaudras quelque chose et tu feras quelqu'un.　154
"Tiens, siffle dans ma gourde un peu de *Fil-en-quatre*.

"— Pour la France et pour vous, sergent !

　　　　　　　　　　　　"— Ça ne fait qu'un !"

III

Et ce fut un terrible effet dans la bataille
Que l'arrivée au feu de ces fiers régiments.
Et les rangs ennemis en eurent une entaille
Qui fit pâlir au loin les princes allemands.　160

Tout d'abord le conscrit perdit un peu la tête :
Les clairons, les tambours, la mitraille, le bruit,
La mort qu'il faut lancer sous la mort qu'on vous jette . .
Mais, par bonheur, il vit son sergent près de lui.

Jacques n'avait pas dit encore une parole 165
Que le petit conscrit s'était remis déjà ;
La peur, poignante encor, n'était déjà plus folle.

" Eh bien, ça va, conscrit ?
                    " — Mais oui, sergent, ça va ! "

Et peu à peu voilà que la valeur s'éveille,
Voilà que noir de poudre et qu'ardent au combat, 170
Portant comme un ancien le képi sur l'oreille,
Le petit paysan était passé soldat !

" Peut-on t'offrir encore à boire, mon bonhomme ?

" — On n'en a plus besoin, sergent.

                    " — Bien répondu.
" Tu vois que ce n'est pas si redoutable, en somme, 175
" Et vois-tu, comme c'est amusant, le vois-tu ? "

Hélas ! il en manquait pourtant des camarades,
Plus d'un est tombé là, qui n'a jamais rejoint ;
Mais l'espérance allait, guidant les escouades,
Et l'on courait toujours plus fort, toujours plus loin. 180

Cette marche en avant dura deux longues heures ;
La baïonnette même eut part à ce gala,
Jamais plus rude assaut ne vit troupes meilleures ;
Tout à coup les clairons sonnèrent : Halte-là !
Les officiers semblaient se concerter ensemble. 185

"Sergent !

"— Conscrit ?

"— Voyez là-bas, sur ce sommet
"Derrière nous, au fond, on dirait . . . ça ressemble . . .

"— Ah ! mille millions de tonnerre ! C'en est ! "

. . . . .
. . . . .

IV

Le lendemain au jour, sous un toit en ruine,
Le sergent reposait couché sur un grabat,   190
Des bandages couvraient son front et sa poitrine,
Et le petit conscrit veillait le vieux soldat.

Un rayon de soleil vint frapper son visage :
"Où diable suis-je donc ? fit Jacque, ouvrant les yeux,
"Je ne reconnais plus du tout le paysage.   195
"Tiens ! te voilà, conscrit ? et tout entier ? tant mieux !
"— Faut pas parler, sergent.
            "— Tu m'imposes silence !

"— Oh ! non, ce n'est pas moi, sergent, c'est un docteur.

"— Ah ! ton docteur ! il peut garder son ordonnance ;
"Il ne guérira pas la plaie, elle est au cœur.   200
"Nous sommes prisonniers ?

        "— Non, sergent. J'ai su feindre.
"Quand ils sont arrivés sur nous—c'était d'abord
"Que vous étiez tombé, mon sergent—sans rien craindre,
"Je m'ai couché par terre, et puis j'ai fait le mort ;

" Et puis quand j'ai connu qu'ils s'en allaient au large,
" Et puis quand j'ai connu qu'une ferme était là,
" Je m'ai dit : mon sergent, c'est moi que je m'en charge,
" Et je m'en suis chargé sur mon dos, et voilà !

" — C'est bien, petit, très-bien ! tu sais.

" — Je m'en rapporte.

" — Mais c'est très-bête aussi de t'être évertué
" A ramasser un vieux cadavre de ma sorte :
" Je ne suis pas blessé, conscrit, je suis tué.

" — Ne dites donc pas ça, sergent, c'est pas comique,
" Voyons, ça vous connaît le plomb, ça vous a vu ?
" Et puis tous ces rubans là-bas, sur la tunique,
" Ça ressuscite un mort ?

" — Pas quand il est vaincu.
" Mets-les au pied du lit, pourtant, que je les voie :
" Ah ! Inkermann, l'Alma, Palestro, Magenta !
" Mes vieux honneurs, mes vieux dangers, ma vieille joie !
" Tout ça c'était bien beau ! c'est bien fini tout ça ! . . .

" — Faut pas pleurer, sergent," dit l'enfant tout en larmes.

" — Faut pas se souvenir non plus, mais le moyen ?
" Enfin, je pars n'ayant jamais rendu mes armes,
" Dix contre un, c'était trop ! cinq heures, ce fut bien !

.   .   .

" Quand tu m'enterreras, comme le temps te presse,
" Fais ça tout seul, un trou, deux branches, ça suffit,
" Et pas de nom, la lettre arrive sans adresse !
" Mais, pour que le bon Dieu n'en fasse pas trop fi,
" Tu me cachèteras avec mes cinq médailles,
" Il comprendra très bien que ça veut dire : urgent !

"Car le bon Dieu s'appelle aussi Dieu des batailles . . .
"Dis donc, conscrit ? il va me renommer sergent."

Un sourire éclaira cette face défaite
Où la vie éclatait jusque dans le trépas.

"Tu partiras, pas vrai, sitôt la chose faite. 235
"Et tu prendras ma croix d'honneur . . . tu la prendras
"Et quand dans les combats qu'on va livrer encore,
"Quand dans des jours . . . des jours moins désastreux
    qu'hier,
"Tu seras décoré par celui qui décore,
"Promets-moi de porter ma croix, j'en serai fier !" 240

Un frisson glacial envahit tout son être.

"Conscrit, murmura Jacque en le touchant du doigt,
"Embrasse-moi, conscrit . . . embrasse ton vieux maître . . .
"Ah ! s'il laissait beaucoup d'élèves comme toi . . .

Mais un jet de sang noir s'échappa de sa bouche : 245
Un éclair traversa ses grands yeux éblouis,
Et, s'étant soulevé dans un élan farouche,
Le sergent retomba, disant : "Pour mon Pays !"

  By kind permission of the publisher, M. Calmann Lévy, 3 rue Auber, Paris.

XIV

JEAN AICARD

1848

LA LÉGENDE DU CHEVRIER

Comme ils n'ont pas trouvé place à l'hôtellerie,
Marie et saint Joseph s'abritent pour la nuit
Dans une pauvre étable où l'hôte les conduit,
Et là Jésus est né de la Vierge Marie.

Il est à peine né qu'aux pâtres d'alentour, 5
Qui gardent leurs troupeaux dans la nuit solitaire,
Des anges lumineux annoncent le mystère.
—Beaucoup sont en chemin avant le point du jour.

Ils portent à l'Enfant, couché sur de la paille,
Entre l'âne et le bœuf qui soufflent doucement, 10
Du lait pur, des agneaux, du miel ou du froment,
Tous les humbles trésors du pauvre qui travaille.

Le dernier venu dit : "Trop pauvre, je n'ai rien
Que la flûte en roseau pendue à ma ceinture,
Dont je sonne, la nuit, quand le troupeau pâture : 15
J'en peux offrir un air, si Jésus le veut bien."

Marie a dit que oui, souriant sous son voile . . .
Mais soudain sont entrés les mages d'Orient ;
Ils viennent à Jésus l'adorer en priant,
Et ces rois sont venus guidés par une étoile.   20

L'or brode, étincelant, leur manteau rouge et bleu,
Bleu, rouge, étincelant comme un ciel à l'aurore.
Chacun d'eux, prosterné devant Jésus, l'adore ;
Ils offrent l'or, l'encens, la myrrhe, à l'Enfant-Dieu.

Ébloui, comme tous, par leur train magnifique,   25
Le pauvre chevrier se tenait dans un coin ;
Mais la douce Marie : "Êtes-vous pas trop loin
Pour voir l'Enfant, brave homme, en sonnant la musique ?"

Il s'avance troublé, tire son chalumeau,
Et, timide d'abord, l'approche de ses lèvres :   30
Puis, comme s'il était tout seul avec ses chèvres,
Il souffle hardiment dans la flûte en roseau.

Sans rien voir que l'Enfant de toute l'assemblée,
Les yeux brillants de joie, il sonne avec vigueur ;
Il y met tout son souffle, il y met tout son cœur,   35
Comme s'il était seul sous la nuit étoilée.

Or, tout le monde écoute avec ravissement ;
Les rois sont attentifs à la flûte rustique,
Et quand le chevrier a fini la musique,
Jésus, qui tend les bras, sourit divinement.   40

(La Chanson de l'Enfant.)

By kind permission of the publisher, M. Fischbacher, rue de Seine, Paris.

L'ÂME DU BLÉ

En juin, on voit sortir de terre, germe obscur,
Une larve bizarre et qu'étonne l'azur,
Ayant l'aspect d'un ver et des rudiments d'ailes.
Telles sont tout d'abord les cigales nouvelles.
Mais bientôt, s'enfantant soi-même avec effort, 5
De sa légère peau morte l'insecte sort,
Frais, humide, étalant ses quatre ailes ouvertes,
Tout vert comme les blés aux belles tiges vertes.
Il ne sait pas chanter ni s'envoler encor :
Le chant divin viendra plus tard, avec l'essor. 10
En attendant, sous l'herbe et parmi les feuillées,
La cigale, buvant au creux des fleurs mouillées,
Rampe, évitant le bec du moineau trop hardi,
Et se chauffe immobile au soleil de midi.
Le blé ne grandit plus, mais il est vert encore : 15
Il boit l'éclat du jour torride,—et s'en colore :
Tel l'insecte devient jaune et blond, puis pareil
Aux épis roux et chauds pénétrés de soleil ;
Le feu vivifiant affermit son corps frêle,
Et, donnant leur vigueur aux nervures de l'aile 20
Qui deviennent d'un noir intense de velours,
Tend la membrane molle et fine des tambours
Qui trembleront bientôt de notes musicales,
Et que nos bruns enfants, tourmenteurs de cigales,
Sous les écailles d'or du ventre, savent voir 25
Luire en elles, polis comme un double miroir.

Ô mystère charmant surpris sous vos écailles !
Nul n'a vu votre sang en vous ni vos entrailles,
Cigales ; vous n'avez rien en vous de caché,
Rien que votre instrument à vous-même attaché ! 30
Vous n'êtes qu'une voix, qu'une chanson vivante ;

Et lorsque la moisson, par le mistral mouvante,
Comme notre mer blonde ondule sous l'azur,
Alors, mûres aussi, vous, âmes du blé mûr,
Pareilles aux épis, brûlantes et dorées, 35
Vous chantez la lumière et les moissons sacrées ! . . .
Silence ! près de nous la cigale a chanté ;
Elle est là, sur ce pin jaunissant de l'été ;
Voyez : elle s'écoute, heureuse ; elle travaille,
Puisque de ses longs cris tout son être tressaille ; 40
En extase, attentive, elle ne nous voit pas ;
Mais, tout à coup, ayant entendu notre pas,
Elle nous a compris, et, par instants muette,
A s'enfuir brusquement, furtive, elle s'apprête . . .
Nous la gênons ; elle aime à chanter sans témoin ; 45
Et—quand elle se tait—on peut ouïr au loin,
Bruit qui monte et s'abaisse en strophes inégales,
Le tronc rugueux des pins résonner de cigales.
C'est la maturité des blés qui chante ainsi.

L'épi, sous les rayons incandescents roussi, 50
Froissant l'épi voisin, craque, et la moisson mûre,
Ne pouvant pas chanter sa gaîté, la murmure,
Et ravive, adoucit et renfle tour à tour
Son bruit que la cigale imite tout le jour,
Surtout à l'heure ardente où l'ombre bleue est tiède, 55
Où la mouche revient au dormeur qu'elle obsède,
Où le silence enfin plane avec le sommeil
Dans un vent doux et lourd tout chargé de soleil.

Un jour les blés criants tombent sous les faucilles :
Les cigales encor font éclater leurs trilles, 60
Et leurs cris déchirants répètent un adieu
A la chaleur du ciel étincelant et bleu . . .
Les moissonneurs lassés maudissent ces pleureuses . . .
Et plus tard, quand les champs sont livrés aux glaneuses,

Et quand sur l'aire on voit, du soleil dans les crins,   65
Les chevaux piétiner l'épi gonflé de grains,
La cigale confie, avant que de se taire,
Blé vivant, sa semence immortelle à la terre.

Près de l'aire parfois un tas de gerbes d'or
Sous les souffles errants frissonne et parle encor,   70
Mais déjà l'on n'entend qu'à de longs intervalles
L'hymne d'été, le bruit des blés et des cigales ;
Et quand la paille est vide et qu'un vent assoupi
Chasse en fins tourbillons les restes de l'épi,   74
Quand gisent les blés morts au fond des granges pleines
La cigale aussi meurt . . . jusqu'aux moissons prochaines.
                    (*Poèmes de Provence.*)

By kind permission of the publisher, M. A. Lemerre, passage Choiseul, Paris.

XV

JEAN RICHEPIN

1849

LE CHEMIN CREUX

Le long d'un chemin creux que nul arbre n'égaie,
    Un grand champ de blé mûr, plein de soleil, s'endort,
Et le haut du talus, couronné d'une haie,
    Est comme un ruban vert qui tient des cheveux d'or.

De la haie au chemin tombe une pente herbeuse
    Que la taupe soulève en sommets inégaux,
Et que les grillons noirs à la chanson verbeuse
    Font pétiller de leurs monotones échos.

Passe un insecte bleu vibrant dans la lumière,
    Et le lézard s'éveille et file, étincelant,
Et près des flaques d'eau qui luisent dans l'ornière
    La grenouille coasse un chant rauque en râlant.

Le chemin est très loin du bourg et des grand'routes.
    Comme il est mal commode, on ne s'y risque pas,
Et du matin au soir les heures passent toutes
    Sans qu'on voie un visage ou qu'on entende un pas.

C'est là, le front couvert par une épine blanche,
    Au murmure endormeur des champs silencieux,
Sous cette urne de paix dont la liqueur s'épanche
    Comme un vin de soleil dans le saphir des cieux,   20

C'est là que vient le gueux, en bête poursuivie,
    Parmi l'âcre senteur des herbes et des blés,
Baigner son corps poudreux et rajeunir sa vie
    Dans le repos brûlant de ses sens accablés.

Et quand il dort, le noir vagabond, le maroufle   25
    Aux souliers éculés, aux haillons dégoûtants,
Comme une mère émue et qui retient son souffle
    La nature se tait pour qu'il dorme longtemps.
                        (*La Chanson des Gueux.*)

LES PAPILLONS

Papillons, ô papillons,
Restez au ras des sillons.
Tout au plus courez la brande :
C'est assez pour vos ébats.
Qu'allez-vous faire là-bas   5
Tout petits sur la mer grande ?

—Laisse-nous, décourageux !
Il faut bien voir d'autres jeux
Que ceux dont on a coutume.
Quand on est lassé du miel,   10
Ne sais-tu pas que le fiel
Est doux par son amertume ?

Mais des fleurs pour vos repas,
Là-bas vous n'en aurez pas.

On n’en trouve que sur terre.
Pauvres petits malheureux,
Vous mourrez le ventre creux
Sur l’eau nue et solitaire.

—Ô l’ennuyeux raisonneur
Qui met sur notre bonheur
L’éteignoir d’avis moroses !
Ne vois-tu pas que ces prés
Liquides sont diaprés
De lis, d’œillets et de roses ?

—Papillons, vous êtes fous.
Ces fleurs-là, m’entendez-vous,
Ce sont les vagues amères
Où les rayons miroitants
Font éclore le printemps
Dans un jardin de chimères.

—Qu’importe, si nous croyons
Aux fleurs de qui ces rayons
Dorent la belle imposture !
Dût-on ne point le saisir,
N’est-ce pas encor plaisir
Que d’en risquer l’aventure ?

—Allez, vous avez raison.
Comme vous à l’horizon
Mes vœux portent leur offrande.
Poètes et papillons,
Partons en gais tourbillons,
Tout petits sur la mer grande.

(*La mer.*)

IL ÉTAIT UNE FOIS

Il était une fois jadis
    Trois petits gueux sans père et mère.
C'est sur l'air du *de profundis*
    Qu'on chante leur histoire amère.

Ils avaient soif, ils avaient faim,
    Ne buvaient, ne mangeaient qu'en rêve,
Quand ils arrivèrent enfin
    A demi-morts sur une grève.

L'Océan leur dit :—C'est ici
    Que va finir votre fringale.
Mangez! Buvez! Chantez aussi!
    Soyez gais! C'est moi qui régale.—

Et les trois pauvres goussepains
    Qui n'avaient jamais vu de grève,
Ont contemplé des pains, des pains,
    Et de l'eau, plus que dans leur rêve.

Sans chercher, sans se déranger,
    Ils avaient la table servie,
De quoi boire et de quoi manger
    Tout leur soûl et toute leur vie.

Hélas! les jolis pains mollets
    A la croûte ronde et dorée,
C'était le désert des galets
    Jaunis par l'or de la soirée.

L'eau claire et pure, l'eau sans fin,
    C'était l'eau de la plaine amère.
Ils sont morts de soif et de faim,
    Les trois petits sans père et mère.

Cette histoire est du temps jadis.
  Une vague me l'a narrée
Au rythme du *de profundis*
  Que leur chante encor la marée.

(*La mer.*)

LES TROIS MATELOTS DE GROIX

Nous é-tions deux, nous é-tions trois, Nous é-tions deux, nous

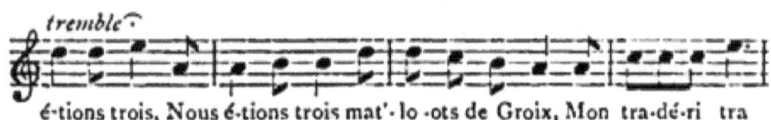
é-tions trois, Nous é-tions trois mat'-lo-ots de Groix, Mon tra-dé-ri tra

trou lon la, Mon tra-dé-ri tra lan lai - ai ai - re!

L'AVEZ-VOUS oublié ? Moi, je l'ai retenu,
Ce vieil air de marin, chef-d'œuvre d'inconnu,
Où du peuple et des flots l'âme obscure s'exprime.
Quelques couplets, naïfs de sens, veules de rime,
Sur cinq notes, pas plus, cinq, mi, ré, do, si, la,
Avec tradéri tra, lanlaire et troulonla,
C'est tout ! Mais là-dedans, la mer entière y passe,
Le cri des naufragés, l'haleine de l'espace,
Les gaîtés de ce dur métier et ses effrois.
C'est *la complainte des trois matelots de Groix*.
Pour la goûter dans sa grandeur mélancolique,
Il faut l'entendre au soir, quand le soleil oblique
Avant de s'en aller lui dresse son décor,
Lorsqu'en derniers flocons sa pourpre saigne encor,

Tandis qu'à l'autre bout du ciel la nuit reflète 15
Ses cheveux dénoués dans la mer violette.
Oh ! comme le vieil air alors vous entre à fond,
Chanté là-bas par un qui dans l'ombre se fond,
Par un pauvre pêcheur qui, tourné vers la terre,
S'enfonce au large sur sa barque solitaire ! 20
Oh ! le puissant, le fier poème, et pénétrant !
Quelle évocation il fait ! Quel charme il prend
A rouler sur les flots où ce rameur le pousse
Avec sa rauque voix que le lointain rend douce !
Mais comment le noter, ce poème ? Comment 25
En traduire la vie et l'âme, où le moment,
L'onde immense, le ciel profond, l'ombre infinie,
Mystérieusement mêlent leur harmonie ?
Comme dans un herbier les goémons défunts
Se dessèchent, flétris, et perdent leurs parfums, 30
Cette musique et ses paroles, entendues
Sur la mer qui frissonne et dans les étendues,
Vont-elles pas mourir et se flétrir aussi
Sur ce froid papier blanc par ma plume noirci ?
Bah ! les mots, vieux sorciers, ont des métempsychoses, 35
Et leurs philtres savants font revivre les choses.
Essayons !

        Attendri, pourtant non sans gaîté,
L'air s'élance d'abord dans un vers répété,
Et là, sur un quasi trille qui pirouette,
Plane en battant de l'aile ainsi qu'une alouette. 40

    Nous étions deux, nous étions trois,
    Nous étions deux, nous étions trois.

Ma foi, oui, deux ou trois ! Ou bien quatre, peut-être.
Le compte est, au départ, fait par le quartier-maître ;
Mais le compte au retour, ah ! qui donc le connaît ?
Est-ce qu'on sait jamais, sur mer, combien l'on est ?

On était trois. On n'est plus que deux. Cherchez
    l'autre !
Aujourd'hui c'est son tour, et demain c'est le vôtre.
En a-t-on vu partir dans le grand bénitier !
Mais qu'importe ! Hardi, les gas ! c'est le métier.
Houp ! quand même, et gaîment, en marins que nous
    sommes
Si l'on pensait à ça, la mer serait sans hommes.

      Nous étions deux, nous étions trois,
      Nous étions deux, nous étions trois,
      Nous étions trois mat'lo-ots de Groix,
      Mon tradéri tra trou lon la,
      Mon tradéri tra lanlai-ai-ai-re !

Et le premier couplet va joyeux s'achevant
Sur un coup de gosier qui gueule au nez du vent
Et dont le dernier cri s'envole en rires vagues
Comme un défi moqueur à la barbe des vagues.
Et pourquoi serait-on si triste, donc, les gas ?
On a fait bonne pêche. On rentre sans dégâts.
La femme et les petits auront pitance large.
On arrive. On débarque. On va vendre la charge.
Et puis on mangera la soupe de poissons
Avec un bon pichet de cidre et des chansons.
Parbleu ! le vent n'est pas toujours si mauvais drille.
La mé n'est pas toujours rêche comme une étrille.
Vois, elle est douce, un peu frissante, mais pas plus.
C'est la brise qu'il faut pour trainer les chaluts.
Le bateau va comme en rivière une gabare,
Sans personne au compas, et le mousse à la barre.
Il faudrait n'être qu'un failli chien de terrien
Pour geindre en ce moment et se plaindre de rien.
Va, du gas, et les pieds pendus sur la poulaine,
Pare à reprendre en chœur le refrain à voix pleine !

> *Nous étions trois mat'lots de Groix*
> *Nous étions trois mat'lots de Groix,*
> *Nous allions de Belle-I-Isle à Groix,*
> *Mon tradéri tra trou lon la,*
> *Mon tradéri tra lanlai-ai-ai-re !*

Bien sûr ! Pourquoi donc triste ? Ah ! le sort des marins,
Un sort à faire envie, une vie à trois brins !
Bitte et bosse, qu'on dit en langue matelote !
Mousse à douze ans. Ensuite, un congé sur la flotte.
Puis, jusqu'à cinquante ans, inscrit. Après, largué ! 75
Quand près d'un demi-siècle on a bien navigué,
On touche, en s'échouant épave sur la grève,
Cent soixante-dix francs de pension. Quel rêve !
Mais sur nos pieds pendus vient poudrainer l'embrun.
Attrape à prendre un ris, mon garçon ! Encore un ! 80
V'là la mé qui se fâche et la lame qui brise.
A c't'heure, c'est le vent du nord qui souffle en brise.
Mauvais bougre de vent qui vous jette aux récifs,
Et gifle à contre-poil les paquets d'eau poussifs.
Range à virer ! Le vieux nous chatouille le ventre, 85
Et les filius tendus ronflent creux comme un chantre.

> *Nous allions de Belle-Isle à Groix*
> *Nous allions de Belle-Isle à Groix.*
> *Le vent du nord vint à-à souffler.*

C'est vrai, qu'il souffle tout de même, et pas pour rire.
L'eau clapote en bouillons comme une poêle à frire.
Bon ! qu'il gimble tant qu'il voudra dans les agrès !
Nous en avons troussé bien d'autres au plus près. 90
Ce n'est pas encor lui qui verra notre quille.
Souffle, souffle, mon vieux ! Souffle à goule écarquille !
Souffle à t'époumonner ! Nous n'y serons pas pris.
Car la barre tient bon, la toile a ses deux ris,

Et l'homme est plus malin que la mer n'est méchante. 95
Nous sons parés, mes gas. Holà, du mousse, chante !

Nous allions de Belle-Isle à Groix,
Nous allions de Belle-Isle à Groix,
Le vent du nord vint à-à souffler,
Mon tradéri tra trou lon la,
Mon tradéri tra lanlai-ai-ai-re !

Et la voix du pêcheur qui va toujours ramant,
Là-bas, à l'horizon, n'a pas un tremblement
En lançant ce couplet où déjà monte et roule
Le râle rauque et sourd dont se gonfle la houle. 100
Car il souffle dans la chanson, plus fort, plus dru,
Le maudit vent du nord, le sacré vieux bourru ;
Et les flots flagellés, qu'il rebrousse au passage,
Se cabrent contre lui, lui crachent au visage,
S'enflent, bondissent, fous, et viennent dans leurs sauts 105
Jusqu'au milieu du pont dégorger leurs naseaux
En secouant, épars, leurs crins aux mèches vertes.
Le bateau coupe en deux leurs poitrines ouvertes,
Ou les chevauche, grimpe aux croupes des plus hauts,
Puis dans des entonnoirs retombe, et les cahots 110
Le déhanchent, comme un qui chute d'une échasse.
Maintenant, c'est compris : le grain nous fait la chasse.
Il faut, sans qu'il nous prenne en biais, filer devant,
Sur un tout petit bout de toile dans le vent.
Le ciel se grée en nuit, d'une nuit sans chandelle ; 115
Et sur ce grand mur noir passent à tire-d'aile
Des nuages blafards, déchiquetés aux flancs,
Où le bec des éclairs ouvre des accrocs blancs.
L'averse tombe en fouet aux lanières étroites.
Cargue ! Amène ! Encor ! Tout ! Plus de toile au
    bateau ! 120
Les ris à l'Irlandaise, aïe ! à coups de couteau !
En lambeaux arrachés le dernier foc s'envole.
La baume en deux ! Le mât craque. La barre est folle.

Le vent du nord vint à souffler,
Le vent du nord vint à souffler.

Il souffle, souffle, souffle. En vain l'on s'évertue.
Pas moyen de virer à la brise têtue.
Et l'on entend d'ici le bruit tonitruant
Des taureaux de la mer aux récifs se ruant.
C'est la côte, la terre infâme, où l'on se broie
Aux mâchoires des rocs qui lacèrent leur proie.
Non, non, plutôt que d'être ainsi mis en morceaux
Luttons, colletons-nous encor avec les eaux !
La chaloupe est servie et la vague est gourmande.
Mais, l'aviron au poing, c'est l'homme qui commande.

Le vent du nord vint à souffler,
Le vent du nord vint à souffler,
Faut mettre la chalou-oupe à l'eau,
Mon tradéri tra trou lon la,
Mon tradéri tra lanlai-ai-ai-re !

Ah ! comme elle paraît lamentable d'ici,
La chanson qui là-bas s'égaille sans souci !
Qui sait si ce pêcheur, perdu dans l'ombre grise,
Ne va pas rencontrer aussi, lui, cette brise,
Ce vent du nord qui jette aux rochers le bateau ?
Un coup par le travers, et sa barque fait eau.
Il est seul. Il est loin. Il n'a rien que sa rame.
Pourtant il va toujours. Il chante. Et tout le drame
Qu'il évoque en deux mots sans un pleur dans la voix,
Tout ce drame surgit. Je l'entends. Je le vois.
Ils sont dans la chaloupe, à la rame, à l'aveugle,
Contre l'eau qui rugit, contre le vent qui beugle.
Ils ont dégringolé dedans comme ils ont pu,
Juste à temps, au moment où le mât s'est rompu,
Où la coque a roulé vers la côte prochaine.
Plus de pont ! Plus de chambre au bon coffre de chêne !

Plus de voile ! Plus rien que leurs pauvres poings clos
Pour taper sur le mufle à la meute des flots. 151
Et les monstres sur eux croulent en avalanches,
Dardent leurs ongles verts, font grincer leurs dents blanches,
Leur sautent par-dessus quand la barque descend,
Et tâchent de les prendre à la gorge en passant. 155
Et l'on a beau tenir son banc d'une main forte,
Ils sont tant, qu'une gueule à la fin vous emporte.

Quand la chaloupe fut à l'eau,
Quand la chaloupe fut à l'eau,
Mon matelot tomba-a dans l'eau,
Mon tradéri tra trou lon la,
Mon tradéri tra lanlai-ai-ai-re !

Ah ! maintenant, c'est comme un vol d'oiseaux meurtris
Que la chanson là-bas se traîne avec des cris,
Tandis que le pêcheur disparait dans la brume. 160
Un vol d'oiseaux lassés, lourds, qui perdent leur plume !
Roulant et s'écorchant à la pointe des flots,
Le trille du refrain se déchire en sanglots.
Un vol d'oiseaux blessés qui ne vont que d'une aile !
Ô tristesse de la lointaine ritournelle ! 165
Cette fois, en chantant, le pêcheur a gémi.
C'était son matelot, celui-là, son ami.
Mon matelot tomba dans l'eau . . . La voix sanglote . . .
Il a fait avec moi son congé sur la flotte.
Partis ensemble, dà ! Lâchés ensemble aussi. 170
Il était, comme moi, de la *classe*, et d'ici ;
Et du même filet on aurait dit deux mailles.
Puis, comme moi toujours, il a femme et marmailles.
Veuve, à c't'heure, orphelins ! Comment vivre pourtant ?
Car il n'a rien laissé, pauvre bougre, en partant. 175
Sur lui le matelot a sa fortune entière ;
Et quand il tombe à l'eau, c'est l'eau son héritière.

On n'retrouva que son chapeau,
On n'retrouva que son chapeau,
Son garde-pipe et son-on couteau,
Mon tradéri **tra trou lon la**
Mon tradéri tra lanlai-ai-ai-re !

Trois fils ! Et c'est tout ça qu'ils se partageront !
L'un aura le chapeau, trop large pour son front ;
Ça ne peut plus servir qu'à demander l'aumône. 180
Le plus petit prendra l'étui de cuivre jaune ;
Et l'aîné gardera pour l'heure des repas
Le couteau qui coupait le pain qu'il n'aura pas.
Ah ! l'on rêvait pour eux des existences douces,
Hein ! la mère ! A présent qu'en fera-t-on ? Des mousses. 185
Et tout de suite ! Avant leur douze ans, embarqués !
Ou bien ça s'en irait mendier sur les quais.
Quant à la veuve, pas même ce qu'ont les autres :
La consolation des lentes patenôtres
Que sur un tertre vert on verse avec ses pleurs 190
En y mettant un brin de buis, un pot de fleurs !
Car son homme aura bien un coin au *champ d'avène*,
Sous ces mots : *Mort en mer ;* mais dans la bière vaine
Le corps ne sera pas en terre sous la croix.
Le corps, le pauvre corps, les flots profonds et froids 195
Le roulent maintenant au hasard des marées,
Parmi les prés voguants des algues démarrées
Où paissent les poissons qui mettront en lambeaux
Tous ses membres épars dans de vivants tombeaux.
Et nul ne lui fera son lit pour qu'il y dorme. 200
Il ne restera rien de lui, rien de sa forme,
Rien qui de ce qu'il fut garde le souvenir,
Rien qu'on puisse revoir, rien qu'on puisse bénir.
Il ne restera rien de lui, que sa pauvre âme
Qu'on entendra pleurer les nuits où la mer brame. 205

Son garde-pipe et son couteau,
Son garde-pipe et son couteau,
Et son sabot flottai-ait sur l'eau,
Mon tradéri tra trou lon la,
Mon tradéri tra lanlai-ai-ai-re.

Ah ! les enfants sans père et le noyé hideux !
Nous étions trois, et nous ne sommes plus que deux.
Comme il flotte sur l'eau, le sabot solitaire !
Ah ! pêcheur qui t'en vas, pourquoi fuis-tu la terre ?
Ainsi parlent les morts par la bouche des flots.   210
Ainsi dit la chanson que rythment leurs sanglots.
Oui, pourquoi t'en aller sur la vague si fausse,
Toi qui sais que son creux peut devenir ta fosse ?
Pourquoi toujours voguer, pour finir comme nous
Dans cette tombe où nul ne mettra les genoux ?   215
Ah ! pêcheur qui t'en vas, reste donc sur la terre.
Ne vois-tu pas sur l'eau le sabot solitaire ?
Mais la voix du pêcheur plus proche a retenti.
Il revient en chantant comme il était parti ;
Revient ce soir, et pour repartir à l'aurore.   220
Quand il repartira, c'est en chantant encore,
Toujours brave, toujours d'un cœur insoucieux,
Sur l'infini des eaux, sous l'infini des cieux.
Ses filets sont posés.   La mer grossit.   N'empêche
Qu'il est sûr pour demain de faire bonne pêche.   225
La femme et les petits ne manqueront de rien.
Il chante.   Ah ! ce métier de chien, de galérien,
On l'aime, on l'aime tant, d'une amour si têtue !
C'est la mer qui vous plaît, cette mer qui vous tue.
Elle sait vous manger, mais aussi vous nourrir.   230
On en a tant vécu qu'on en peut bien mourir,
Et le pêcheur, tout près d'arriver à la côte,
Reprend l'air d'une voix plus joyeuse et plus haute.

Nous étions deux, nous étions trois,
Nous étions deux, nous étions trois.

Va donc, le vent du nord, l'homme qu'un flot emporte,
La veuve en deuil, les gas orphelins, bah ! qu'importe ! 235
La mer qui fait tout ça ne le fait pas exprès.
Puis, la mer avant tout, et les autres après !
Houp ! quand même, et gaîment, en marins que nous
    sommes !
Tant que la mer vivra, la mer aura des hommes.

(La mer.)

By kind permission of the publishers, MM. Charpentier et Fasquelle, 11 rue de Grenelle, Paris.

NOTES

MARIE-ANDRÉ DE CHÉNIER

MARIE-ANDRÉ DE CHÉNIER (born in 1762 at Galata, the European suburb of Constantinople) was the son of the French Consul-General in Turkey and a Greek lady renowned for her beauty and accomplishments. Brought up in Paris, he followed in his father's footsteps, entered the diplomatic service, and resided for three years in London, as secretary to the French Embassy. When he returned to Paris the Revolution had just broken out. At first he embraced its principles with enthusiasm, and celebrated in passionate verse the dawn of freedom; but, horrified at the atrocious crimes which were soon committed in the very name of Liberty, he tried to enlighten the people and urge them to moderation, vehemently attacking in the *Journal de Paris* the powerful party of the *Jacobins*, at the head of which was Robespierre. After Charlotte Corday had perished on the scaffold, he was bold enough to dedicate to her an ode, in which he extolled her generous crime, as well as the spirit of patriotism and self-sacrifice which had prompted it. This brought the storm upon his own head. He was arrested on the 6th of January 1794, and executed on the 25th July of the same year. Only two days later (27th July) occurred an event which would have saved the poet's life, i.e. the downfall of Robespierre.

Judging from the date of his death A. de Chénier would seem to belong to the eighteenth century. But his complete works were never published until 1819; besides, his poetry is vastly different —both in form and in spirit—from that of his contemporaries, and really marks the transition between classical and romantic verse.

It is a curious fact that between the Literary School of the age of Louis XIV. (Corneille, Racine, Molière, Lafontaine) and the great Lyric revival heralded by Chénier, France has produced no poetry worthy of the name. Voltaire himself—undoubtedly the greatest man of the eighteenth century—wrote very inferior verse. The reasons for this absolute lack of poetic inspiration were many. The general tendency of cultured minds towards sociology and speculative philosophy was one. Another was the narrowing and cramping influence of Boileau's system of prosody, thus summed up by Th. de Banville in his paradoxical but highly entertaining little book[1]:—

'It was decreed that, in addition to having a natural pause at the caesura, the whole phrase should be completed at the end of the verse, so that the different verses should resemble each other as closely as one penny bun resembles another. An entire absence of spirit, rhythm, and, above all, rhyme was the result; colourless, insipid verses, constructed after one pattern, proved dull, mechanical, and prosy, and ran, as Musset expresses it—

'Comme s'en vont les vers classiques et les bœufs.

'Il fallait un être divin, fils d'une Grecque, pour délivrer le vers de ses liens ignobles.'

L'être divin, fils d'une Grecque, was André Chénier, in whose verse we find, at last, a certain boldness in the treatment of metre and rhythm, a relative freedom from classical restrictions, and a delightful freshness of feeling.

He was, however, rather careless in the matter of rhymes (especially as regards final consonants; see Introd. p. xxxiii. rule iv.), and even his best poems are tainted by a certain amount of mannerism and a regrettable indulgence in solemn and hackneyed periphrases (*un habitant de l'empire céleste*, p. 3, l. 13, etc.). All this shows that he had not yet succeeded in shaking himself quite free from the classical spirit.

Owing to his tragically brief career, most of Chénier's works were left unfinished. We possess fragments of ninety-one eclogues or bucolics, ninety-six elegies, and a few odes and longer poems. The latest and most complete editions are those by Becq de Fouquières and Gabriel de Chénier.

L'AVEUGLE

PAGE
3. *Title.* **L'Aveugle**: the 'blind man' is no other than the great Homer, wandering through Greece. This legend was broadly sketched by the Greek bard himself, in his *Hymn to Apollo*.

[1] *Petit Traité de Poésie française.*

NOTES

PAGE LINE
3. 1. **Claros**: a town in Ionia where there was a temple and oracle of Apollo.
   2. **Sminthée**, 'Sminthean,' a surname of Apollo, either from Sminthe, a town of the Troad, or the 'mice-destroyer.'
   8. **molosses**: the hounds of the 'Molossi,' a people of Epirus, were highly esteemed by the Greeks.
4. 26. **pures**: here 'unalloyed.'
   39. **Thamyris**: see *Iliad* ii. 594. Thamyris, a Thracian poet, having dared to challenge the Muses, was deprived by them of sight. Cf. Milton, *P. L.* iii. 35—
   > So were I equalled with them in renown,
   > Blind Thamyris and blind Mæonides.

   Thamyris and *prix* make a very bad rhyme. See Introduction, p. xxxiii. rule iv.
   41. **Œdipe**: Oedipus, king of Thebes, unwittingly married his own mother and killed his father.

   Euménide: the Furies were euphemistically called Eumenides (the gracious ones).
   43. **déclin**, 'old age.'
   47. **luisants**, 'sleek.'
5. 62, 64. **Latone, Délos**: Delos (one of the Cyclades), where Latona gave birth to Apollo and Artemis. A palm-tree marked the spot of their birth.
   76. **Cymé**, Cumes, a town of Aeolia in Asia Minor, was supposed to have been Homer's birthplace.
   77. **Carie**: Caria, a district of Asia Minor.
   83. **harmonieux**: here 'master of harmony.'
   85, 86. **rossignol, vautour**: an allusion to the fable told by Hesiod, in which the poet is compared to a nightingale pursued by a bird of prey.
6. 97. **formidable**, 'loud and dread'; long words in French are often best represented by *two* short words in English, especially in poetry.
   102. **accents**: here 'strains'; what is the French for 'a bad French accent'?

   lyre: the lyre of Orpheus.
   109. **fait taire**, 'silenced'; for another example of *faire*+ infin. translated by one verb in English see l. 223 below.

220 MODERN FRENCH VERSE

PAGE LINE
- **6. 113. Mnémosyne**: Mnemosyne, the mother of the nine Muses; here used generally for 'the Muses.'
- **7. 129. Syros**: one of the Cyclades, visited by Homer, and described in the *Odyssey* (xv.).
  - **137. les cent villes**: Crete was said to contain a hundred towns.
  - **138. Égyptus**, 'Aegyptus,' the ancient name of the Nile.
  - **140. fatigué de douleurs**, 'careworn.' English poetry is fond of compound words.
  - **150. feuillages**: see Virgil's *Eclogues* vi. 26.
- **8. 160. Jupiter**: this should have been Zeus; the use of Latin names for the gods here and in lines 200 and 235 is not to be commended, not in keeping with the rest of the poem.
  - **165. guerre**: the Trojan war.
  - **166. plus qu'humain**: Venus and Mars were wounded by Diomedes. See *Iliad* v. 330 and 855.
    - **venant rougir**, 'incarnadine,' a dignified word to describe the war of the gods. Cf. Shakespeare, *Macbeth*, II. ii. 62—

      . . this my hand will rather
      The multitudinous seas incarnadine.
  - **171. à longs flots**, 'long-flowing'; see note to p. 7, l. 140.
  - **172. excitant les héros**: an allusion to Xanthos, the horse of Achilles, which foretold his death to him.
  - **186. les filles de Nérée**: the Nereids, daughters of Nereus, the old sea-god.
  - **189. Styx**: a river in Hades which the souls had to cross in order to go on for judgment; hence *la rive criminelle*. See *Odyssey* xi.
- **9. 190. champs d'asphodèle**: the 'asphodel meadow' in the other world was the place where the souls of virtuous heroes dwelt together. Note that English can often use nouns as adjectives; not so French.
  - **193-5.** These lines are imitations of the *Odyssey* xi. 36, of Virgil's *Aeneid* vi. 305-308, and *Georgics* iv. 471.
  - **197. Lemnos**: an island in the Aegean where Hephaestus (Vulcan) had his smithy.
  - **199. d'Arachné**: i.e. of the spider. Arachne was a woman of Colophon who, having challenged the

PAGE	LINE	
		goddess Athene to a trial of skill in needlework, was changed by her, when defeated, into a spider. inconnus has here the meaning of 'invisible.'
9.	200.	ce fer mobile : referring to the strong yet delicate iron net which Hephaestus (Vulcan) threw around Aphrodite (Venus) and Ares (Mars) at their love-tryst. See *Odyssey* viii. 267.
	202.	la fière Niobé: Niobe, daughter of Tantalus, king of Lydia, and wife of Amphion, king of Thebes, was so proud of her numerous family that she insulted Leto (Latone), who had only two. The goddess, in revenge, caused these two, Apollo and Artemis (Diana), to kill all Niobe's children with arrows, and to change the mother into a stone.
	204.	Aédon was the sister of Niobe. Jealous of her sister's family, she plotted to kill the eldest son, but without knowing it killed her own son Itylus. In her despair she wished to die, and Jupiter changed her into a nightingale.
	208.	népenthès : an Egyptian drug, supposed to lull sorrow for the space of a day ; it is mentioned by Homer (*Odyssey* iv. 220) and Pliny (xxi. 91).
	209.	moly : a fabulous herb, supposed to possess magical power ; Mercury gave it to Ulysses, to help him defeat Circe.
	210.	lotos : a delicious fruit which made those who ate of it 'careless of mankind.' See Tennyson, *The Lotos-Eaters*.
	213.	Ossa and Olympus : mountains in Thessaly, between which wanders the beautiful river Peneus.
	214.	ensanglanter : here 'blood-stained.' See notes to p. 7, l. 140, and p. 8, l. 171.
		d'hyménée: the marriage of Peirithous to Hippodamia, at which the battle between the Lapithae and Centaurs took place (see *Odyssey* xxi. 295, *Iliad* i. 226, and Ovid, *Metamorphoses* xii. 210).
	217.	enfants de la Nue : the Centaurs were, according to the fable, the sons of Ixion and a cloud.
10.	255.	l'ongle : a Latinism. It refers to the 'hoof' of the Centaur.

P. DE BÉRANGER

PIERRE JEAN DE BÉRANGER, the '*grand chansonnier de France*' (born in Paris in 1780), spent his early childhood, as he tells us himself,

Chez un tailleur, *son* pauvre et vieux grand-père,

then went to live with an aunt who resided at Péronne, in the north of France. He was apprenticed to a printer of that town, and there taught himself, unaided, grammar and spelling, as Franklin had done before him.

In 1809, through the influence of the poet Arnault, he obtained a situation as clerk in the offices of the University of Paris, and, being thus insured against want, devoted his abundant leisure exclusively to poetry.

In 1815 he published his *Chansons morales et autres*, the last word being by no means unnecessary or purely ornamental, at least in the case of a few of his songs. In 1821 appeared a second volume of poems, mostly political, which contained several witty but sarcastic couplets against the king and his government. For these the poet was sentenced to three months' imprisonment and a fine of 500 francs. While in prison he wrote a third volume, which appeared in 1825. A fourth, published in 1828, brought him again before the Court; this time the sentence was one of nine months' imprisonment and 10,000 francs fine. But in no way daunted by these petty persecutions, Béranger went on caricaturing political men and institutions, and published a fifth and last volume in 1833.

After that date he retired into private life, declining all public honours, and refusing to sit either in Parliament or in the Academy. He died in Paris in 1857; his funeral, which was attended by a huge and devoted crowd of his plebeian admirers, was conducted at the expense of the State.

Béranger is considered in France as the Master of Song, as La Fontaine is of Fable. His works may be roughly classified as belonging to three general types :—

Political or military songs: Le vieux Drapeau, Le Cinq Mai, Les Souvenirs du Peuple, Le vieux Sergent, Le Roi d'Yvetot, etc.

Philosophical songs: Le Dieu des bonnes Gens, La bonne Vieille, Mon Âme, Les Hirondelles, etc.

Socialistic songs: Les Gueux, Le vieux Vagabond, Jacques, Le Juif errant, etc.

The best edition of his works is that by Perrotin (Paris 1846-48, two vols., with musical transcriptions).

LE ROI D'YVETOT

Le Roi d'Yvetot was written in derision of royalty in general. Yvetot is a small town in Normandy.

Thackeray has inserted in his ballads a translation of this song, also an imitation with the title of 'The King of Brentford.' Both contain some very happy renderings. We give the translation below :—

>There was a king of Yvetot
>Of whom renown hath little said,
>Who let all thoughts of glory go,
>And dawdled half his days abed ;
>And every night, as night came round,
>By Jenny with a night-cap crowned
>>Slept very sound.
>Sing ho, ho, ho ! and he, he, he !
>That's the kind of king for me !
>
>And every day it came to pass
>That four lusty meals made he,
>And step by step upon an ass
>Rode abroad his realms to see ;
>And whenever he did stir,
>What think you was his escort, sir ?
>>Why, an old cur !
>Sing, etc.
>
>If e'er he went into excess
>'T was from a somewhat lively thirst ;
>But he who would his subjects bless,
>Odd's fish ! must wet his whistle first ;
>And so from every cask they got
>Our king did to himself allot
>>At least a pot.
>Sing, etc.
>
>Neither by force nor false pretence
>He sought to make his kingdom great,
>And made (O princes learn from hence)
>'Live and let live' his rule of state ;

'T was only when he came to die
That his people who stood by
    Were known to cry.
Sing, etc.

The portrait of this best of kings
Is extant still upon a sign
That on a village tavern swings,
Famed in the country for good wine :
The people in their Sunday trim
Filling their glasses to the brim
    Look up to him,
Singing, etc.

LES SOUVENIRS DU PEUPLE

PAGE LINE
14. 1. **de sa gloire**: *sa* refers to the great Napoleon. It is a curious fact that Béranger, a republican, was the first to popularise the Emperor's legend. Southey's 'Battle of Blenheim' was written upon a very similar theme ; an old veteran relates to his grandchildren his experiences during the great war :—

    Now tell us what 't was all about,
      Young Peterkin he cries,
    And little Wilhelmine looks up
      With wonder-waiting eyes.
    Now tell us all about the war,
      And what they fought each other for.

    .   .   .   .   .

    My father lived at Blenheim then,
      Yon little stream hard by ;
    They burnt his dwelling to the ground,
      And he was forced to fly.

    .   .   .   .   .

17. **entrer en ménage**: to 'set up housekeeping.'

20-1. **petit chapeau**, etc. : such was the very simple dress always worn by Napoleon as a contrast to the plumes and embroideries of his generals.

15. 36. **d'un fils**: this refers to the christening of Napoleon II. Born in Paris on the 20th of March 1811, the young prince received the title of King of Rome ; when Napoleon was exiled to St. Helena, the Empress retired to the court of her father the Emperor of

Austria, taking her little son with her. He died at Schönbrunn in 1832.

15. 41. **en proie aux étrangers**: an allusion to the campaign of 1814.
16. 70. **aucun ne l'a cru**: the people, who had seen Napoleon return from Elba, always hoped to see him return from St. Helena also. Their superstitious faith in him was so great that when he died (5th May 1821) the great majority of the country-folk refused to believe the news, and kept awaiting his return.

JACQUES

1. **Jacque**: the final *s* has been dropped, to permit the elision of the last syllable. *Jac-qu'il* counts as two syllables, while *Jac-ques-il* would have counted as three.

    For the same reason *encore* is frequently shortened to *encor*, while *jusqu'à* is sometimes lengthened to *jusques à*.
4. **las!** a shorter form of *hélas!* (Lat. *lassus*).

A. DE LAMARTINE

ALPHONSE MARIE DE LAMARTINE, born at Mâcon in 1790, belonged to a very ancient Burgundian family. His father, an officer of great distinction, had been to the last a warm supporter of the ill-fated Louis XVI.; arrested under the Reign of Terror, he was sentenced to death, but the fall of Robespierre saved his life, and he retired to his estate at *Milly*, where he lived the quiet, uneventful life of a country-gentleman. There Lamartine passed his childhood, surrounded by tender feminine affections and influences. Like J. J. Rousseau and Châteaubriand, he was entirely self-taught; most of his time was spent in long rambles, book in hand, over hill and dale, or in solitary rides, followed only by his favourite greyhounds, through the forests of Burgundy. After some time he was entrusted to the care of an elderly priest, the abbé Dumont (whom he has portrayed in the poem of *Jocelyn*). This good man taught him a little Latin and directed his readings; they were limited to a very small number of books, which the young pupil read with passion and soon knew almost by heart: the rustic scenes in the Bible, Bernardin de St. Pierre, Châteaubriand and J. J. Rousseau, Plato, Tasso and Byron —of these, St. Pierre and Châteaubriand had the greatest influence in framing the poet's mind. In 1820 appeared Lamartine's first book of verse, the *Méditations poétiques,* which met with enormous success, and marked the beginning of a new era—the revival of Lyric Poetry. As a reward and encouragement, Louis XVIII. appointed him secretary to the French Embassy at Florence, where he remained five years. There, in the land of Dante, were written the *Nouvelles Méditations* (1823) and *La Mort de Socrate*; when Byron died in 1825, Lamartine conceived the idea of adding a last canto to the unfinished work of the English poet, and composed *Le dernier Chant du Pélerinage d'Harold,* in which there are some admirable pages; finally appeared *Les Harmonies poétiques et religieuses* (1830). He had just been elected a member of the French Academy when the Revolution of July 1830 broke out; Lamartine seized the opportunity to realise a long-cherished dream, that of travelling to the East, and saw Syria and Palestine. Upon his return in 1832, he was elected a deputy, and his political career began.

From this date we only have to record: in verse, *Jocelyn* (1836), *La Chute d'un Ange* (1838), and *Les Recueillements poétiques* (1839); in prose, his *Voyage en Orient* (1835) and *Histoire des Girondins* (1847).

After the overthrow of Louis Philippe in 1848 Lamartine became the acknowledged head of the *Gouvernement Provisoire,* and on the 25th February of that year achieved one of the greatest oratorical triumphs recorded in history, when, standing alone and unarmed, he held in check for several hours, and finally subdued by the magnetic power of his eloquence, an infuriated mob whose bayonets and pikes were levelled at his breast.

After the *coup d'état* of Napoleon III. in 1852, Lamartine retired completely from political life. He wrote in 1849 *Raphaël* and *Les Confidences,* in 1852 *Graziella,* and later a large number of historical works of very little value, which he only published in order to retrieve his financial affairs, too long neglected and mismanaged by him. He died in Paris on the 1st of March 1869, and was buried in his estate at St. Point, near Mâcon, the place of his birth.

Lamartine is the greatest idealist among French poets. The chief characteristic of his verse is INSPIRATION, with a natural contempt for technicalities, for intentional effects, for what

French critics call *l'effet voulu et cherché*—for 'literature,' in the sense in which Verlaine uses the word—

>De la musique encore et toujours !
>Que ton vers soit la chose envolée.
>. . . . .
>Et tout le reste est *littérature* (p. 177).

His poetry is wholly spontaneous, and free from the mechanical art so dear to the minor poets of to-day, as also from the word-vignettes, the antitheses, and other literary devices of which Hugo makes such a constant use. He is a writer of genius—but not a consummate artist; when inspiration is lacking, he scorns to have recourse to artificial refinements of form, complicated rhythms, or an extravagant wealth of rhymes.

The exact nature of his genius has been cleverly defined in the following verse—

>Lamartine *ignorant*, qui ne sait *que son âme* . .

We may also note M. Jules Lemaître's well-known line—
'Lamartine est plus qu'un poète, c'est la poésie toute pure.'

BONAPARTE

This poem was written in the spring of 1821, a few months after the death of Napoleon at St. Helena.

PAGE LINE
19. 8. **en sanglant caractère**, 'in letters of blood.'
    9. **Tanaïs**: the ancient name of the river *Don* in Russia. **Cédar**, a mountain near Palestine, owes its name to Cedar, a son of Ishmael. Lamartine is alluding here to Bonaparte's campaigns in Syria (1799) and in Russia (1812).
   10. **sur le sein des braves**: this refers to the Cross of the Legion of Honour, given originally for conspicuous bravery in the field. It bore Napoleon's effigy.
   13. **les deux grands noms**: the two great conquerors whom Napoleon endeavoured to emulate, Alexander and Julius Caesar.
20. 23-4. **le bruit monotone**, etc.: cf. Shelley, *Stanzas written in Dejection near Naples*—

>. . and hear the sea
>Breathe o'er my dying brain its last monotony.

PAGE LINE
20. 42. **échappé de ses lois**: an allusion to the Revolution.
21. 49. **sur un pont tremblant**: at the battle of Arcole (Italian campaign, 1796) Bonaparte, at the head of 13,000 veterans, had to face 60,000 Austrians under Alvinzi. While crossing the river Alpone, a tributary of the Adige, the French infantry were beginning to give way under a terrible fire, when their general, seizing a standard, rushed alone across the bridge; the grenadiers, electrified by his example, followed him, recovered their lost ground, and routed the enemy.
50. **du désert sacré**: an allusion to the Egyptian campaign (1798).
51. **les flots du Jourdain**: the Egyptian campaign was followed by the invasion of Syria (1799), from which, however, Bonaparte had to retire for want of artillery.
52. **une cime escarpée**: between the 16th and the 20th of May 1800, Bonaparte, at the head of a French army, crossed the Alps through the St. Bernard Pass.
53. **tu changeais en sceptre**: Napoleon's coronation as Emperor of the French took place at Notre-Dame on the 2nd December 1804; the ceremony was performed by Pope Pius VII.
62. **le corps d'une victime**: after the failure of the royalist plot to murder Bonaparte in February 1804, the latter, wishing to strike terror among the conspirators, ordered the arrest of the Duc d'Enghien, son of the Duc de Bourbon, and grandson of the Prince de Condé. The unfortunate Prince was tried on the 21st of March, sentenced to death as an *émigré*, and shot the same night in the moat of the Castle of Vincennes.

The name of *émigrés* was given to those noblemen who had fled during the Revolution and accepted commissions in the foreign armies which invaded France. All those who were recaptured perished on the scaffold.

LE LAC

This *méditation*, one of the most beautiful of Lamartine's poems, was inspired by a sentimental incident in the author's life, which is also mentioned in another work (*Raphaël*, pages *de la vingtième année*). It may be compared to one of the best known letters in J. J. Rousseau's *Nouvelle Héloïse* (iv. 17), and also to Musset's *Souvenir* and Hugo's *Tristesse d'Olympio*.

Le Lac has been set to music, with remarkable success, by Niedermeyer. The lake thus immortalised is the small but exceedingly beautiful Lac du Bourget, near Aix-les-Bains in Savoy.

PAGE LINE
23. 6. **qu'elle devait revoir**: *elle* refers to the heroine of the poem, a woman of great beauty whom Lamartine met in the course of his rambles round the lake, and whom he again and again celebrated in various poems under the names of *Elvire* and *Julie*.

LE CHÊNE

The following note was written by Lamartine in the original edition:—

'Il y a aux bains de Casciano, en Toscane, entre Pise et Florence, un chêne qui était déjà fameux par sa masse et par sa vétusté, dans les guerres de 1300 entre les Pisans et les Toscans. Il n'a pas pris un jour ni un cheveu blanc depuis ces cinq siècles. Sa tige s'élève aussi droite, sur des racines aussi saines, à quatre-vingt pieds du sol; et ses bras immenses qui poussent d'autres bras innombrables comme un polype terrestre, n'ont pas une branche sèche à leurs extrémités. Il a mille ou douze cents ans, et il est tout jeune.

'C'est assis sous ce chêne de Casciano que j'écrivis cette harmonie en 1826. J'ai vu depuis le platane de Godefroy de Bouillon, dans la prairie de Constantinople; les croisés campèrent à ses pieds, et un régiment de cavalerie tout entier peut encore aujourd'hui s'y ranger à l'ombre en bataille. J'ai vu depuis les oliviers de la colline de Golgotha vis-à-vis de Jérusalem, qui passent pour avoir été témoins, déjà vivants, de l'agonie et de la sueur de sang du Christ. Il n'y a pas plus de mesure à la force et à la durée de la végétation qu'il n'y en a à la puissance de Dieu. Il joue avec le temps et avec l'espace. L'homme seul est obligé de compter par jours. Ces arbres comptent par siècles, les rochers par la durée d'un globe, les étoiles par la durée du firmament. Qu'est-ce donc de Celui qui ne compte par rien et pour qui toutes ces durées relatives sont un jour qui n'a pas encore commencé?'

The same idea is expressed in a much shorter poem by Tennyson—

>Flower in the crannied wall,
>I pluck you out of the crannies,
>I hold you here, root and all, in my hand,
>Little flower—but *if* I could understand
>What you are, root and all, and all in all,
>I should know what God and man is.

PAGE LINE
25. 3. séculaire, 'immemorial'; see p. 44, l. 74.

7. aire: the English word 'eyrie' is etymologically of the same origin, though its modern spelling disguises the connexion. The earlier and more correct spelling 'aerie' better preserves this kinship.

10. mouvans stands for *mouvants*; see p. 26, l. 42. Certain printers omit the *t* of present participles, and words in *ant* generally, when followed by *s* (enfans, parens, etc.). The well-known *Revue des deux Mondes* always adopts this spelling. For the rhyme see Introd. p. xxxiii. *N.B.*

26. 47. qui couvre: use the future tense.

27. 62. effeuille is taken in a figurative sense. The root-word *feuille* does not only mean 'leaf,' but also 'flake,' 'scale,' etc. The exact verb would be *émietter*.

84. poussière: here 'swarm,' 'cloud.'

89. pyramider: a picturesque word. Keep the image in English, 'towering.'

28. 93. cheveux: figurative, and rather far-fetched; use 'branches' or 'boughs.'

98, 99. empires, cités: the words refer to the swarms of insects of all kinds which live in or on the old oak. Translate accordingly.

111. pressent is of course not the 3rd pers. plur. of *presser*, but the 3rd pers. sing. of *pressentir*.

118. être is a noun, not a verb.

LE ROSSIGNOL

31. 75-6. This idea has been very frequently expressed by French poets. See end of A. de Musset's *La Nuit de Mai*, p. 81, ll. 182-91.

ALFRED DE VIGNY

ALFRED VICTOR, COMTE DE VIGNY, was born at Loches (Indre-et-Loire) in the year 1797.

In 1814 he was appointed a lieutenant in the king's household troops; but the routine and monotony of garrison life had little charm for him, and his promotion was slow.

In 1828 he resigned his commission and devoted himself entirely to literature.

His first volume of verse (*Poëmes antiques et modernes*) appeared at a time (1822) when Lamartine and Hugo had hardly published anything, and it may thus be said that de Vigny is—at least in date—one of the first of modern poets. His other works are:—*Cinq-Mars*, a historical novel (1826), a translation of Shakespeare's *Othello* (1829), *Grandeur et Servitude militaire* (1835), and a volume of verse (*Les Destinées*) published after his death. He also wrote two dramas, *La Maréchale d'Ancre* (1830) and *Chatterton* (1835). He died in Paris in 1863.

Alfred de Vigny is certainly the most sincere and least illogical amongst pessimistic French poets. His melancholy is not artificial or literary, but real, heartfelt, and painful. No one has suffered so bitterly and so completely the anguish of worshipping an ideal and being unable to believe in it. Unlike the modern *blasé* who takes things philosophically, and never allows his scepticism to disturb his peace of mind or to interfere with his comfort, de Vigny was to the last tortured by a bitter inner enemy, doubt—doubt of Providence, of nature, of man, of himself. 'M. de Vigny n'a vécu dans l'intimité de personne, pas même de lui.'[1] He was a modern personification of Molière's Alceste, lived a dreary and loveless life, and died a prey to the self-inflicted punishment of all misanthropes—solitude.

In this systematic distrust of all creeds and all ideals two virtues—manliness and dignity—seem to have survived, and to have inspired his rule of life; and the whole of his philosophy was eloquently summed up by himself in these four lines of *La Mort du Loup*—

> Gémir, pleurer, prier est également lâche.
> Fais énergiquement ta longue et lourde tâche
> Dans la voie où le sort a voulu t'appeler,
> Puis, après, comme moi, souffre et meurs sans parler.

---

[1] Jules Sandeau, *Discours à l'Académie française.*

The works of Alfred de Vigny have been published by Calmann Lévy, Paris.

LE COR

PAGE LINE
32. 8. **des paladins**: this was the name of the barons who lived in the palace of the emperor Charlemagne, and accompanied him to the war.

10. **cirque du Marboré**: a huge circus enclosed by several high peaks, the best known being the Mont Perdu (height, 3351 mètres) and the Mont Cylindre (3327 mètres).

12. **gaves**: a local name, given in the Pyrénées to the mountain streams.

33. 22. Cf. André de Chénier—
Sur tes rochers touffus la chèvre se hérisse.

29. The poet is about to relate the death of Roland, surprised by the Saracens at Roncevaux, with the rearguard of Charlemagne's army. At Oliver's request, Roland blows his horn, and the emperor, hearing it, retraces his steps and avenges his nephew's death. With this narrative compare the following monologue of Ganelon in H. de Bornier's splendid play, *La Fille de Roland*, Act i. Sc. 2.

Ganelon, the traitor who betrayed Roland, longs to see again the theatre of his crime:—

J'avais soif de revoir le théâtre du crime,
Ces monts pyrénéens et ce fatal vallon
Où Roland a péri, livré par Ganelon !
Je les reconnus trop, ces pics tristes et sombres,
Ces torrents, ces pins noirs aux gigantesques ombres :
C'était bien Roncevaux ! seulement, par endroits
L'herbe verte était plus épaisse qu'autrefois !
C'est qu'ils ont lutté là, lutté sans espérance,
Pour le grand Empereur et pour la douce France,
Les superbes héros, mes nobles compagnons
Dont j'ose à peine encor me rappeler les noms ;
C'est que de leur sang pur cette terre est trempée,
C'est que, si je cherchais du bout de mon épée,
En remuant le sol, sans doute je pourrais
Retrouver un ami dans ce que j'y verrais !
C'est qu'on découvre encor, sous les roches voisines,
Des cadavres percés des flèches sarrasines !

> Je restai là trois jours ; au fond de ma pensée
> Je revoyais mon crime, et ma honte passée,
> Ma haine pour Roland, ma jalouse fureur,
> Nos défis échangés aux yeux de l'Empereur,
> Les douze pairs livrés aux Sarrasins d'Espagne
> Par moi, comte et baron, parent de Charlemagne !
> Il me semblait entendre, au milieu des rochers,
> Nos preux tomber surpris par les coups des archers,
> Olivier et Turpin, mouvantes citadelles,
> Terribles, se ruer parmi les infidèles,
> Et Roland, dans la mort sublime et triomphant
> Faisant trembler les monts du son de l'oliphant !

Read also the narrative of the same episode in the great national epic, *La Chanson de Roland*, ll. 2035-396.

33. 31. **l'Afrique**: for *les Africains*.
    33. **pairs** was the name given to the twelve bravest *paladins*.
34. 48. **Luz**: a lovely valley near the famous *cirque de Gavarnie*, near *Pau*, in the department of *Hautes Pyrénées*.
    Argelès: another valley which stretches a little farther to the North.
    49. **troubadour**: the *troubadours* were the poets of the *Langue d'oc*, as the *trouvères* were those of the *Langue d'oïl*. Cf. the Italian *trovatore*.
    56. **Turpin**: the archbishop, who, in the *Chanson de Roland*, as also in the passage from de Bornier's play quoted above, remains at the rear with Roland, and dies with him.
    59. **monsieur saint Denis**: *Monsieur* is a doublet of *Monseigneur* (Lat. *seniorem*), and was frequently used in that sense in the Middle Ages.
    68. **Obéron**: a fairy-king (Scandinavian mythology), husband of Titania (or, according to some poems, Queen Mab). See Shakespeare's *Midsummer Night's Dream*.
35. 80. **l'étendard du More**: the true spelling is *Maure* (Gk. μαῦρος, dark). Cf. Chateaubriand—

> Ma sœur te souvient-il encore
> Du château que baignait la Dore,

Et de cette tant vieille tour
   Du *Maure*,
Où l'airain sonnait le retour
   Du jour?

The adjective is *mauresque*, sometimes *moresque*.

LA MORT DU LOUP

35. 3. **jusques à**: instead of *jusqu'à*, so as to obtain an additional syllable, otherwise the line would only contain eleven feet. See note to *Jacques*, p. 16, l. 1.

36. 5. **brandes**: a kind of heather.

   6. **des Landes**: this refers to the *Département des Landes* (chief town, Mont-de-Marsan) in the south-west of France, so called from the nature of its soil. It contains immense pine-forests and flat sandy plains, through which it is hardly possible to make progress save on stilts. Note that a considerable number of words of Germanic origin are used in French with a depreciative sense: *lande* (Germ. *land*), waste ground; *bouquin* (Germ. *buch*), an old book; *hère* (Germ. *herr*), a poor beggar, etc., etc.

   17. **bruissait**: from the obsolete verb *bruire* (origin unknown); derivative, *bruissement*. The participle is *bruissant*, the older form *bruyant* being now used only as an adjective.

   23. **loups-cerviers**: lynx, a kind of large and very powerful wolf; Lat. *lupus cervarius* (Pliny).

   28. **qui flamboyaient**, 'gleaming'; cf. p. 33, l. 20 *qui bêle*, 'bleating.' The French language frequently uses a relative clause where the English uses a present participle.

   33. 'Alike were their forms, alike their gambols.' This is the construction known in Latin syntax as 'chiasmus.' Cf. *oratio pugnat, repugnat ratio*. It is by no means uncommon in French, especially in poetry.

37. 71. **le coucher**: a verbal noun. Cf. *le boire et le manger*.

MOÏSE

This poem embodies one of de Vigny's favourite ideas, namely, that any moral or intellectual superiority which lifts up a man above the vulgar crowd, imprisons him in his own greatness and condemns him to solitude. Genius, virtue, etc., are lofty but almost unjust privileges, for which the privileged man must pay a ransom of suffering.

Similarly, the last word of *Laurette* ('Grandeur et servitude militaire'[1]) is one of abnegation, of a *servitude* accepted and borne without protest, with this refined sentiment that great minds and lofty natures think it an honour to suffer, and come out of the ordeal purified.

PAGE LINE
38. 6. **Nébo**: Mount Nebo, now called Djebel-Nebâ, to the east of the river Jordan in the country of the Amorites. We are told that Moses died there (Deuteronomy xxxii. 49).

    9. **Phasga**, or 'Pisgah': this is believed to have been the highest summit of the Nebo. See Numbers xxi. 20 and xxxiii. 14, Deuteronomy xxxiv. 1, and Joshua xiii. 3 and 20.

39. 18. **Jéricho**: opposite Mount Nebo. See Deuteronomy xxxii. 49.

    19. **Phogor**, or 'Phagor': a town of Juda, now in ruins, about two hours' march to the south-west of Bethlehem.

    20. **Segor** (now Zoueva-el-Tahtah) was in the neighbourhood of Sodom.

    25. **Moab**: the country of the Moabites was limited to the north by the river Arnon, which separated it from that of the Amorites.

    33. **aux flammes de sa tête**: Moses is generally represented with tongues of fire issuing from his brow. Michael Angelo has followed this tradition for his famous statue of Moses in the church of *San Pietro in vincoli*, Rome.

40. 59. **mont Horeb**: a mountain in stony Arabia, not far from Mount Sinai. It was there that God appeared to Moses for the first time (Exodus iii. and iv.).

    62. **les passages**: an allusion to the crossing of the Red

---

[1] See *Specimens of Modern French Prose*, Macmillan & Co. Ltd.

PAGE LINE

Sea and of the deserts of Arabia by the Jews under the guidance of Moses.

40. 63. le feu : an allusion to the seventh plague.
41. 91. le berger refers to Moses himself. During forty years he tended the flocks of Jethro, his father-in-law, in the country of the Midianites (Exodus iii. 1).
    97. la colonne noire: the cloud which guided the Israelites on their way from Egypt.

VICTOR HUGO

VICTOR HUGO was born at Besançon in 1802 :—

Ce siècle avait deux ans ! Rome remplaçait Sparte,[1]
Déjà Napoléon perçait sous Bonaparte.
. . . . . .
Alors dans Besançon, vieille ville Espagnole . . .
. . . Naquit d'un sang breton et lorrain à la fois
Un enfant sans couleur, sans regard, et sans voix
Si débile qu'il fut ainsi qu'une chimère
Abandonné de tous excepté de sa mère.
(*Les Feuilles d'Automne*, i.)

His father was a general in Napoleon's army; his mother, on the other hand, belonged to a royalist family. The poet himself notes that he was born *d'un père soldat et d'une mère vendéenne*, and it is important to keep the fact in mind, as it may serve to explain, or at least to illustrate, certain traits in his character. Equally important is the history of his boyhood, as that life of travel and constant change of surroundings was sure to play a certain part in the formation of a boy's intellect, especially in the case of one who, like our poet, was so retentive of external sensations. Between 1805 and 1812—with only a short interval of about two years spent in Paris—he lived abroad; first in the island of Elba (1805-7), then in the Italian province of Avellino (1807-9), then in Spain (1811-12), where he was for some time a pupil in the seminary for young nobles at Madrid. The influence of those early years

[1] i.e. the Empire was about to rise on the ruins of the Republican Government.

was no doubt great, for, like Tennyson's Ulysses, he was 'a part of all he met.' (For an account of his boyhood see *Mon enfance* in *Odes et Ballades*, Ode ix.) Another influence—that of his mother—acted powerfully on his mind, and became predominant when, in 1812, the family returned from Spain and settled in Paris. She was an able, thoughtful, manly woman. Her husband being away from home, in attendance upon the Emperor, she directed the education of her son, and framed his mind in accordance with her own principles, so that when the Restoration took place Victor Hugo was a staunch Royalist and a devout Catholic.

In 1819 he came forward as a competitor in the annual contest established by the poetical Academy of the *Jeux Floraux* at Toulouse, and was first with two odes, one on the 'Maids of Verdun,' the other on the statue of Henri IV. (Both are reprinted in *Odes et Ballades*, Odes iii. and vi. respectively.) He was again first the following year, and the title of *Docteur ès Jeux Floraux* was conferred upon him. From that moment he speedily rose to fame. The *Odes et Ballades* appeared between 1822 and 1826, the *Orientales* in 1828. Hugo was already considered as the *spes Parnassi* of France. On the 26th of February 1830—his twenty-eighth birthday—*Hernani* was produced. This date is important. V. Hugo had joined the Romantic movement, and though he was a late, as well as a young, recruit, his peculiar temperament—his defects no less than his qualities—pre-eminently fitted him to rise to the leadership of that sect of literary reformers. Such became his acknowledged position. *Hernani* was, in fact, the manifesto of the Romantic School, whose most vital interests were staked on the success of the play.

Unfortunately, Hugo was not satisfied with literary glory, but aspired to political leadership as well. We are not here concerned with the history of his career as a politician ; suffice it to say that it was a hopeless failure. The painful tale of his inconsistencies and recantations is well known ; the ardent royalist of 1815 became an Orléanist or *libéral*, then a democrat in open revolt against monarchy and the church, finally an exile. He was banished by Napoleon III. in 1851, lived abroad (in Brussels, Jersey, and Guernsey) till 1870, came back to France after the Franco-German war, and died in 1885.

Above the lamentable errors of his political career his literary glory remained untarnished, his literary dictatorship unchallenged, nay, it was during the ten years which followed his banishment that his supremacy was most absolute (1851-

1861). The 'Classical' School had lost all influence, his great 'Romantic' rivals had disappeared from the scene. Musset was dead to literature, Lamartine was struggling against 'chill poverty' and writing for a living. It was during that period that Hugo composed his three greatest works—*Les Châtiments* (1853), a 'lyrical satire' of extraordinary force and beauty ; *Les Contemplations* (1856), the masterpiece of French lyric poetry ; and *La Légende des Siècles* (1859), a gallery of symbolical scenes taken from the whole range of history, to which the epithet of 'epic' is often, though wrongly, applied.

Victor Hugo was a very prolific writer. He was at once a poet, a novelist, and a dramatist.

> Victor in Drama, Victor in Romance,
> Cloud-weaver of phantasmal hopes and fears,
> French of the French, and Lord of human tears.
> TENNYSON.

His novels exhibit much the same qualities and defects as his poetry: a powerful imagination, a great wealth of imagery, a remarkable command of the language, a style which is picturesque and original, full of word-painting, but marred by eccentricity, exaggeration, and often by a painful lack of taste. We need only mention here the famous 'Trilogy'—*Notre-Dame de Paris* (1832), *Les Misérables* (1862), *Les Travailleurs de la Mer* (1866).

The dramatic work of V. Hugo is very important, both for the share it had in the literary Revolution of 1830, and for its intrinsic value. The theory of the Romantic drama, expounded in the preface to *Cromwell*—was Freedom ; it completely disregarded the *règle des trois unités*, as indeed all the aesthetic principles of the seventeenth-century tragedy ; it gave as large a place to the *grotesque* side of life as to the noble or *tragique*, and sought emotional interest in crudely contrasting the one with the other. But the first duty of the dramatist is to forget for the time his own personality, and this Hugo could never do ; no objective work ever came from his pen, and even his best dramas are so full of his all-pervading *lyrisme* that the characters lose their individuality ; we are too often conscious that the author himself is behind the scenes, pulling the wires, as it were. We may mention as his principal plays—*Cromwell* (1827), *Hernani* (1830), *Marion Delorme* (1831), *Le Roi s'amuse* (1832), *Lucrèce Borgia*, *Marie Tudor* (1833), *Angelo* (1835), *Ruy Blas* (1838), and *Les Burgraves* (1843).

We will now turn to his poetry. V. Hugo is unquestionably

the greatest **lyric poet France** has produced. His more **obvious faults**—the **shallowness of** his thoughts, his exaggeration **and want of taste**—need not delay us; grave as they are, they detract nothing from the singular eminence of his genius. Buffon's well-known maxim, *Le style est l'homme même*, becomes especially true in his case, for his verse bears throughout the impress of his very strongly marked personality (*Ego, Hugo*—such was his proud motto). Though we never find in his pages the tenderness of Chénier or the pathetic sentimentality of Lamartine, Hugo possessed in a very exceptional degree the *outward* sensitiveness; the perceptions of his senses were singularly acute—hence the 'colour' and originality of his style. He realised most vividly, and his extraordinary command of the language and of all the technical resources of versification enabled him to express his sensations with great intensity. The wealth and beauty of imagery is incredible; in this respect Hugo much resembles Aeschylus, that earlier and greater 'Romantique.' (See especially *Booz endormi*, p. 56, perhaps the most magnificent poem ever written in the French language.)

V. Hugo has tried to philosophise; let us say at once that he is no thinker. He gazes into the dark, mysterious questions that man raises about this and the other life, about the Godhead, about good and evil, without ever being able to arrive at anything like a clear or even an original notion of the problem. But even here he has done some good work. Even where he can only exert his imagination, he compels us to use our reasoning faculty.

The following is a chronological list of his poetical works:—
Odes et Ballades (1822-26), *Les Orientales* (1827), *Les Feuilles d'Automne* (1831), *Les Chants du Crépuscule* (1835), *Les Voix intérieures* (1837), *Les Rayons et les Ombres* (1840), *Les Châtiments* (1853), *Les Contemplations* (1856), *La Légende des Siècles* (first series 1859), *Les Chansons des Rues et des Bois* (1865), *L'Année terrible* (1872), *La Légende des Siècles* (second series 1877), *L'Art d'être Grand'père* (1877), *La Légende des Siècles* (third series 1881), *Les quatre Vents de l'Esprit* (1882).

LES DEUX ARCHERS

PAGE LINE
42. 4. liant: here 'connecting.'
   7. francs-archers. Up to the time of Charles VII. France had no national army, no regular troops.

The *francs-archers* were the first organised body of foot-soldiers and from them sprang what, after many changes, became the French infantry. They were created by an edict 1448, according to which each of the 16,000 parishes in the kingdom was compelled to provide and maintain one archer, who was to receive a pay of four francs a month, and to be exempted from taxation. Hence the name of *free*-archers.

42. 18. encor : see note to *Jacque*, p. 16, l. 1.
44. 71. poudre : for *poussière*.
    74. du vieux saint le marbre séculaire, 'the ancient marble of the ancient saint.' For this literary device in French see l. 76 below, and also p. 52, l. 77.
45. 81. gens d'armes : here 'men at arms.'
    84. deniers parisis : in feudal times, coins received various names, according to the mint which issued them ; the *denier parisis* was coined at Paris, the *denier tournois* at Tours, and the *denier bourgeois* at Bourges, when, under Charles VII., the court had taken refuge in that town. Their value was slightly different.

LAZZARA

    15. demoiselles : popular name of the *libellule*, 'dragonfly.' See Th. Gautier's poem, p. 93, l. 19.
47. 54. basquine, 'basquina,' a kind of upper petticoat worn by Spanish women (generally of brilliantly-coloured silk, with black lace flounces).

LA CHARITÉ

48. 21. en lambeau is generally used in the plural ; for the sake of rhyme, it has been left here in the singular.
    27. au banquet du bonheur, etc. : this image (which was used by the Latin poet Lucretius, iii. 936) has become quite hackneyed. Cf.—
        Au banquet de la vie infortuné convive
          J'apparus un jour, et je meurs ;
        Je meurs et sur la tombe où lentement j'arrive
          Nul ne viendra verser des pleurs.
                              GILBERT (*Adieux*).

Au banquet de la vie à peine commencé
Un instant seulement mes lèvres ont pressé
La coupe en mes mains encor pleine.
A. DE CHÉNIER (*La jeune captive*).

Autour du grand banquet siège une foule avide
Mais bien des conviés laissent leur place vide
Et se lèvent avant la fin.
V. HUGO (*Orientales*, xxxiii.).

L'EXPIATION

49. 1. **il neigeait**: the words are repeated five times (lines 1, 5, 10, and 18), in order to forcibly impress the reader with the sensation of dreadful monotony which must have greatly helped to demoralise the routed veterans: overhead the unceasing downpour of white flakes, underfoot the never-ending track, winding in the snow as far as the eye could see . .

   on était vaincu par sa conquête, etc.: cf.—
   Graecia capta ferum victorem coepit.
   Cf. also—
   Conqueror and captive of the earth art thou!
   BYRON (*The Field of Waterloo*).
   Sa refers to *on*, 'one's conquest.' It will be better, however, to avoid the impersonal form.

50. 8. **hier la grande armée, et maintenant troupeau**: this construction (ellipsis of the verb) is extremely frequent in modern French, especially in descriptive style. Hugo's verse and Daudet's prose contain numberless examples of sentences without a verb, as concise, as concentrated as possible, and all the more impressive. The idea is to deprive the sentence of all elements of analysis so as to convey the idea *through a direct sensation*; see below, l. 30, *deux ennemis! le Czar, le Nord*; l. 32, *groupe morne et confus*; also ll. 42, 69, 73, and p. 209, ll. 71-5.

   10. **dans le ventre**: read *derrière* rather than *dans*.
   27. See note to p. 44, l. 74.
   36. **d'Annibal**: i.e. 'worthy of Annibal,' etc.

51. 53. This line is very obscure; **aux lugubres revanches** may be a dative of the attribute (cf. *l'homme à la*

jambe de bois, 'the man *with* a wooden leg') or it may be equivalent to a genitive, i.e. *des* . ., to which *aux* might have been substituted for the sake of the metre.

51. 68. **non**: here 'not yet.'
    70. To make the construction perfectly clear, place this line *after line* 72.
52. 77. See note to p. 44, l. 74.
    99. **l'Homme**: note the capital letter.
    110. Cf. 'ave Caesar, morituri te salutant.
53. 131. **qui s'émeut**: use an adjective. See note to p. 36, l. 28.

LA CONSCIENCE

54. 19. **Assur**: the ancient name of Assyria.

BOOZ ENDORMI

56. 2. **aire**: this word has a quantity of homonyms:—
    air, 'atmosphere,' 'appearance,' 'tune.'
    aire, 'thrashing-floor,' 'surface,' 'eyrie' (see note to p. 25, l. 7).
    ère, 'era.'
    haire, 'sack-cloth.'
    hère (Germ. *herr*), 'poor beggar,' etc.
57. 29. **un juge**: Jephthah.
    40. **un roi, un Dieu**: David and Christ.
58. 46. **ma couche** is not to be taken literally, but has rather the sense of 'home,' 'resting-place.'
    48. **à demi vivante, mort à demi**: the antithesis is one of V. Hugo's favourite artifices of style. By its use he has frequently obtained admirable effects (though, in a few cases, he has been less fortunate); see especially p. 61, l. 54; p. 62, l. 94 to p. 63 l. 96; p. 64, l. 148, etc.
    68. **Galgala**: a town of 'Benjamin.'
59. 88. 'This golden sickle in the field of stars.'

LES PAUVRES GENS

This poem tells a touching story of humble fisher-life. It shows how genuine kindness of heart and self-sacrifice may be found among those who have least of the world's goods. The most interesting feature of the story is that both husband and wife had arrived independently at the same decision. The conclusion of the poem is most effective.

PAGE LINE
60. 9. nid d'âmes. V. Hugo is very fond of these word-vignettes; see below, p. 61, l. 43, *divins oiseaux du cœur*; also l. 38, *vertes couleuvres*, and many other instances throughout the poem.
 11. rougit, 'ruddies.' A simple word for simple circumstances. Contrast p. 8, l. 166.
 12-15. The same idea is expressed in Kingsley's *Three Fishers*—

 They looked at the squall, and they looked at the shower,
 And the night-rack came rolling up ragged and brown.
 But men must work, and women must weep,
 Though storms be sudden, and waters deep,
  And the harbour bar be moaning.

 35. le désert mouvant: cf. Tennyson's *Lotos-Eaters*—
  The wandering fields of barren foam.

61. 45. l'importune, 'vexes her heart.'
 53. See note to p. 60, l. 9.
 54. See note to p. 58, l. 48.
62. 71. Note this admirable line. plein de soleil = 'sunlit.'
 72. troublent, 'bewilder.'
63. 108. This line is in apposition to masure. The inversion is rather treacherous: be careful.
64. 148. This line is often quoted as an example of very impressive antithesis, and quite characteristic of Hugo's manner.
65. 172. Observe this splendid line, in which the sound so perfectly echoes the sense: 'the cold melancholy gloom of the tomb.'
66. 181-2. 'The greyness of the dawn was on the cliffs.'

PAGE LINE
- **66.** 186. Notice how the sea atmosphere permeates this poem. A great help towards entering into its spirit is to study W. Langley's pictures, and Frank Bramley's 'A Hopeless Dawn,' which is now in the Kensington Museum.

    187-90. Cf. Kingsley—
    > For men must work, and women must weep,
    > And there's little to earn, and many to keep,
    > Though the harbour bar be moaning.

    205. la marine stands for *le marin.* 'Here's Jack home again.'

- **67.** 217. tintamarre, 'hurly-burly.' See *Macbeth*, ad init.

    242. avoir fait ses études, 'have been educated.'

- **68.** 247. 'We shall make them all one family.'

AUGUSTE BARBIER

A. BARBIER was one of the minor 'Romantiques.' The great bulk of his work does not rise above the average. He lives chiefly by his political satires in verse, two of which, *La Curée* and *L'Idole*, possess considerable literary merit, and are still read with admiration. Barbier's style is very apt to degenerate into violence and even coarseness, but it is extremely eloquent, and has a forcible directness of its own. He has published *Iambes et Poèmes* (1831), *Il Pianto, Lazare* (1833), *Satires et Poèmes* (1837), and a few other works of minor importance.

L'IDOLE

This poem and the following (*La Curée*) are selected from Barbier's chief volume of verse, *Les Iambes*. The reader must be warned against attempting a comparison with Latin Iambic verse. Such a comparison is obviously out of the question. The term *Iambes*, in French prosody, is used exclusively to describe a poem (of any length) in which alexandrines alternate with eight-syllable lines; the rhymes are of the kind known as *rimes croisées* (see Introd. p. xxxiii.). This sort of poem was really introduced by André de Chénier, and has been used mostly by himself and by A. Barbier. We give below a well-known example from Chénier, who wrote it in the prison of St. Lazare when under sentence of death:—

Comme un dernier rayon, comme un dernier zéphire
    Animent la fin d'un beau jour,
Au pied de l'échafaud j'essaie encor ma lyre.
    Peut-être est-ce bientôt mon tour.
Peut-être avant que l'heure, en cercle promenée,
    Ait posé sur l'émail brillant
Dans les soixante pas où sa route est bornée
    Son pied sonore et vigilant,
Le sommeil du tombeau pressera ma paupière.
    Avant que de ses deux moitiés
Ce vers que je commence ait atteint la dernière,
    Peut-être en ces murs effrayés
Le messager de mort, noir recruteur des ombres,
    Escorté d'infâmes soldats,
Remplira de mon nom ces longs corridors sombres.

   .   .   .   .   .   .

PAGE LINE
69. 1. **Corse à cheveux plats**: this refers to the great Napoleon. V. Hugo has a similar expression—
    Pâle sous ses longs cheveux noirs.
           (*Orientales*, xv. 'Lui.')

   2. **messidor**: the tenth month of the Republican Calendar. It began on the 19th of June. The word is an allusion to the glorious beginnings of Napoleon's career as a general in the Italian campaign (summer of 1796).

   6. **du sang des rois**: the execution of Louis XVI. and several members of the royal family was still quite recent (January 1793).

70. 20. **tu montas botté**, etc. An allusion to the military 'coup d'état' of the 18th Brumaire (November 9, 1799), when Bonaparte assumed dictatorial powers. The Empire was proclaimed on May 18, 1804.

   48. **du coup**, etc., 'in her fall.'

LA CURÉE

Curée=quarry, the part of the hunted animal which is given to the hounds after the 'death.' Many sincere and honest republicans hoped that the Revolution of 1830 would mark the beginning of an era of justice and freedom. But the event did not fulfil their expectations. The triumph of the Revolution was only the signal of a shameful and universal fight for honours and well-paid offices. Hence the title of Barbier's eloquent satire. Monseigneur Perraud, bishop of Autun, who was Barbier's successor in the French Academy, referred to this poem in his *Discours de réception* :—' Comment cette droite et fière nature aurait-elle vu de sang-froid les ambitieux de haut et de bas étage qui, dès le lendemain des journées de Juillet, . . escaladèrent les emplois bien payés, et se livrèrent sans vergogne au vil métier de *gueuser des galons* ?'

PAGE LINE
71. 17. beaux fils, 'fine fellows.'
 18. frac: the same word as the English *frock*-coat.
 19. ces hommes en corset: the dandy of that time had whalebones in the lining of his coat. Cf. the portrait of Henri III. by Agrippa d'Aubigné—

  Ce prince avec un busc, un cors[1] de satin noir
  . . . . .
  Si[2] qu'au premier abord chacun était en peine
  S'il voyait un roi femme ou bien un homme reine.
      (*Les Tragiques.*)

 20. boulevard de Gand. During the Revolution, a large number of *émigrés* had taken refuge at Ghent; when they returned at the Restoration (1815), the most elegant street in Paris received the name of *Boulevard de Gand*. It is now called *Boulevard des Italiens*.

72. 35. chemins dépavés: the granite paving-stones were used to build barricades.
 45. faquin (Ital. *facchino*) originally meant a street-porter. It is now used only as a term of contempt.
 48. gueusant: i.e. *mendiant comme un* gueux. The origin of *gueux* is unknown; a connexion with Lat. *coquus* 'cook' has been suggested. It means 'a tramp,' 'a beggar.'

73. 62. mâtin, 'a mastiff' (from Low Lat. *mansatinus*, 'a dog which stays in the house'). Note carefully the distinction between *matin* and *mâtin*.
 67. chiens courants, 'harriers,' in opposition to *chiens d'arrêt*, 'pointers.'
 75. ripaille, 'feasting,' 'good cheer,' said to be from a castle called *Ripaille*, on the *shores* (Lat. *ripa*) of

[1] *Corset.*   [2] *Si bien* . .

Lake Leman, to which Amadeus of Savoy (the antipope Felix V.) was wont to retire when he wanted to hold high feast with his friends. See Voltaire (*Ep.* 76).

ALFRED DE MUSSET

A. DE MUSSET was born at Paris in 1810. He joined the Romantics in 1828, but soon left them (1830, *Secrètes Pensées de Rafaël*). He has published *Contes d'Espagne et d'Italie* (1829), *Le Spectacle dans un Fauteuil* (1832), *Rolla* (1833), *L'Espoir en Dieu, Les Nuits* (1835-38), *Le Souvenir* (1841), etc. Almost all his poetry was composed before he reached the age of thirty. He died in 1857. His most characteristic work is *Les Nuits*, the masterpiece of what is called 'lyrical elegy.'

Musset was essentially a gentleman, a man of the world, a brilliant talker, with a wealth of epigram and neat French wit. He despised consciousness in art, and had an utter contempt for the *métier*, for the technical skill of a Hugo or a Gautier. In this respect he may be compared to Lamartine. His theory of lyric poetry was simply to lay bare his heart before his readers, to awake their sympathy, to make them feel, suffer, hope, despair with him; this he does with consummate, though unconscious, art, and with all the originality of native genius. He idealises his own passion till it has all the essential and eternal properties of Love, while, at the same time, his elegy has the pathos of personal suffering, for we feel that the pen has been dipped in the heart-blood of one who has drunk the bitter cup to the dregs.

Rien ne nous rend si grands qu'une grande douleur.
. . . . . .
Les plus désespérés sont les chants les plus beaux,
Et j'en sais d'immortels qui sont de purs sanglots.
(p. 80, ll. 148-52.)

This is true of much of Musset's work, and 'the influence of a desperate sorrow can be traced in the very midst of the unrivalled brilliancy of wit and gaiety that lights up his plays.' For Musset was a dramatic writer of considerable talent; but an unsuccessful *début* turned him off the stage, and most of his comedies appeared in the *Revue des deux Mondes*. They have been published under the general title of *Comédies et Proverbes* (*André del Sarto, Les Caprices de Marianne, On ne badine pas avec l'Amour, Fantasio,* **Le Chandelier,** *Il ne faut jurer de rien, Un Caprice,* **Il faut qu'une porte soit ouverte ou fermée, Bettine,** *Carmosine,* etc.).

Among Musset's prose works we may mention *La Confession d'un Enfant du Siècle,* a work full of beauty, but tinged by a sense of gloom (wrongly considered by some critics as an autobiography); the ever delightful *Lettres de Dupuis à Cotonet,* on the subject of Romanticism; and a few charming short stories, such as *Emmeline, Les deux Maîtresses, Le Fils du Titien, Margot, Croisilles,* etc.

LA NUIT DE MAI

PAGE LINE
78. 74. **des hécatombes**: sacrifices were offered in these towns to Juno.

76. **chevelu**: the *Pélion* was a range of mountains in Thessaly, the slopes of which were covered with dense woods. Hence the epithet.

77. **Titarèse,** etc. M. E. Melchior de Vogüé, in his book *La Thessalie, notes de voyage,* comments in the following terms on Musset's poetical dream:— 'Le *bleu Titarèse* est un filet d'eau boueuse; les *cygnes,* qui seraient fort en peine de s'y mirer, sont remplacés par d'humbles poules d'eau . . La *blanche Oloossone* est le pauvre village grisâtre d'Elassona . . quant à la *blanche Camyre* j'ai en effet rencontré une fois une gracieuse bourgade de ce nom, mais c'était dans l'île de Rhodes.'

80. 149. **pour en être** = because you are . . The sentence requires care in translating.

151-2. **les plus désespérés,** etc. This idea (repeated at the end of the poem, ll. 190-1) has been frequently expressed, and has become (like the *banquet de la vie,* see note to p. 48, l. 27) one of the commonplaces of literature. Cf. the end of *Le Rossignol,* p. 31. Cf. also Shelley's well-known lines—

Our sweetest songs are those that tell of saddest thought.
(*To a Skylark.*)
Most wretched men
Are cradled into poetry by wrong:
They learn in suffering what they teach in song.
(*Julian and Maddalo.*)

NOTES 249

PAGE LINE
80. 153. **le pélican**: according to a very ancient legend, the pelican, when unable to procure food, feeds its young with its own flesh and blood. This is why it has become the emblem—not only of paternal love—but also, in Christian art, of the sacrifice of Christ.

159. **leurs goîtres**: the pelican's throat is provided with a kind of pocket, in which it stores the fish which it has caught.

L'ESPOIR EN DIEU

82. 4. **Épicure**: a celebrated Greek philosopher (341-270 B.C.). According to his doctrine, the best rule of life is to seek happiness, that is to say, 'health of body and peace of mind.' To reach this end, the first condition is moderation in all things. Hence the epithet *sobre*. The idea of self-indulgence which is commonly attached to the word 'epicurean' is absolutely erroneous.

19-20. **je suis né**, etc. Cf. Terence, *Heautontimorumenos*, i. 1. 25 *homo sum, humani nil a me alienum puto*.

84. 75. **Astarté**: the Phoenician name of the goddess of 'Love,' called 'Aphrodite' by the Greeks, and 'Venus' by the Romans.

76. **ses îles**: Cyprus and Cythera (now *Cerigo*), where a special cult was rendered to Venus.

85. 105. **l'un**: Manès, a Persian philosopher of the third century.

deux principes: good and evil. The whole theory of the Manichaeans, says Bossuet, 'roulait sur la question de l'origine du mal; ils en voulaient trouver le principe. Dieu ne le pouvait être parcequ'il était infiniment bon; il fallait donc reconnaître un autre principe qui, étant mauvais par sa nature, fût la cause et l'origine du mal' (*Histoire des variations des Églises protestantes*, xi.).

107. **l'autre**: the 'deist' or 'theist,' who believes in the existence of God, but does not recognise any definite form of religion.

PAGE LINE
85. 109. Note the contrast, **rêver** .. **penser**. 'Le défaut de la philosophie platonicienne a été de prendre les *idées abstraites* pour des choses réelles' (Voltaire). Aristotle's doctrine, on the other hand, is mainly based on 'experience.'

112. **Dieu républicain**: probably an allusion to Robespierre's *Culte de l'Être suprême*, inspired by the theories of J. J. Rousseau.

113. **Pythagore** (569-470 B.C.): *metempsychosis*, or the 'transmigration of souls,' was part of his doctrine.

Leibnitz: a German philosopher (1646-1716). There is nothing whatever in his theory of the *Monad* to justify or even suggest a comparison with Pythagoras.

114. **Descartes**: a French philosopher (1596-1650), author of the famous *Discours de la méthode*. To explain the movements of the planets, he invented the ingenious theory of the *tourbillons* or 'vortices.' 'La matière du ciel où sont les planètes tourne sans cesse en rond ainsi qu'un tourbillon qui aurait le soleil à son centre' (*Principes de la Philosophie*, part ii.). This theory paved the way for Newton's discovery of the laws of 'gravitation.'

115. **Montaigne**: the great sceptic of the sixteenth century; the conclusion of his *Essays* is the agnostic formula 'que sais-je?'

116. **Pascal** (1623-62), author of the *Pensées* and *Lettres Provinciales*, endeavoured to 'use reason in the service of faith' and refute by logical deductions all the arguments of unbelievers. A carriage accident at the bridge of Neuilly, in which he had a very narrow escape from drowning, left him a prey to constant hallucinations.

117. **Pyrrhon**, a Greek philosopher of the fourth century B.C., asserted the inability of human reason to reach 'truth,' and recommended his disciples to abstain from forming any judgment.

Zénon (358-260 B.C.), the founder of stoicism, preached absolute indifference to pleasure and pain alike. His motto was 'abstine et sustine.'

119. **Spinosa** (1632-77), a Dutch philosopher, whose system, propounded in his *Ethics*, amounts to Pantheism.

NOTES 251

PAGE LINE
85. 121. **John Locke** (1632–1704), author of a famous 'Essay concerning human understanding,' belonged to the materialist school. It is difficult to understand why Musset describes him as a 'sophist.'

122. un rhéteur allemand : Emmanuel Kant (1724–1804), the founder of German philosophy, according to whom any speculation which goes beyond the narrow limits of practical experience is purely hypothetic ; thus the conceptions of God, the soul, time, space, etc., are merely different forms of man's speculative reason.—Why *rhéteur*? Kant was no more a *rhéteur* than Locke was a *sophiste*.

THÉOPHILE GAUTIER

TH. GAUTIER was born at Tarbes, in the Pyrénées, in 1811 and died at Paris in 1872. He began life as a pupil of the painter Rioult. He was an ardent advocate of the Romantic movement, striving after originality with true Romantic extravagance, and cherishing an equally Romantic abhorrence of the *bourgeois* or 'philistine,' whom he terrified with his tall stature, long hair and beard, and glaring red waistcoat. His share in the technical part of the work done by the School is very important ; his influence in this respect almost equalled that of V. Hugo. Gautier is a consummate and conscious artist, a great master of form ; he is more a painter than a writer ; with the minute perfection of his style, the finished and 'concrete' elaboration of every detail in his writings, he seems to draw, not from nature, but from a picture really visible to his mind's eye. In the neat French phrase, 'he writes pictures.'

Of true poetry there is no trace in him. Now, a man utterly devoid of imagination and sentimentality, whose artistic taste was too acute and too sound not to perceive the aesthetic superiority of classical over mediaeval art, could not be a Romantic at heart. Hence this strange result:—

(*a*) By his Romantic eccentricity he paved the way for that later and morbid Romanticism, posing for immorality, which culminates in Baudelaire.

(*b*) By his natural fondness for purely objective description he prepared the transition from the Romantic to the Realistic School, and the 'impersonal' art of Leconte de Lisle.

The following is a list of his principal works :—

In verse: *Poésies* (1830), *Albertus* (1832), *La Comédie de la Mort* (1838), *Émaux et Camées* (1852), his best and most characteristic book.

In prose: *Les Jeune-France* (1833), *Mlle de Maupin* (1835), *Voyage en Espagne* (1840), followed by similar books on Italy, Constantinople, and Russia, and last, but not least, *Le Capitaine Fracasse* (1861-3).

The works of Th. Gautier are published by Charpentier and Fasquelle, Paris.

A ZURBARAN

PAGE LINE
90. *Title.* **Zurbaran**: a famous Spanish painter (1598-1662). The form of this poem, as also of that given on p. 100, is known as *terza rima*. See Introd. p. l.

    1. **blancs chartreux**: cf. Matthew Arnold's *Stanzas from the Grande-Chartreuse*—

        Thou art come
To the Carthusians' world-famed home
   .   .   .
Where, ghostlike in the deepening night,
Cowl'd forms brush by in gleaming white.

    5. **bourreaux**: perhaps, here, 'self-destroyers.'

91. 37. **Lesueur**: a celebrated French artist (1617-55) painted for the Carthusians' convent in Paris a magnificent *suite* of twenty-two pictures recalling the chief episodes of St. Bruno's life.

92. 51. **l'aire**: see note to p. 56, l. 2.

    61-3. Cf. G. Eliot's lines, concerning monks whose

      . . best hope for the world
Is ever that the world is near its end,
Impatient of the stars that keep their course
And make no pathway for the coming judge.

LA LIBELLULE

(See Introd. p. lii.)

93. 19. **la demoiselle**: see note to p. 45, l. 15.
94. 36. **bruissant**: see note to p. 36, l. 17.
95. 73-8. Cf. the end of the well-known sonnet by Mme. Louise Colet—

Dans un jour de printemps est-il rien de joli
Comme la demoiselle aux quatre ailes de gaze,
Aux antennes de soie, au corps svelte et poli,
Tour à tour émeraude, ou saphir, ou topaze ?

Comme toi, fleur qui vis et jamais ne te fanes,
Ah ! que n'ai-je reçu des ailes diaphanes !

PENSÉE DE MINUIT

PAGE LINE
95. 4. **voilà son glas**, etc. : cf. Gray's *Elegy*—
The curfew tolls the knell of parting day.
96. 25. **de fait**: partitive genitive. Cf. the popular song—
Encore un carreau *de cassé* !
(Here's one more window broken.)
Cf. also—
And deck it like the Queen's
For richness, and me also like the Queen
In all I have *of rich*.
28. **qu'il ne s'enfonce**: an abridged concessive clause ; *à moins que* is understood.
37-41. Cf. Lamartine—
Ainsi qu'un voyageur qui, le cœur plein d'espoir,
S'assied avant d'entrer aux portes de la ville
Et respire un moment l'air embaumé du soir.
97. 68. **hors**: here 'except,' 'but.' Cf.—
J'étais le seul ami qu'il eût sur cette terre
Hors son pauvre troupeau.
LAMARTINE (*Jocelyn*).
98. 84. **doublaient**: here 'reflected.'
98. **Werther**: a novel by Goethe. **René**: by Chateaubriand. These two books did much to corrupt the imaginations of young men, to inspire them with an unhealthy contempt for the realities and prosaic duties of existence, to make them prematurely tired of action, and even of life. This state of mind was general in Europe at the time—as if there had been a 'universal conspiration of discouragement and despair.' Cf. Byron's *Childe Harold*, Senancour's *Obermann*, Musset's *Confession d'un Enfant du Siècle*.

TERZA RIMA

PAGE LINE

100. 1. **chapelle Sixtine**: the chapel in the Vatican, erected under Pope Sixte IV. Hence the name.
   9. **triangle d'or**: the emblem of the Holy Trinity.
   11, and below, l. 16. Cf. Baudelaire—
   > Le Poète est semblable au prince des nuées, etc.
   > (*L'Albatros*, p. 117, ll. 13-16.)
   Cf. also Banville—
   > Tel est le sort du poète.
   > Il trône dans la vapeur, etc.
   > (p. 124, ll. 30 sq.)

VICTOR DE LAPRADE

V. DE LAPRADE was born at Montbrison in 1812. He studied at Lyons, took the degree of *licencié en droit*, but soon gave up the law and came to Paris in search of literary fame. In 1847 he returned to Lyons, having been offered the chair of French Literature in the *Faculté des Lettres* of that town. In 1858 he was elected a member of the French Academy, where he succeeded A. de Musset. He died at Lyons in 1883.

V. de Laprade is one of those average writers who, as they do not soar high above the crowd of their contemporaries, are neither warmly praised nor bitterly criticised. He will be read with interest for the excellence of his moral teaching and for his correct, easy, and dignified style. His writings fill us with regard for the man, and with regret that he had not more poetical imagination. Within these narrow limits he is occasionally very good.

The following is a list of his principal works:—*Psyché* (1840), *Odes et Poèmes* (1844), *Poèmes évangéliques* (1852), *Symphonies* (1855), *Idylles héroïques* (1858), *Pernette* (1868), *Poèmes civiques* (1873), *Le Livre d'un Père* (1876).

The works of V. de Laprade are published by A. Lemerre, Paris.

A LA JEUNESSE

102. 11. **ses conquêtes**: a peculiarly French expression — 'lady loves' would perhaps be the nearest equivalent. Take *vous* as the subject of the sentence instead of *plaisir*, which may be paraphrased and placed in apposition.

PAGE LINE
103. 24. **endormis**: an allusion to the dramatic scene in Shakespeare's play, when Romeo, seeing Juliet asleep, imagines that she is dead and poisons himself in despair.

34. **hauts lieux**, 'summits.'

36. Elvire: see note to p. 23, l. 6.

Béatrix: Beatrice Portinari (1266-90), a Florentine lady celebrated for her beauty, and immortalised by Dante in his *Divina Commedia*.

104. 69. **la fleur d'or**, 'the broom'; see p. 183, ll. 2, 9.

72. **nous pèsent**, 'weigh *upon* us.'

105. 74. **Arthur . . Saint-Graal**: an allusion to the fabulous deeds of King Arthur and the knights of the Round Table (see Tennyson's *Idylls of the King*). The Holy Grail was a sacred vase, supposed to have contained blood shed by our Lord upon the cross.

LE BON CHEVAL GRIS

106. 13. **étape** (Old Fr. *cstaple*) meant at first a warehouse full of the necessaries of life ; then, specially, a dépôt of food for troops on march ; and lastly, the place where troops halt. It is sometimes used (as here) to express 'the distance between two halts.' The word is of German origin, and akin to English *staple*.

107. 16. **les quatre preux**: an allusion to the four nephews of *Girart de Roussillon* (*Renaud*, *Alard*, *Richard*, and *Guichard*), popularly known as *les quatre fils Aymon*. This is also the title of a *chanson de geste* of the thirteenth century, in which their exploits are related. All four, according to the legend, rode to battle on the same charger, called *Bayard*, which had been presented to them by Charlemagne.

25. **goûtait**: the *goûter* is a collation taken by children in the afternoon, and consisting of bread and butter, jam, fruit, etc. It corresponds more or less to our 'tea.'

27-8. **faire . . un temps de galop**: sporting phraseology, 'to enjoy a galop' or 'canter'; *temps* may be neglected.

PAGE LINE
107. 32. **fourmilière**, literally 'ant-hill,' is only used here to express number, and corresponds to our 'swarm.'
    33. **qui . . qui**, 'some . . others.'
    35. **que de mains** = *combien de mains*.
    38. **à l'envi**: *à l'envi* following an infinitive generally corresponds to English 'to vie in' + pres. participle. It really means 'in emulation of each other.' An exact translation would make the English sentence very awkward. Render simply by 'eagerly.'
    40. **ce qu'il endure**: *il* does not, of course, refer to *Dieu*, but to *cheval* understood.
108. 49. **argentins**: note the difference between *argenté* (colour) and *argentin* (sound).
    50. **compère**: the words *compère* and *commère* originally meant 'godfather' and 'godmother' respectively. But, in course of time, their sense has greatly altered and has become somewhat sarcastic. *Compère* now means 'a confederate,' generally (though not here) for purposes of trickery. *Commère* = 'an old gossip.'
    67. **ces vains coureurs**, 'race-horses.'

LECONTE DE LISLE

CHARLES LECONTE DE LISLE was born in the island of Bourbon, or Réunion, as it is now called, in 1820. His parents wished him to become a lawyer, and we find him, when about twenty years of age, a student of law at Rennes, in Brittany. From his own correspondence it would seem that both his conduct and his progress left much to be desired; he never got his degree, but spent his time in writing for literary magazines. He soon removed to Paris to try his fortunes as a poet, and rose to fame on the publication of his *Poèmes antiques* in 1853. The *Poèmes barbares* (1859) gave him the leadership of the 'Parnassian' school of French poets. From that time till his death (1894) he wrote the *Poèmes tragiques* (1884) and *Derniers Poèmes*, published by his relatives in 1895.

Once a week a number of young poets met in his rooms, on the fifth floor of a house in the Boulevard des Invalides. There the canons of the new art were discussed, the works of the 'rising generation' were read and criticised. Most of these appeared at first in a periodical called *Le Parnasse*[1] *contemporain*, over the signatures of Th. de Banville, S. Prudhomme, F. Coppée, J. M. de Hérédia, A. Silvestre, A. Theuriet, etc. Following the examples of Th. Gautier and L. de Lisle, these young poets adopted the theory of *L'art pour l'art*, 'art for art's sake,' and too frequently sacrificed subject matter, ideas, imagination, to mere beauty of form; the writing of descriptive verse became nothing more than a mechanical art, in which the individuality of the poet could find no place, and descriptive poems were consequently as lacking in sympathetic treatment as they were rich in harmony or rhythm.

Leconte de Lisle's poetry, as may be expected, is of a strongly 'objective' type; he is greatest when he describes, whether his model be the sunburnt fields of his native tropics, or the heavy slumber of massive oxen, or the tower-like hugeness of elephants. He was a genuine scholar, who read and understood the classics, as is shown by his magnificent translations of Homer, Aeschylus, Horace, Sophocles, and Euripides. To these ancient masters he owed that perfection of form, that vividness and pregnancy of epithet, for which he remains unsurpassed.

Leconte de Lisle is an atheist and a pessimist. But he does not accept his sad conception of life with philosophic calmness; like de Vigny, he is essentially unhappy. Neither does he strive after Faith, for belief seems to him impossible. Before his sorrowing eyes, all that the world holds most sacred, gods, religions, man himself, pass like fleeting phantoms into nothingness, which alone really exists.

The works of Leconte de Lisle are published by A. Lemerre, Paris.

MIDI

PAGE LINE
111. 12. **la coupe du soleil**: perhaps 'flood' of sunlight will be the nearest equivalent.

29. **paroles**: here 'message.'

31. **les cités infimes**, 'the meaner life of the unholy cities.'

32. **néant**: here 'nirvâna.'

---

[1] Hence the name of 'Parnassian' applied to the new school.

LE CŒUR DE HIALMAR

PAGE LINE
113. 21. **Upsal**: an ancient university town in Sweden.
      Jarls: an Icelandic word for 'warrior,' 'hero.' The English *earl* is derived from it.

LES ÉLÉPHANTS

114. 3. **une ondulation immobile**: this image recurs frequently in L. de Lisle's poems; see p. 111, l. 15.
      4. **aux vapeurs de cuivre**: cf.—

> a hot and copper sky.
>   COLERIDGE (*Ancient Mariner*).

    5-8. **et la girafe boit**: compare this stanza with the last but two of Hugo's *Booz endormi* (p. 59).

115. 32. **insectes ardents**: cf.—

> the *hot* and *angry* bee.
>   LONGFELLOW.

SACRA FAMES

    1-2. **hausse et balance ses houles**: cf.—

> . . the deep,
> Whose breast is gently heaving,
> As an infant's asleep.
>   BYRON (*There be none of Beauty's daughters.*)

116. 13. **plein de faim**: a very daring and picturesque image. Cf.—

> Ils s'en venaient de la montagne et de la plaine . .
> Plus massifs que le cèdre et plus hauts que le pin,
> Suants, échevelés—soufflant leur rude haleine
> Avec leur bouche épaisse et rouge—et *pleins de faim*.
>   L. DE LISLE ("Kaïn," *Poèmes barbares*).

    27. **pilote**: the 'pilot-fish,' a kind of *remora*. This fish is about a foot long and of a dark-blue colour; it constantly accompanies the shark, swimming a short distance above the latter's head, following all its movements, and seizing at once any food which may escape from the shark's mouth, while the monster is tearing its prey.

CHARLES BAUDELAIRE

C. BAUDELAIRE was born in Paris in 1821, and died in 1867. His *Fleurs du Mal* (first series) appeared in 1857. He seems to have had an unhappy predilection for all that is offensive to taste. From the Romantics he borrowed their horror of the *bourgeois* and commonplace (see notice on Théophile Gautier), and posed as one who had an utter scorn of all forms of propriety, of all ideas of current morality. In like manner, he deliberately took from Edgar Poe—of whose works he gave a masterly translation—only what was repulsive, or extravagant and bizarre. The idea of death, in its most gruesome, physical aspect, seems to have haunted his mind. There is a good deal of miserable affectation in all this *satanisme*, mingled with a perverse natural taste for the ugly and the unclean.

Yet Baudelaire is a very remarkable artist; he earnestly strives after, and not unfrequently attains to, perfection of style; he is peculiarly happy in his short 'symbolic' poems; see especially *L'Albatros* (p. 117) and *La Cloche fêlée* (p. 118).

L'ALBATROS

PAGE LINE
117. 11. brûle-gueule: a slang word. It means a very short clay pipe.

13-6. See Gautier's *Terza Rima*, p. 100, ll. 10-12.

HARMONIE DU SOIR

This sort of poem is known by the name of *Pantoum*. It is of Oriental origin, and was first brought under the notice of French poets by V. Hugo, who gave, in the notes to his *Orientales*, a prose translation of a Malay 'pantoum.' Some years afterwards, Ch. Asselineau wrote the first 'pantoum' in French. Théodore de Banville, and other contemporary writers, have since attempted to acclimatise this artificial kind of poem. Its structure is the following: the stanzas are of four lines; the second and fourth lines in each stanza become respectively the first and third lines of the following stanza. Besides, two distinct themes must run parallel to each other through the whole poem, one in the first and second lines of each stanza, one in the third and fourth. It will be seen that this condition has not been complied with in the present poem. It is, therefore, not a perfect 'pantoum.'

The following is by Th. de Banville:—

Sur les bords de ce flot céleste
Mille oiseaux chantent, querelleurs.
Mon enfant, seul bien qui me reste,
Dors sous ces branches d'arbre en fleurs.

Mille oiseaux chantent, querelleurs;
Sur la rivière un cygne glisse.
Dors sous ces branches d'arbre en fleurs
Ô toi ma joie et mon délice.

Sur la rivière un cygne glisse
Dans les feux du soleil couchant.
Ô toi ma joie et mon délice,
Endors-toi bercé par mon chant.

Dans les feux du soleil couchant
Le vieux mont est brillant de neige
Endors-toi bercé par mon chant
Qu'un dieu bienveillant te protège!

PAGE LINE
118. 6. **le violon**, etc.: cf.—

The music yearning like a God in pain.
    KEATS (*The Eve of St. Agnes*).

LA CLOCHE FÊLÉE

1–3. **hiver, élever**: see Introd. p. xxxiv. ll. 3 sq.

119. 9. **mon âme est fêlée**: cf. a similar image in Sully-Prudhomme's *Le Vase brisé*, p. 144, ll. 1–2, 13–15.

L'HOMME ET LA MER

2. **la mer est ton miroir**: cf.—

Thou glorious mirror, where the Almighty's form
Glasses itself in tempests.
  BYRON (*Childe Harold's Pilgrimage*, iv. 183).

LES CHATS

'Baudelaire adorait les chats.—Il aimait ces charmantes bêtes tranquilles, mystérieuses et douces, aux frissonnements électriques, dont l'attitude favorite est la *pose allongée des sphinx* qui semblent leur avoir transmis leurs secrets. Ils se plaisent dans le silence, l'ordre, et la quiétude, et aucun endroit ne leur convient mieux que le cabinet du littérateur. Leurs caresses sont tendres, délicates, silencieuses, *féminines*, et n'ont rien de commun avec la pétulance bruyante et grossière qu'y apportent les chiens, auxquels pourtant est dévolue toute la sympathie du vulgaire. Tous ces mérites étaient appréciés comme il convient par Baudelaire, qui a plus d'une fois adressé aux chats de belles pièces de vers, et qui bien souvent les fait errer à travers ses compositions comme accessoire caractéristique. *Les chats abondent dans les vers de Baudelaire, comme les chiens dans les tableaux de Paul Véronèse, et y forment une espèce de signature.*'—THÉOPHILE GAUTIER.

LES HIBOUX

PAGE LINE
120. 3. **dieux étrangers**: the owl was the emblem of Minerva.
  12. **ivre**: note how very frequently this word is used, figuratively, in French poetry. Cf. p. 134, l. 12; p. 184, l. 39. In the great majority of cases, the English equivalents will be found totally inadequate, and the word will have to be paraphrased.

THÉODORE DE BANVILLE

TH. DE BANVILLE, the son of a naval captain, was born at Moulins in 1823 and died in 1891. At the very early age of eighteen he published his first book of verse, *Les Cariatides*. His literary activity has been considerable: the following is a list of his principal works:—*Les Stalactites* (1846), *Les Odelettes* (1856), *Le Sang de la Coupe* (1857), *Les Odes funambulesques* (1857), *Améthystes* (1862), *Les Exilés* (1866), *Idylles prussiennes* (1871), *Trente-six Ballades joyeuses* (1873), *Les Princesses* (1874), *Les Occidentales, Rimes dorées, Rondels* (1875), *Nous Tous* (1884).

Banville has also written numerous plays, some of which have been deservedly successful:—*Le beau Léandre* (1856), *Diane au Bois* (1863), *La Pomme* (1865), *Gringoire* (1866), of which there is a popular English version entitled 'The Balladmonger,' *Deïdamia* (1876), *Hymnis* (1880), *Socrate et sa Femme* (1886), *Le Baiser* (1888).

We must also mention his *Petit traité de poésie française* (1872), a remarkable and highly entertaining little book, paradoxical in places, but withal full of truths and original views; it ought to be in the hands of every student of French poetry.

Banville is an earnest Romantic (see his *Ballade des Regrets*, p. 127). In fact, he is the last of the Romantics. Of inspiration, sentiment, imagination, of true poetry, in short, there is no trace in him. He is more devoid of all these than even Gautier. He gives one the impression of a dilettante playing with rhythm and rhymes, and making the neatest and cleverest combinations. M. Jules Lemaître has wittily defined him as follows: 'M. Th. de Banville est un poète lyrique hypnotisé par la rime, le dernier venu, le plus amusé, et dans ses bons jours le plus amusant des romantiques, un *clown en poésie* qui a eu dans sa vie plusieurs idées, dont la plus persistante a été de n'exprimer aucune idée dans ses vers.'

The other 'ideas' of M. de Banville have been—

(a) His revival of the old artificial little poems so much in vogue during the fifteenth and sixteenth centuries, called *Poèmes à forme fixe* (the sonnet, ballade, rondel, virelai, dixain, etc.[1]) These little poems, extremely difficult of execution, on account of the complications of rhythm and intricacies of rhyme, were especially well suited to the peculiar talent of our '*clown en poésie*,' who justly said, in the 'Envoi' of his *Ballade sur lui même*—

> Prince, voilà tous mes secrets,
> Je ne m'entends qu'à la métrique :
> Fils du Dieu qui lance des traits,
> Je suis un poète lyrique !

(b) His famous theory of rhyme. Sainte-Beuve had said before him—

> Rime, qui donnes leurs sons
>   Aux chansons,
> Rime, L'UNIQUE HARMONIE
> DU VERS, qui, sans tes accents
>   Frémissants
> Serait muet au génie.

Banville, borrowing Sainte-Beuve's expression, enlarges upon the same theme. 'La rime est l'*unique harmonie* du vers, et elle est *tout le vers* . . . C'est pourquoi *l'imagination*

---

[1] See Introd. pp. liv. *et seq.*

de la rime est, entre toutes, la qualité qui constitue le poète . . . Si vous êtes poète, vous commencerez par voir distinctement dans la chambre noire de votre cerveau tout ce que vous voudrez montrer à votre auditeur, et, *en même temps* que les visions, se présenteront spontanément à votre esprit les mots qui, placés à la fin du vers, auront le don d'évoquer ces mêmes visions pour vos auditeurs . . . Si vous êtes poète, le mot-type se présentera à votre esprit tout armé, c'est à dire *accompagné de sa rime* . . . Ceci est une loi absolue : tant que le poète exprime véritablement sa pensée, il rime bien ; dès que sa pensée s'embarrasse, sa rime aussi s'embarrasse, et cela se comprend, puisque pour lui *pensée et rime ne sont qu'un* . . . Le reste, les soudures, ce que le poète doit rajouter, pour boucher les trous avec sa main d'artiste, est ce qu'on appelle *les chevilles* (padding) . . . Il y a toujours des chevilles dans tous les poèmes, et il y en a autant dans un bon poème que dans un mauvais. Toute la différence, c'est que les chevilles des mauvais poètes sont placées bêtement tandis que celles des bons poètes sont des miracles d'invention et d'ingéniosité.' (Cf. *Petit traité de poésie française*, pp. 52-67.)

All this, paradoxical though it may seem, contains nevertheless a large amount of truth ; or rather, it is true in the case of Th. de Banville, and of all those poets whom Lemaître calls *lyrico-descriptifs*, that is to say, the great majority of the Parnassians.

But it is quite possible to conceive another and wholly different theory of versification, according to which the beauty of verse consists in the perfection of the whole line, of the choice of words, of the harmony, of the rhythm, in the depth or freshness of the emotions, in the originality of the ideas, as much as, or even more than, in the fulness and sonority of the rhymes.

Banville's theories are true of his own literary group ; but they must not be generalised. They have already been given up by the *Symbolistes*. Cf. Paul Verlaine's *Art poétique*, p. 177, ll. 22-8—

> Tu feras bien, en train d'énergie,
> De rendre un peu la Rime assagie.
>   .   .   .   .   .
> O qui dira les torts de la Rime ?

The works of Th. de Banville have been published by A. Lemerre, Paris.

A MA SŒUR ZÉLIE

PAGE LINE
121. 2. **contre l'affront du temps,** 'against time's despite.'
123. 48. **chrysis**: a kind of *hymenoptera* distinguished by the extreme brilliancy of its colours, and comprising many species. The best known in France is that called *guêpe dorée*, or 'golden wasp.'

A MÉRY

Title. **Méry** (1798-1865), a French poet and novelist, is known especially for a number of political and religious pamphlets in verse, written in collaboration with another man of letters, *Barthélemy*.

2. **Saqui** (1786-1866): perhaps the most famous dancer on the tight rope ever known. Napoleon I. called her *première acrobate de France*, and always caused her to appear at the great public festivals.

5-6. **sur une corde**: note this very daring *enjambement*. The *enjambement* between noun and adjective is the most common. Cf. Hugo's lines quoted in the Introd. p. xxxviii.

124. 18. **houle**: a common word in French descriptive poetry. Cf. p. 93, l. 10; p. 115, l. 2; p. 183, l. 2.

19. **faisant un pas**: *faisant = dansant*.

36. **le fils de Dédale**: *Daedalus* and his son *Icarus*, imprisoned by *Minos* in the Labyrinth, escaped by means of artificial wings made of birds' feathers glued together with wax. But the wax was gradually melted by the heat of the sun, and Icarus fell into the sea. (Cf. Ovid's *Metamorphoses*.)

125. 43-4. This refers, of course, to the silk 'tights' worn by gymnasts, and frequently adorned with metallic scales and spangles.

LES FORGERONS

126. 32. **l'écarlate**: the *coquelicot*, or 'red poppy.'
la fleur d'azur: the *bleuet*, or 'cornflower.'

BALLADE DES REGRETS

See Introd. p. lvii. See also an excellent article by E. Gosse in the *Cornhill Magazine*.

PAGE LINE
127. *Title*. l'an mil huit cent trente refers to the outburst of literary activity which marked the beginning of the Romantic movement (Lamartine's *Méditations*; Hugo's *Orientales*, *Cromwell* (Preface), *Hernani*; Dumas' *Historical Dramas*, etc.).
   5. l'autrichien, 'Austrian stocks.'
      la rente corresponds to English 'consols.'
   6. bourse: here, 'stock-exchange.'
      du pur hébreu: English has a similar expression, 'were Greek to them.'
128. 7. Richelieu: *Louis du Plessis, duc de Richelieu* (1696-1788), grand-nephew of the great Cardinal. His life was a perpetual scandal; he was famous for his personal attractions, and for a large number of notorious duels and other discreditable adventures.
   11. Nodier (Charles), 1780-1844: a French man of letters whose receptions had a great notoriety. In his drawing-room at the *Bibliothèque de l'arsenal*—of which he was the librarian—met periodically the leaders of the Romantic movement, Hugo, Vigny, with the two Deschamps, Soumet, and many others. This little band of young artists and poets was called *le cénacle*.
   12. les deux Deschamps: the two brothers Émile and Antony Deschamps, minor poets of the Romantic period. The former has written excellent translations in verse of *Macbeth* and *Romeo and Juliet*.
   14. Dorval (Marie), 1798-1849: a celebrated French actress. She played with the great Frederick Lemaitre in *Trente ans ou la vie d'un joueur*, and 'created' the parts of 'Kitty Bell' in Vigny's *Chatterton*, and of 'Dona Sol' in Hugo's *Hernani*.
   18. un juste: the word is taken here in the scriptural sense.
   21. Visapour: used here as a symbol to express the idea of extravagant wealth. India being famous for

its diamonds and precious stones. *Golconde* is frequently used in the same way.

128. 22. **Tarente**: this also is symbolic, and simply refers to the number of foreign noblemen who were squandering their money in Paris. All these wealthy foreigners —especially South Americans—are known in modern 'argot' by the uncomplimentary epithet of *rastaquouères*.

23. **Cidalise, Pompadour**, do not here refer to any particular women; the names are used as being characteristic of a whole class.

28. **sacré délire**: like many other adjectives, *sacré* has a different meaning according to its place before or after the noun. *After* the noun it means 'holy,' 'sacred'; *before* the noun it becomes rather vulgar, and almost equivalent to swearing. (Contrast *musique sacrée* and *sacrée musique*; the English 'blessed' may be used in the same way, as an uncomplimentary epithet.) In poetry, however, these distinctions are somewhat forgotten, and the sense depends chiefly on the writer's intention. **délire** is of course equivalent to *inspiration*.

29. **des fesse-mathieu**, 'misers,' '*skin-flints*.' Etymology doubtful.

31. **pour un peu**: an adverbial expression qualifying *j'aurais baisé*, l. 34. It is equivalent to 'almost.'

32. **féru d'amour**: *féru* is the past participle of the obsolete verb *férir* 'to strike' (Lat. *ferire*). This verb has survived only in two idiomatic expressions: *sans coup férir* and *féru d'amour*.

EUGÈNE MANUEL

Eu. MANUEL, born in 1823, published *Pages intimes* (1866), *Poèmes populaires* (1871), *Pendant la Guerre* (1872). He may be described as one of the first, in date, among the 'realistic' French poets. Rejecting alike the subjective methods of the great 'Romantiques' and the higher models of the 'Parnassiens,' he has taken the subjects of his compositions from the everyday life of the lower classes in Paris. His poems are sometimes very pathetic, and he seems to have sincere sympathy with the poor people, but any one who reads *La Robe* (p. 129) will see how unreal is the whole *tone* of the poem ; and we cannot regret that it is, for if it were not, if it were absolutely true to life, would it be poetry? To write genuine realistic poetry is a very difficult, probably a hopeless undertaking.

LA ROBE

PAGE LINE
- 129. 1. **mansarde** : originally a 'garret-window' and by extension 'a garret,' 'an attic.' From the name of the architect Mansard (seventeenth century), who invented this kind of window.
  - 5. **terne**, 'lack-lustre.'
- 130. 25. **ménage** : 'married couple,' sometimes 'home.' Note the expression *faire bon ménage*, 'to get on well together.'

  que le nôtre : the sentence is elliptical = (c'est un) *beau ménage | que le nôtre* (est). This construction (subject relegated to the end of the sentence) is one of the commonest ways of expressing emphasis. Contrast—*Jean est un bon garçon,* 'John is a nice fellow.' EMPHATIC : c'est *un bon garçon | que Jean.* Lit. 'it is a nice fellow that John (is).' Cf. the English vulgarism : 'he is a nice fellow, *is John.*'
- 131. 44. **gueux** : see note to p. 72, l. 48.
  - 61. **pêle-mêle** is not derived from *palle maille*, or 'Pall Mall,' the game of mall, but from *pelle* 'a shovel' and *mêler*. Thus it means 'in a confused heap,' as if shovelled together.

ANDRÉ THEURIET

A. THEURIET was born at Marly-le-Roi, near Versailles, in 1833, but his youth was spent among the woodlands of the Argonne and Ardennes, which he has pictured with a loving hand almost in every one of his books. In 1853 he came to Paris to study law, but, as so many had done before him, soon gave it up for literature. He has published *Le Chemin des Bois* (1867), *Le Bleu et le Noir* (1874), *Le Livre de la Payse* (1883), *Poésies* (1884).

In 1871 his drama *Jean-Marie* was acted at the Odéon Theatre with great and legitimate success.

In spite of the genuine worth and subtle charm of his poetry, Theuriet is perhaps best known in France and abroad as a novelist. His principal novels are:—*Le Mariage de Gérard, La Fortune d'Angèle, Le Filleul d'un Marquis, Le fils Maugars, Tante Aurélie, Toute Seule, Hélène, L'Amoureux de la Préfète, Reine des Bois, Le Mari de Jacqueline, Jeunes et vieilles Barbes, Le Refuge.* The subjects of these novels are taken from provincial life, mostly in the north-east of France, in Lorraine and the Ardennes. The impression they leave on one's mind is thus summed up by an able critic, M. André Lemoyne:—

'Quelque chose d'intime, de profond, de sauvage aussi, nous charme et nous pénétre à chaque page de ses livres. Il nous peint, dans une langue à la fois sobre et colorée, claire et élégante, les intimes bonheurs, les ridicules et aussi la poésie de la vie de province. On y sent une franche et saine saveur de terroir qui constitue l'originalité de l'écrivain.

'Ce qui ressort surtout des livres d'André Theuriet, c'est l'amour de la nature forestière, l'intime souvenir de la vie campagnarde, et en même temps une pitié profonde pour les souffrants, les déshérités de ce monde, qui vont courbés sur la glèbe ou errants sur les routes, à l'heure où le soir tombe, et quand s'illumine dans la nuit la fenêtre des heureux.'

The works of André Theuriet have been published by A. Lemerre and by Charpentier and Fasquelle.

LES FOINS

Compare this poem with Fabié's *Les Genêts*, p. 183.

PAGE LINE
134. 1. **au clair appel du coq**: cf. Milton—
> While the cock with lively din
> Scatters the rear of darkness thin.
> (*L'Allegro.*)

5. **bruissantes**: see p. 94, l. 37, and p. 36, l. 17.

8. **retournent** is a *transitive* verb here—the object of which is *jonchée.*

11-16. Cf. *Les Genêts*, p. 183, ll. 4-5, 9-12, 26-28.

136. 61. **peu à peu**: hiatus; see Introd. p. xl.

ARMAND SILVESTRE

ARMAND SILVESTRE, born in Paris in 1838, published in 1866 his first volume of verse, *Rimes neuves et vieilles*. George Sand, having read the verses in proof, was so delighted with them, and conceived such hopes for the future of the poet, that, although Silvestre was personally unknown to her, she wished to introduce his book to the public, and wrote a most eulogistic preface, from which we detach the following lines :—

'Ces poèmes, si étrangement sensuels et mystiques à la fois, sont une perpétuelle apothéose de la Beauté visible, un agenouillement enthousiaste et cependant douloureux devant la femme.—C'est l'hymne antique dans la bouche d'un moderne, c'est à dire l'enivrement de la matière chez un spiritualiste quand même, qu'on pourrait appeler LE SPIRITUALISTE MALGRÉ LUI ; car, en étreignant cette beauté physique qu'il idolâtre, le poète crie et pleure. Il l'injurie presque et l'accuse de le tuer. Que lui reproche-t-il donc ? . . DE N'AVOIR POINT D'ÂME !— Ceci est très curieux, et continue sans la faire déchoir, la thèse cachée sous le prétendu scepticisme de Byron, de Musset, et des grands romantiques de notre siècle.'

This first book of verse was followed by *Les Renaissances* (1869), *La Gloire du Souvenir* (1872), *La Chanson des Heures* (1878), *Les Ailes d'Or* (1880), *Le Pays des Roses* (1882), *Le Chemin des Étoiles* (1885).

The works of Armand Silvestre have been published by A. Lemerre and by Charpentier and Fasquelle.

LES NUAGES

Compare this poem to Shelley's *Cloud*.

PAGE LINE
137. 1-8. Cf. Shelley—

> I bring fresh showers for the thirsting flowers
>   From the seas and the streams ;
> I bear light shade for the leaves when laid
>   In their noonday dreams.
> From my wings are shaken the dews that waken
>   The sweet buds every one, etc.

138. 13. **les morts vont vite**: a popular French proverb = 'are soon away,' i.e. 'forgotten.' Another proverb expresses a similar idea : *Loin des yeux, loin du cœur*, 'out of sight, out of mind.'

138. 13-16. Cf. Shelley—
> . . the dead live there,
> And move like winds of light on dark and stormy air.
> (*Adonais*, xliv.)

139. 43. **Icares**: see note to p. 124, l. 36.

PATRIA—Sonnets Héroïques

140. 16. **ployés** refers of course to *enfants*, not to *fusils*.

    26. **jaloux** does not refer to *pères*, but is predicative; *soyons* is understood.

    30. **derniers autels**, etc. A prose writer has said more simply: '*Le patriotisme est la religion des peuples qui n'en ont plus.*'

141. 42. **Marceau**: born at Chartres in 1769, enlisted in 1784 at the age of fifteen, and was made a general in 1793. He commanded successively in *Vendée*, in the *Ardennes*, and on the *Sambre*. He was only twenty-seven when he was killed at Altenkirchen (September 21, 1796). The Austrian officers showed their admiration for the young hero by uniting with the French to render him military honours.

    48. **au tambour** = *au* (son du) *tambour*.

    54. **ces deux flots** refers to the two armies.

    55. **Icare**: see note to p. 124, l. 36.

143. 85. **après l'heure**, 'after *their* time,' i.e. 'too late.'

    91. **que j'en vive**: *que* is here concessive = 'whether.'

    93. **de rendre**: turn into *qui rend*, *qui* referring to *temps*.

    98. **Sambre-et-Meuse** was the name of one of the eastern Departments of France under the Republic and the first Empire. It was named after two rivers, the *Sambre* and the *Meuse*. In 1814 it was given to the Netherlands. It is now (since 1830) part of Belgium.

A. SULLY-PRUDHOMME

RENÉ FRANÇOIS ARMAND SULLY-PRUDHOMME (whom God preserve!) was born in 1839. His published works include *Stances et Poèmes* (1865), *Les Solitudes* (1869), *Les vaines Tendresses* (1873), *La Justice* (1878), *Le Bonheur* (1888). The first book which came from his pen was a translation of Lucretius.

Sully-Prudhomme is a philosopher as well as a poet, and his philosophy is very interesting: himself a mathematician, he feels—and notes—the growing importance of positive science, but, at the same time, does not lose sight of the metaphysical aspect of the great problem. He earnestly believes in *Justice*, which can only originate in the conscience of man, and in *Happiness*, which neither the senses nor the intellect, but only self-sacrifice, can give. The cogency of his reasoning and the clearness of his demonstration are alike remarkable; it is only natural that his poetical diction should suffer thereby, but even that does not happen so frequently as we might reasonably apprehend. Some passages in *Le Bonheur* are poetry of a very high order.

There is yet another aspect of his talent which deserves consideration—what we might call his 'love-poems.' Among these will be found some of the most exquisite lyrical pieces ever composed. The sentiment is at once very intense and very pure. These little poems are exceedingly touching and pathetic; they have all the melancholy charm of earnest and unrequited love, and they appeal to us still more powerfully through the delicate veil of decency which chastens the thrilling accents of true passion. In point of style and versification Sully-Prudhomme follows the best traditions of the Parnassian School. He was one of the habitués of Leconte de Lisle's literary At Homes, and he is the one who seems to have most completely imbibed the master's careful method, and his detestation of vague and inaccurate language.

L'AGONIE

With this poem compare the following :—

> Come read to me some poem,
> Some simple and heartfelt lay,
> That shall soothe this restless feeling
> And banish the thoughts of day.

. . . . .

> Read from some humbler poet,
> Whose songs gushed from his heart,
> As showers from the clouds of summer,
> Or tears from the eyelids start;
>
> Who through long days of labour,
> And nights devoid of ease,
> Still heard in his soul the music
> Of wonderful melodies.
>
> . . . . .
>
> LONGFELLOW.

PAGE LINE
145. 2. **ne me dites rien**, 'speak not to me in words.' Cf. l. 9 below, *je suis las des mots*.

4. **je mourrai bien**, 'my death will be easeful.' Cf.—
I have been half in love with *easeful Death*.
KEATS (*Ode to a Nightingale*).

6. **choses d'en bas**, 'earthly cares.'

23. **un caprice**, 'a moment's fancy.'

146. 29. **gens des chaumières**, 'cottage-folk.'

39. **son chant d'aïeule**, 'and I shall drift back, with *her grandam song*.'

PREMIÈRE SOLITUDE

147. 8. **délicat**: here 'refined.'

10. **innocents**, 'soft.'

11–12. Note the gently sarcastic touch in these well-known lines.

13. **niches**, 'tricks.'

14. **copains**, 'pals.'

30. **linceuls**, 'bed-clothes' (lit. 'shroud'); the word is in keeping with *tombes* below.

31. **sifflet**: here 'breath.'

148. 34. **faits**: here 'used,' 'inured.' Contrast *se faire à*, 'to get used to'; *se défaire de*, 'to get rid of.'

LES VIEILLES MAISONS

150. 47. **chêne au grand cœur**: cf. Engl. 'hearts of oak.'
tient, 'resists,' 'holds on.'

LE JOUG

PAGE LINE
152. 33. **se rassemble**: a technical term of the riding-school = 'gathers his limbs.'

153. 81. **comme Barbier l'a peinte**: see *La Curée*, p. 71.

154. 127. **Prytanée**: a building in Athens where the fifty senators were housed at the expense of the Republic, and great ceremonies—such as the reception of foreign ambassadors—took place. It also contained the altar on which the fire of Vesta was kept burning. The word is used here in a symbolic sense.

131. **listes civiles**: the yearly allowance voted by the nation to the sovereign.

136. **Amphion**: son of Zeus and Antiope, brought up with his twin-brother Zethus on Mount Cithaeron, where he practised singing to the lyre. When the brothers grew up and discovered their descent, they marched against Thebes and put to death its king Lycus and his wife Dirce for having treated their mother with cruelty. They then fortified Thebes by a wall, to make which the stones moved of their own accord to the music of Amphion's lyre. He married Niobe, and killed himself from grief when all his children were destroyed by Apollo.

FRANÇOIS COPPÉE

FRANÇOIS COPPÉE, the most popular of living French poets, was born in Paris in 1842, and educated at the Lycée St. Louis. After the completion of his studies he entered the civil service, and became a clerk in the War Office. Later on, he was appointed librarian to the Senate, and *archiviste* to the 'Comédie Française,' and only resigned these posts in 1884, after his election to the French Academy.

He has published the following works:—*Le Reliquaire* (1866), *Les Intimités* (1868), *Les Poëmes Modernes* (1870), *Les Humbles* (1872), *Le Cahier Rouge* (1874), *Olivier* (1875), *L'Exilée* (1876), *Récits épiques* (1878), *Contes en Vers* (1881), *Arrière-Saison* (1887).

As a dramatist he is best known as the author of *Le Passant*

(1869), *L'Abandonnée* (1871), *Le Luthier de Crémone* (1876), *Severo Torelli* (1883), *Les Jacobites* (1885).

François Coppée is a consummate artist, and perhaps the 'cleverest' of French rhymers; he possesses technical skill to a surprising degree, and his versification is almost perfect. He has created what is sometimes called *le vers moderniste*, an instrument which he uses with considerable effect in a series of short dramatic poems, full at once of melancholy and sarcasm, tenderness and irony.

He is above all *le Poëte des Humbles*; his subjects are generally chosen from the humbler aspects and conditions of life, and though some may prefer other parts of his works, it is in his realistic pictures of Parisian homes, suburban scenery, and the toils of Parisian workmen and clerks, in his tales of untold passion, of silent and forbearing devotion, of grief and sufferings neither 'noble' nor tragic in the literary sense, but all the more real and touching in the midst of their commonplace surroundings, that his indisputable originality is seen to best advantage.

'Victor Hugo, it is true, had sung, in his *Légende des Siècles*, of wretched homes and humble lives, but, being unable to do without some appreciable note of grandeur, he has presented us with pictures of dramatic misfortunes, desperate sufferings, and startling sacrifices.

'M. Coppée's heroes, for the most part, pass along in the crowd with stooping shoulders and threadbare clothes, without even picturesque rags to distinguish them. But with a gentle and even tender touch he unveils to us the misery or the beauty hidden under an exterior of commonplace mediocrity.

'His poetry is intensely human, its most trivial details serving, so to speak, as tokens of the hidden beauty or the secret drama of a life, and uttered in language which melts the heart.

'The poet, it is unnecessary to add, tells us his stories in verse of singular flexibility which can express everything without dragging, and which, clinging avowedly to the soil, is yet not without its wings.'[1]

The complete works of François Coppée have been published by A. Lemerre, Paris.

[1] Jules Lemaître, *Les Contemporains*.

PETITS BOURGEOIS

156. 7. **bons rentiers:** a *rentier* is a man of independent means; literally one who lives on his *rentes*, i.e. private income; *bons* = 'simple.' Paraphrase the whole line.

11. **carrés de buis:** *buis* 'box' is used, as in England, for the borders of the garden 'beds.'

12. **fait bien,** 'looks well.'

157. 19. **rosier de sa façon,** 'favourite rose-tree.'

23. **treille,** 'arbour.' **cercles,** barrel hoops, pieces of wood used for binding casks.

29. **têtes de sphinx:** these are characteristic of the 'Empire' style of furniture, now considered *bourgeois*, i.e. 'unartistic,' 'philistine,' worthy of retired tradesmen.

39. **innocente:** i.e. not strong, not intoxicating (though it contains a small proportion of alcohol). It is made from black-currants, and is very much the same as English 'black-currant tea' with the addition of a little brandy.

43. **tirer les Rois:** a reference to a very old French custom. On the *Jour des Rois* (Engl. Twelfth Night), the family gathered at dinner divide a tart in which a broad bean has been hidden. The person who gets the piece containing this bean is termed king (or queen as the case may be), and every time he raises his glass the whole company drink also, exclaiming in a chorus, *Le roi boit!* Like most ancient customs, this is now fast dying out, especially among the upper classes.

46. **rendre le pain bénit:** in Roman Catholic churches a kind of cake (*brioche*), blessed during mass by the priest, is distributed among the congregation in the middle of the service. This cake is usually presented by the most important person in the parish, and is brought into church on a large tray profusely decorated with flowers. The person who offers this cake is said to *rendre le pain bénit*.

158. 55. **au jardin:** it is quite a custom among Frenchmen of the middle class to take their meals in the open air in summer.

LA BÉNÉDICTION

PAGE LINE

158. 1. **Saragosse**, on the right bank of the river Ebro, is the capital of the province of Aragon. During the Peninsular War it was besieged by the French under Marshal Lannes. The town was taken after the most desperate resistance on the 21st of February 1809. Every house had to be stormed in turn; the women and children fought and fell by the side of the men. Finally the people and soldiers took refuge in the churches and convents, which they fortified and refused to abandon until they were blown up with gunpowder.

General de Marbot gives, in his *Memoirs*, a very interesting account of this siege, one episode of which is here related by Coppée in a most thrilling and dramatic manner.

6. **la faute des prêtres**: this refers to the fanaticism of the Spanish monks, who preached a real crusade against the invaders, and worked on the superstition and ignorance of the masses.

10. **baiser . . de la cartouche**: a rather bold image. Cartridges, as the name implies, used to be made of paper, not metal, and had to be cut open with the teeth. *Amère* refers to the bitter taste of the saltpetre contained in gunpowder.

15. **voltigeurs**: until 1870 each battalion of infantry comprised four companies—one of *grenadiers*, one of *voltigeurs*, and two *compagnies du centre*. The companies of grenadiers and voltigeurs were called *compagnies d'élite*. The order was the following:—

In line of battle—

Voltigeurs.	Centre.	Centre.	Grenadiers.

In columns—

Grenadiers	———
Centre	———
Centre	———
Voltigeurs	———

So that, from whatever side the attack might come, the two centre companies, composed of recruits, were always protected by veterans. Since the introduc-

NOTES

tion of compulsory service, these distinctions have disappeared.

158. 17. **haletantes**: lit. 'panting.' The sense here is 'fitful,' 'intermittent.'

19. **le funèbre**, etc., 'amid the muffled, mournful din of war.'

159. 27. **pensifs**, 'lost in thought.'

29. **se sentaient**, etc., 'felt themselves craven-hearted as raw recruits.' A certain number of French nouns are, curiously enough, of the feminine gender, though referring to male individuals—*une recrue, une sentinelle, une estafette, une ordonnance* (orderly), *une vigie.*

41. **faire un feu de peloton** is, in military language, 'to fire by platoons.' Here 'we all fired a volley.'

43. **bourreaux**: a much more frequent word in French than its equivalent is in English. Perhaps here 'murderers.' Cf. p. 90, l. 5.

160. 58. **façade moresque**: during seven centuries the Moors were masters of Spain. (They were only expelled in 1492, when Boabdil surrendered the town of Granada, his last stronghold.) They have exercised a very strong influence on the civilisation, art, and literature of Southern Europe; many towns in Spain still possess remnants of the magnificent buildings erected by them. The Mosque at Cordova, and the Alhambra at Granada, are two of the most famous. An admirable description of the latter is to be found in Th. Gautier's *Voyage en Espagne.*

64. **sac à jurons**: lit. 'a veritable cursing machine.'

67. **faire le gentil**, etc., 'to show what a fine witty fellow I was.'

69. **traineur de sabretache**: the *sabretache* is really the 'pocket' suspended from a hussar's sword-belt (from Germ. *säbel* 'sword' and *tasche* 'pocket'). The whole expression is equivalent to the English 'swashbuckler.'

161. 98. **le signe du pardon**: the sign of the cross.

106. **Amen**, etc.: a very Heinesque touch of sardonic humour.

LA GRÈVE DES FORGERONS

PAGE LINE
161. 4. **le faubourg**: the suburbs, where workmen and poor people generally live.
162. 7. **les plus vieux compagnons**, 'the oldest hands.'
    11. **exploite**: equivalent to English 'sweating.'
    12. **le doyen**, 'our senior.'
    14. **salaire**: 'salary' is not the equivalent of *salaire*. Note the following:—
    la solde, 'pay' (soldiers).
    le salaire, 'wages' (workmen).
    les gages, 'wages' (servants).
    les honoraires, 'fees' (professional men).
    le traitement, } 'yearly stipend' (clerks, em-
    les appointements, } ployés), 'salary.'
    15. **lundis**: 'Monday' is considered a holiday by most workmen.
    20. **on fait le coup de feu**, 'one fights.'
    21. **peut-être**, 'could I?'
    22. **je prends .. la corvée**, 'I accept the task.'
163. 43. **dam**, for *dame* (shortened for the sake of metre) a mild expletive (from Lat. *domine*) = 'of course.'
    les anciens, 'the old hands.'
    53. **mal tourné**, 'gone wrong.'
    54. **pensif**: see note to p. 159, l. 27.
164. 73. **transfuges**, 'blacklegs.'
    88. **ce Crucifié**: a crucifix is hung over the judges' bench in French criminal courts.
165. 97. **mit tout en gage**, 'pawned everything.'
    100. **tâté**: here 'tasted,' 'had a taste of.'
    118. **Mont-de-Piété**: there are no pawnbrokers in France. The lending of money to the poor on securities has been monopolised by the State, not with a view to profit, but in the interests of the poor themselves. This branch of the administration is called *Mont-de-Piété*.
166. 140. **carabin**: a slang term for 'medical student.' The bodies of executed criminals — unless claimed by

PAGE LINE

their relatives—are sent to the medical schools for dissection.

166. 141. **un sort**, 'good enough.' The phrase is elliptical: *un sort (assez bon)* . .

150. **on fait**, etc., 'one cuts a sorry figure.'

167. 163. **accroche-cœurs**: lit. 'heart-snatchers,' locks of hair curled and brought forward on each temple.

170. **injure** is *not* 'injury.'

176. **or çà**, 'now then !'

168. 193. **dans ses yeux**, etc., 'in his scared eyes pleading for mercy.' See note to p. 36, l. 28.

169. 217. **commissaire**: short for *commissaire de police*, 'superintendent of police.'

J.-M. DE HÉRÉDIA

José-Maria de Hérédia, born at Santiago de Cuba in 1842, was educated in France; after a short stay at the University of Havana, he came back to Paris, where he attended for some time the famous École des Chartes.

The study of palaeography developed in him a taste for method and accuracy, which he had the good fortune to conciliate with true poetic and artistic feeling. His poems appeared at various times in the *Revue des deux Mondes*, but were collected in 1893 under the title of *Les Trophées*. In some aspects of his genius he recalls Leconte de Lisle and the Parnassians, but the 'soul' of his poetry seems rather to carry us back to the Romantics; it is Gautier's manner, with the addition of some thought and some ideal. M. de Hérédia is the recognised master of the sonnet,[1] a highly concentrated and effective little poem, specially suited to the peculiar nature of his talent. M. Jules Lemaître very appropriately remarks: 'Chacun de ces sonnets suppose une longue préparation, et que le poète a vécu des mois dans le pays, dans le temps, dans le milieu particulier que ces deux quatrains et ces deux tercets ressuscitent. Chacun d'eux résume à la fois beaucoup de science et beaucoup de rêve. Tel sonnet renferme toute la beauté d'un mythe, tout l'esprit d'une époque, tout le pittoresque d'une civilisation.'

[1] See Introd. p. liv.

ANTOINE ET CLÉOPÂTRE—LE CYDNUS

PAGE LINE
170. *Title.* **Cydnus**: a river in Cilicia, on which 'Tarsus' was situated. Antony and Cleopatra sailed up it together in a luxuriously furnished vessel.

    10. **Lagide** refers to Cleopatra. She was descended from 'Ptolemy *Lagus*,' a Macedonian king of Egypt. *Lagide* is therefore a dynastic name.

SOIR DE BATAILLE

171. 21. **Phraortes**: a common name of the Parthian kings, whose archers were famous in history.

    26. **buccins**: the *buccin* is a shell in the shape of a horn or trumpet, and was used as such by the ancients. Later, the name was given to the brass instrument. Etym. *buccina*, from *bucca*, 'mouth.'

ANTOINE ET CLÉOPÂTRE

    32. **Bubaste, Saïs**: cities in the Egyptian Delta of the Nile.

172. 41. **ses larges yeux**, etc.: cf. the thought of ll. 83-4, p. 98.

NÉMÉE

    9. **la terreur de Némée**: the valley of Nemea in Argolis was inhabited by a monstrous lion. Hercules, ordered by Eurystheus, tyrant of Tiryns, to bring him the skin of the lion, strangled the monster with his own hands, and carried it on his shoulders to Tiryns. This was the first of the so-called twelve labours of Hercules. Cf. *Classical Dict.*

LE RÉCIF DE CORAIL

173. 9. **éteignant**: lit. 'subduing.'

    13. **par le cristal**: *par* = 'through,' 'across.'

LE LIT

PAGE LINE
173.
1. **encourtiné**: exactly the same word as the Engl. 'curtained.'
6. **rameau bénit**: owing to the high price of palms, it is customary in France to substitute branches of box (*buis*) for distribution on 'Palm Sunday' (*Le Dimanche des Rameaux*). A little twig of this box is generally fastened behind the crucifix which hangs above the head of the bed.
8. **dernier cierge**: in Roman Catholic countries tapers are placed at the four corners of the bed on which a corpse is laid before burial.
9. **pavillon**: here 'coat of arms.'

PAUL VERLAINE

PAUL VERLAINE (1844-96) is claimed by the group of the *Décadents* or *Symbolistes* as their founder and chief; nor can it be denied that he too often exhibits the morbid sentimentality and the curious obscurity of style which are the characteristics of that school. But whatever may have been his official connexion with the *Décadents*, he remains quite distinct from them in that *he* was a poet. The greater part of his writings is marred by extravagance of thought and diction; but some few things are exquisitely beautiful, and will count among the finest gems of French poetry.

BOURNEMOUTH

174.
3. **déguisée en village**, 'village-like.'
5. **des stations de bains**, 'of the spas.'
8. **à même**, 'amid.'

175.
24. **ensanglante**, 'incarnadines'; see note to p. 8, l. 166.

MON RÊVE FAMILIER

11. **que la Vie exila**: i.e. who are dead.
14. **l'inflexion des voix**, etc.: cf.--
   . . the sound of a voice that is still.
   TENNYSON (*Break, Break, Break*).

ART POÉTIQUE

This poem is very important, and should be read with care by all those who wish to understand the tendencies of the latest school of French poets. The title is intentionally the same as that of Boileau's famous work which gave the law to men of letters in France and abroad (Dryden, Addison, Pope) for more than a century. A comparison is, obviously, out of the question, yet Verlaine's *Art poétique* has been accepted as gospel by the poets of the Decadent School, and has guided them in their efforts to infuse a new life into the old structure of French versification.

PAGE LINE
176. 2. l'Impair: that is to say, 'uneven' metres, such as lines of nine, eleven, or thirteen syllables. (It will be seen that the *Art poétique* itself is written in nine-syllable lines.) These *vers amorphes*, as they have been aptly described, are vague, indefinite, difficult to 'catch' even for practised ears, and have never met, so far, with any measure of success. Lines of nine and eleven syllables resemble too closely the ordinary decasyllabic and Alexandrine verses to which the French ear has now grown so exclusively accustomed. They seem to constitute a mysterious kind of rhythm which is neither prose nor verse—neither flesh nor fish, as a well-known critic once said. It will be seen that the whole poem is merely a protest against *directness*—against the clear, well-defined, well-marked rhythm of classical and even romantic verse—the idea being, no doubt, that in its simplicity it is accessible to 'philistines,' while a more subtle and refined art can alone satisfy the intellectual aspirations of the *dilettante*. Note especially the following:—

    6. sans quelque méprise: i.e. avoid 'directness' and 'accuracy' in expression, what the French call *le mot propre*.

177. 9. derrière des voiles: i.e. 'hidden,' '*indistinct*.'

    14. pas la Couleur, rien que la nuance: i.e. only the 'indefinite shades.'

    17. la Pointe, 'witticism'; lit. 'sting.' As early as 1674 Boileau protested in his *Art poétique* against

PAGE LINE

>the *pointes*, puns, and *concetti* which the Italians had brought into fashion.
>
>>Jadis de nos auteurs les *pointes* ignorées
>>Furent de l'Italie en nos vers attirées.
>
>>. . . . .
>
>>Et sans *pointe* un amant n'osa plus soupirer,
>>On vit tous les bergers, dans leurs plaintes nouvelles,
>>Fidèles à la *pointe* encor plus qu'à leurs belles.
>
>>. . . . .
>
>>L'avocat au palais en hérissa son style,
>>Et le docteur en chaire en sema l'Évangile.

177. 23. la Rime assagie: the *Parnassiens*, especially Théodore de Banville, had exaggerated the importance of rhyme, i.e. of the *rime riche* and the *consonne d'appui* (see Introd.). A reaction is now taking place.
    30. envolée, 'winged.'
    36. littérature: this is a well-known line, full of malicious sarcasm. Perhaps 'mere rhetoric' will express the idea.

MAURICE ROLLINAT

MAURICE ROLLINAT was born in 1846 at Châteauroux; his father was a great friend of George Sand, so that the young man lived in almost constant intercourse with the famous novelist, whose influence was very great in forming his talent and deciding his career. His first volume of verse, *Dans les Brandes* (1877), which is of a purely descriptive nature, and confined to the rural scenery of the Berri, bears the stamp of that influence in a very marked degree.

Later in life the poet seems, like most of his contemporaries, to have fallen under the spell of Baudelaire; this is evidenced in his second book, *Les Névroses* (1883). A third volume, *L'Abîme*, published in 1886, exhibits philosophical tendencies, mostly of a pessimistic nature.

The works of Rollinat are published by Charpentier and Fasquelle, Paris.

LA MARE AUX GRENOUILLES

178. 5. fourmille: a word which occurs frequently in descriptions; see next page, l. 19. It means lit. 'to swarm like ants' (from *fourmi*).

LES POULICHES

PAGE LINE
181.   12. **lépreux . . velu** have both the sense of 'moss-grown,' 'covered with vegetation.'

19. **glacent**: here 'glaze.'

182.   33. **se pavane** is said of the *paon* (peacock) when it spreads out its feathers. Translate accordingly. The word refers, of course, to the quick brushing motion of the mares' tails.

FRANÇOIS FABIÉ

FRANÇOIS FABIÉ was born in 1846 at Durenque, a poor village in Gascony. He belonged to a family of humble peasants, and was educated at the village board-school, from which, by sheer energy and intelligence, he rose to University honours. He is now one of the most distinguished professors of the Lycée Charlemagne in Paris. His most characteristic books are La *Poésie des Bêtes* (1886) and *Le Clocher* (1887).

François Coppée has said of the first: 'Il a fixé son regard d'observateur et de rêveur sur les animaux sauvages et domestiques, et souvent il a peint leurs mœurs et leurs caractères avec une franchise et une vérité qui eussent réjoui le bon La Fontaine.' And of the second: 'Ce que Brijeux fut pour la Bretagne, ce qu'est André Theuriet pour la Lorraine, F. Fabié le sera pour son cher pays. Rarement le sentiment de la famille et l'amour du sol natal se sont exprimés avec tant d'émotion et de profondeur.'

LES GENÊTS

Compare this poem with *Les Foins*, p. 134.

183.   2. **houle**: see note to p. 124, l. 18.
185.   68. **soulignent**: here 'emphasise.'
       70. See note to p. 36, l. 28.

PAUL DÉROULÈDE

PAUL DÉROULÈDE, born in Paris in 1846, served with distinction in the Franco-Prussian War and against the Communist insurrection. Badly wounded, he wrote, during his convalescence, his *Chants du Soldat*, published in 1872 ; in 1875 appeared the *Nouveaux Chants du Soldat*, and in 1881 the *Marches et Sonneries* which made his name famous. Déroulède is a patriot, and his poetry is a deliberate attempt to revive and keep up the flame of patriotism. His three volumes consist mostly of anecdotes of the war, illustrating the heroic deeds of the French soldiers. *Le Sergent* (p. 187) is perhaps the best known of these poems. As they are meant to be read by all, the tone is essentially popular, with that stirring eloquence which appeals to the masses.

Déroulède is, in short, a kind of French Rudyard Kipling, with a similar aim, but of inferior genius.

LE SERGENT

PAGE LINE
187. 1. **que**: see note to p. 130, l. 25.

> **Maître-Jacque**: see note to p. 16, l. 1. *Maître Jacques* is one of the characters of Molière's comedy *L'Avare*. In order to economise, *Harpagon*, the miser, employs *Maître Jacques* in the double capacity of cook and coachman :—
>
> *M. Jacques.* Est-ce à votre cocher, Monsieur, ou bien à votre cuisinier, que vous voulez parler ? car je suis l'un et l'autre.
> *Harpagon.* C'est à tous les deux.
> *M. Jacques.* Mais à qui des deux le premier ?
> *Harpagon.* Au cuisinier.
> *M. Jacques.* Attendez donc, s'il vous plaît.
>   ('Il ôte sa casaque de cocher, et paraît vêtu en cuisinier,' *L'Avare*, Act iii. Sc. 1.)
>
> We are told (lines 2-4) that the sergeant in a certain battle fought in turns with rifle, sword, and gun, just as Molière's *Maître Jacques* wielded the whip or the spit, according to the occasion. Hence the nickname given him by his officers.

  8. **c'en était séducteur**, 'the show was quite fetching.'

188. 17. **affaire**: here 'engagement.'
    23. **brin**, 'atom.'
    24. **histoire de**, slang, is equivalent to *de quoi*, i.e. 'just enough to . .'

PAGE LINE
188. 27. pour cause, 'for a good reason.'

34. au bout de leur rouleau, 'at the end of their tether.'

38. curieux, 'an inquirer.' Matthew Arnold has pointed out that the English language lacks an adequate equivalent, because the English people are defective in 'the high and fine quality of man's nature' expressed by it (*Function of Criticism*).

46. vous fouiller: ethic dative. Cf. Shakespeare, *Taming of the Shrew*, I. ii. 11 'knock *me* at this gate And rap *me* well.'

50. frichti: the soldiers' 'stew' of potatoes or beans.

189. 53. en fête, 'in high glee.'

190. 84. diable au corps, 'dare-devilry.'

104. ce n'est plus, etc.: elliptical, i.e. 'it is not (so tame as) . .'

106. toupet: slang. 'Cheek' is the English equivalent.

191. 118. fuir en troupeaux éperdus: introduce some such expression as 'stampede of maddened cattle.'

119. maladroite, 'bad tactics.'

121. petiot: slang, 'littl' un.'

137. par révérence, 'with due respect.'

192. 150. fiers reflets: a rather far-fetched metaphor, to express that various medals were shining on his breast.

155. siffle dans, 'drink from.'

Fil-en-quatre: slang for 'spirits,' 'schnapps.'

193. 171. un ancien, 'a veteran.'

194. 188. c'en est: lit. 'it is (more) of them (the Germans).' German reinforcements have been seen coming in the distance.

204. je m'ai couché ought to be *je me suis couché*. The little peasant does not know much grammar.

fait le mort, 'pretended to be dead.'

195. 207. je m'ai dit: see l. 204 above.

c'est moi que je: popular for *c'est moi qui*.

209. je m'en rapporte, 'I'll take your word for it.'

JEAN AICARD

Jean Aicard, born at Toulon in 1848, became known in 1867 by the publication of his first book, *Les jeunes Croyances*. He has since written *Les Poèmes de Provence* (1874), *La Chanson de l'Enfant* (1875), *Miette et Noré* (1880), *Le Dieu dans l'Homme* (1885), *L'éternel Cantique* (1886), *Le Livre d'Heures de l'Amour* (1887), etc. We also have from his pen an excellent translation in verse of Shakespeare's *Othello*, and several plays, one of which, *Smilis*, an original drama in four acts, scored a great success at the Comédie Française. Of his *Légende du Chevrier* (p. 197) M. André Lemoyne has said :—

'Cette fraîche idylle éclose sous les cieux clairs d'Orient vous donne à la fois l'impression d'une page de la Bible et de Théocrite. De pures images pour les yeux, une délicieuse musique pour l'oreille, et des notes émues pour le cœur, tout y est. Quand on a lu cette ravissante page on aime à la relire avec lenteur, en cherchant à se rendre compte de son enchantement. Ce petit poème, à lui seul, a la valeur d'une grande œuvre.'

LA LÉGENDE DU CHEVRIER

Berlioz remembered this legend when he composed his famous *Enfance du Christ*, in which he introduced a shepherd's tune.

L'ÂME DU BLÉ

PAGE LINE
200. 32. **le mistral**: name given on the coasts of the Mediterranean to the north-west wind. Old Provençal *maestral*, from Lat. *magistralis* (lit. the masterful wind). This wind blows with terrible force.

JEAN RICHEPIN

Jean Richepin was born in Algiers in 1849. After a brilliant university career, he entered the journalistic profession, and published in 1876 *La Chanson des Gueux*, which created quite a sensation. This was followed by *Les Caresses*, *Les Blasphèmes* (1884), *La Mer* (1886), *Mes Paradis* (1894). He has also written a number of very powerful novels, among which may be mentioned *Madame André*, *La Glu*, *Braves Gens*, and

Césarine. As a dramatist, **Richepin** frequently attained considerable and well-deserved success; his best-known plays are *Nana-Sahib, Monsieur Scapin, Les Flibustiers,* and *Le Chemineau.*

By the boldness of his style, and his quaint and often powerful treatment of the language and versification, he is a thorough Romantic, with the best qualities and worst defects of the school. By the choice of his subjects (he makes a speciality of depicting the lower and coarser types of men, tramps, highwaymen, etc.) he belongs to the realistic school. As a result, he is quite original, and occasionally powerfully picturesque, for he has a great command of language, and an incredible wealth of rhythmical effects; while, on the other hand, he too often degenerates into coarseness and vulgarity.

IL ÉTAIT UNE FOIS

PAGE LINE
205. 13. **goussepains,** 'urchins'; also spelt *gouspin,* a diminutive of the Old Fr. word *gous,* 'cur.'

LES TROIS MATELOTS DE GROIX

207. 39. **trille,** 'shake'; see the fifth bar of the music on the opposite page.
208. 47. **le grand bénitier**: a popular expression = the sea.
    48. **hardi,** 'cheer up!'
    52. **gueule**: a vulgar word, 'howls.'
    54. **à la barbe,** 'in the face of.'
    60. **pichet**: the same as the English 'pitcher' and the Ital. *bicchiere,* from Low Lat. *bicarium,* 'a wine-cup.'
    61. **drille,** 'lad,' 'fellow.'
    62. **la mé**: popular for *mer.*
    63. **frissante,** 'choppy.'
    65. **une gabare,** 'a lighter,' or better still, 'a barge,' as the word is sarcastic.
    67. **failli chien de terrien**: a very strong expression which must be toned down = 'a mere land-lubber.'
    69. **du gas**: *gas* (for *gars*: so too l. 48) means a 'lad.' Note this peculiar use of the genitive by boatmen

and ferrymen generally when calling out to each other. For instance, the well-known call, *ohé! du canot!* would read, when completed, *ohé! (les gens) du canot!* 'Hullo! (you people) in the boat.' This genitive, equivalent to a vocative, has now become general among seamen, even on land.

208. 69. **la poulaine**, the 'beak-head.'

70. **pare à**, etc. : naval word of command, equivalent to the English 'stand by to . .,' 'get ready to . .' Cf. *pare à virer!* 'ready about!' The past participle *paré* is often used adjectively with the sense of 'ready'; see p. 210, l. 96.

209. 71-5. Note that these five lines do not contain a single verb; see note to p. 50, l. 8.

72. **à faire envie**, 'to make (others) jealous.'

   à trois brins, 'first-rate.' The French word for 'twine' is *bitord* (from *bis* 'twice,' and *tordre* 'to twist'), i.e. a string made with two 'twists' of hemp. But there is a better quality, called *fil à trois brins*, which is made with three twists instead of two. Hence the expression.

73. **bitte et bosse**: this, like the above, is naval slang; the English A1 is the nearest equivalent.

74. **congé**: the period of military service to which every Frenchman is liable. Fishermen, and generally all men living on the coast, are drafted into the navy.

75. **inscrit**: all seamen, after completing their period of active service in the navy, have their names on the registers of the 'Inscription maritime,' and are liable to be called in case of war until they reach the age of fifty; see below, l. 171, *de la classe*. The two terms are nearly synonymous. The English 'naval reserve' will perhaps provide the best translation.

   largué: naval term. *larguer une amarre* is to 'ease' or 'let go' a belayed rope. It is used here figuratively in the sense of 'set free.'

79. **poudrainer**: *embrun* is the French for 'spray.' But there is also a popular synonym, *poudrain* (from *poudre*), used especially by Newfoundland fishermen:

PAGE LINE

from this word the verb *poudrainer* was made. The literal meaning is therefore 'to fall like a powder.'

209. 80. attrape à has the same sense as *pare à*. See note to l. 70 above. prendre un ris, 'to take in a reef.'

83. bougre (from Lat. Bulgarus, 'a bulgarian') was formerly a term of contempt applied to heretics. It is now used in a general sense, but has become very vulgar.

84. à contre-poil: the expression is hardly translatable; it means literally 'against the hair' (as when a silk hat is brushed the wrong way). The idea is that, as the tide runs one way, while the wind blows another, the sprays are sent flying 'backwards'; see line 103 below, *il rebrousse*, which has the same sense.

poussifs: the term, applied to horses, means 'broken-winded.' The waves, stopped in their rush by the wind, are here compared to short-winded horses. The image is rather far-fetched.

85. range à: the same as *attrape à* and *pare à*; see notes to lines 80 and 70 above.

le vieux refers to the wind, and le ventre to the hull of the ship.

86. filins, 'halyards.'

89. gimble: popular for *souffle*.

90. troussé: here 'tackled.' au plus près, 'close-hauled.'

92. à goule écarquille: literally, 'with wide-open jaws.' *Goule* is an old form of *gueule*, still used in the north-west of France, and *écarquiller* means 'to spread wide open.'

93. époumonner: from *poumons*, 'the lungs,' lit. to blow until one is out of breath. Cf. Shakespeare, *Tempest*, I. i. 8 'Blow till thou burst thy wind.'

210. 96. nous sons: popular for *nous sommes*. For parés see note to l. 70 above.

du mousse: see note to l. 69 above.

102. sacré: see note to p. 128, l. 28.

103. qu'il rebrousse: see note to l. 84 above; *rebrousser* is literally 'to brush back.'

NOTES

210. 106. **dégorger leurs naseaux**: the image is daring and effective, but perhaps not in very good taste. It cannot possibly be rendered literally.
107. **mèches vertes** refers to the sea-weed.
111. **le déhanchent**: a verb coined from *dé* and *hanche*, 'haunch,' 'hip'; the sense is 'to throw over on one side.'

    chute: obsolete, for *tombe*. For the rhythm of this line see Introd. p. xxvii.
112. **le grain**, 'the squall.'
115. **se grée en nuit**: lit. 'dons its night rig,' i.e. darkness.
120. **cargue! amène!** etc.: *carguer* is to 'haul up' a sail, but not so as to furl it; *amener* is to 'lower' or 'let go' the sail. Note the gradation.
123. **la barre est folle**: *la barre* generally means the 'tiller' or 'helm.' But it is used here, by extension, for 'compass.' The magnetic needle is said to be *folle* or *affolée* when it ceases to point to the north; this is frequently the case in heavy thunder-storms, owing to the amount of electricity in the atmosphere.

211. 126-7. **le bruit tonitruant**, etc.: note these splendid imitative lines; cf. Vergil—

    quadrupedante putrem sonitu quatit ungula campum.
127. **taureaux de la mer**, etc.: cf. Rudyard Kipling—

    . . when the *bull-mouthed* breakers flee.
    ('The Last Chantey,' *The Seven Seas*.)
132. **servie**, 'manned.'
135. **s'égaille**: this verb is used only in the western departments of France. It is synonymous with *se répandre, se disperser*, etc. During the Civil War in Vendée, *Égaillez-vous!* was the well-known cry of the insurgent chiefs when sending skirmishers to the front. Etym. the Norman word *égasiller* (origin unknown). See Delboulle's *Glossaire de la vallée d' Yères*.
149. **coffre de chêne**: *coffre* refers to the four oaken sides of the cabin. Perhaps the English 'cock-pit' might do.

PAGE LINE
212. 169. **son congé**: see note to l. 74 above.
  170. **dà!** a popular emphatic particle = 'to be sure!' 'ay!'
  lâchés: see note to *largué*, l. 75 above.
  171. **de la classe**, 'in the naval reserve.' See note to l. 75 above. For the purpose of registration, seamen are divided into classes according to the year of their enrolment. 'Les marins des classes peuvent être appelés jusqu'à 50 ans' (*Dict. de l'Académie*).
  d'ici, 'of this village.'
213. 192. **champ d'avène**: *avène* is the Norman form of *avoine* (oats). *Le champ d'avène* is, literally, 'a field where oats grow wild,' i.e. which is uncared for. The name is given to that part of the cemetery in which memorials are erected to the crews of ships lost at sea. As the bodies themselves are not, of course, buried there, little care is taken of the monuments or inscriptions. Similarly, the place where executed criminals are buried is called *champ de navets*.

THE END

Printed by R. & R. CLARK, LIMITED, *Edinburgh*.

MACMILLAN'S FOREIGN SCHOOL CLASSICS.

Edited by G. E. FASNACHT. Pott 8vo.

CORNEILLE—LE CID. By G. E. FASNACHT. 1s.
DUMAS—LES DEMOISELLES DE ST. CYR. By VICTOR OGER, Lecturer at University College, Liverpool. 1s. 6d.
FRAZER—FRENCH PLAYS FOR SCHOOLS. By Mrs. J. G. FRAZER. 1s. 6d.
MÉRIMÉE—COLOMBA. By G. E. FASNACHT. 2s.
MOLIÈRE—L'AVARE. By L. M. MORIARTY, B.A. 1s.
MOLIÈRE—LE BOURGEOIS GENTILHOMME. By the same. 1s. 6d.
MOLIÈRE—LES FEMMES SAVANTES. By G. E. FASNACHT. 1s.
MOLIÈRE—LE MALADE IMAGINAIRE. By the same. 1s. 6d.
MOLIÈRE—LE MISANTHROPE. By the same. 1s.
MOLIÈRE—LE MÉDECIN MALGRÉ LUI. By the same. 1s.
MOLIÈRE—LES PRÉCIEUSES RIDICULES. By the same. 1s.
RACINE—BRITANNICUS. By E. PELLISSIER, M.A. 2s.
FRENCH READINGS FROM ROMAN HISTORY. Selected from various Authors, by C. COLBECK, M.A. 4s. 6d.
SAND, GEORGE—LA MARE AU DIABLE. By W. E. RUSSELL, M.A. 1s.
SANDEAU, JULES—MADEMOISELLE DE LA SEIGLIÈRE. By H. C. STEEL. 1s. 6d.
VOLTAIRE—CHARLES XII. By G. E. FASNACHT. 3s. 6d.

GOETHE—GÖTZ VON BERLICHINGEN. By H. A. BULL, M.A., formerly Assistant Master at Wellington. 2s.
GOETHE—FAUST. PART I., followed by an Appendix on PART II. By JANE LEE, Lecturer in German Literature at Newnham College, Cambridge. 4s. 6d.
HEINE—SELECTIONS FROM THE REISEBILDER AND OTHER PROSE WORKS. By C. COLBECK, M.A., Assistant Master at Harrow. 2s. 6d.
LESSING—MINNA VON BARNHELM. By Rev. C. MERK. 2s. 6d.
SCHILLER—SELECTIONS FROM SCHILLER'S LYRICAL POEMS. With a Memoir of Schiller. By E. J. TURNER, B.A., and E. D. A. MORSHEAD, M.A., Assistant Masters at Winchester. 2s. 6d.
SCHILLER—DIE JUNGFRAU VON ORLEANS. By JOSEPH GOSTWICK. 2s. 6d.
SCHILLER—MARIA STUART By C. SHELDON, D.Lit., of the Royal Academical Institution, Belfast. 2s. 6d.
SCHILLER—WILHELM TELL. By G. E. FASNACHT. 2s. 6d.
SCHILLER—WALLENSTEIN. PART I.—DAS LAGER. By H. B. COTTERILL, M.A. 2s.
SCHILLER—DER NEFFE ALS ONKEL By L. DYER, M.A. 2s.
UHLAND—SELECT BALLADS. Adapted as a First Easy Reading Book for Beginners. With Vocabulary. By G. E. FASNACHT. 1s.

MACMILLAN AND CO., LTD., LONDON.

MACMILLAN'S PRIMARY SERIES
OF
FRENCH AND GERMAN READING BOOKS.
Edited by G. EUGÈNE FASNACHT.
Globe 8vo.

This Series of easy Reading Books in French and German is intended for the use of Beginners. The subjects are carefully selected from books thoroughly suitable, and at the same time attractive, to young students, whether in school or at home.

Each volume contains an Introduction Notes, and Vocabulary, and is printed in clear readable type. Where the subject readily admits of illustration, additional attraction will be given by a few appropriate woodcuts.

FRENCH READINGS FOR CHILDREN. By G. E. FASNACHT. 1s. 6d.

CORNAZ—NOS ENFANTS ET LEURS AMIS. By EDITH HARVEY. 1s. 6d.

DE MAISTRE—LA JEUNE SIBÉRIENNE ET LE LÉPREUX DE LA CITÉ D'AOSTE. Edited, with Introduction, Notes, and Vocabulary, by S. BARLET. 1s. 6d.

DE MAISTRE—VOYAGE AUTOUR DE MA CHAMBRE. By G. E. FASNACHT. [*In the Press.*

FLORIAN—FABLES. By Rev. CHARLES YELD, M.A. 1s. 6d.

FRAZER—SCENES OF FAMILIAR LIFE. Arranged progressively for Students of Colloquial French. By Mrs. J. G. FRAZER. 1s. 6d.

FRAZER—SCENES OF CHILD LIFE IN COLLOQUIAL FRENCH. By Mrs. J. G. FRAZER. 1s. 6d.

LA FONTAINE—SELECT FABLES. Edited, with Introduction, Notes, and Vocabulary, by L. M. MORIARTY, M.A. 2s. 6d.

MOLESWORTH—FRENCH LIFE IN LETTERS. By Mrs. MOLESWORTH. 1s. 6d.

OGER—FRENCH POETRY FOR THE YOUNG. Edited by VICTOR OGER. 1s. 6d.

PERRAULT—CONTES DE FÉES. Edited, with Introduction, Notes, and Vocabulary, by G. E. FASNACHT. 1s. 6d.

SCRIBE—LE VERRE D'EAU. Edited by F. F. ROGET.
[*In the Press.*

SOUVESTRE—UN PHILOSOPHE SOUS LES TOITS. By L. M. MORIARTY, M.A. 2s. 6d.

SOUVESTRE—LE SERF. By H. E. BERTHON, B.A.

SOUVESTRE—LE CHEVRIER DE LORRAINE. By H. E. BERTHON, B.A.

GRIMM—KINDER UND HAUSMÄRCHEN. Edited, with Notes and Vocabulary, by G. E. FASNACHT. 2s. 6d.

HAUFF—DIE KARAVANE. Edited, with Introduction, Notes, and Vocabulary, by HERMAN HAGER, Ph.D., Lecturer in the Owens College, Manchester. 3s.

HAUFF—DAS WIRTSHAUS IM SPESSART. By G. E. FASNACHT. 3s.

SCHMID, CHR. VON—H. VON EICHENFELS. By G. E. FASNACHT. 2s. 6d.

*** *Other Volumes to follow.*

MACMILLAN AND CO., LTD., LONDON.

www.ingramcontent.com/pod-product-compliance
Lightning Source LLC
Chambersburg PA
CBHW031431230426
43668CB00007B/496